AF390088

La seguridad
en los puertos

Biblioteca de Logística

La seguridad en los puertos

Ricard Marí
Jaime Rodrigo de Larrucea
Álvaro Librán

*Cómo implantar planes de protección y seguridad
en buques e instalaciones portuarias según el código
de la Organización Marítima Internacional*

Con la colaboración de:

www.logisnet.com

MARGE
BOOKS

Colección: Biblioteca de logística
Director: David Soler

Esta obra está basada en el trabajo *Metodología y marco programático para el desarrollo de planes de protección de las instalaciones portuarias (PPIP),* realizado por los autores en el marco de un convenio de investigación suscrito entre la Universitat Politècnica de Catalunya (UPC) y el organismo público Puertos del Estado.

La seguridad en los puertos
1.ª edición, 2005
2.ª edición, 2012

© 2005, 2012, Ricard Marí, Jaime Rodrigo de Larrucea, Álvaro Librán
© de esta edición, incluido el diseño de la cubierta, ICG Marge, SL
© fotografía de la portada, Juanjo Martínez

Edita: Marge Books
València, 558 – 08026 Barcelona
Tel. 931 429 486 - marge@margebooks.com
www.margebooks.com

Gestión editorial: Hèctor Soler, Neus Piñol, Laura Martínez
Edición: Kike Juanico

Impresión: QP Print Global Services (Molins de Rei, Barcelona)

ISBN edición impresa: 978-84-15340-48-5
ISBN edición digital: 978-84-16171-61-3
Depósito Legal: B-6.693-2012

El papel empleado en este libro no ha sido blanqueado con cloro elemental (CI$_2$).

Índice

Capítulo 8. Aspectos jurídicos de la protección portuaria 165

Capítulo 9. Formulación de objetivos y ejes estratégicos de la organización 201

Capítulo 10. Evaluación de la protección 233

Capítulo 11. Redacción formal del PPIP...257

Capítulo 12. Conclusiones 273

Prólogo del editor

La seguridad en el transporte de las personas y mercancías es una de las mayores preocupaciones de las empresas y las autoridades administrativas y políticas relacionadas directa e indirectamente con el sector del transporte. De este hecho se deriva el código de la Organización Marítima Internacional que constituye el núcleo central de este libro, el Código de Protección de Buques e Instalaciones Portuarias (PIBP).

No obstante, hay que subrayar que no están justificadas todas las medidas que se toman con el argumento de favorecer dicha seguridad y, en ocasiones, las que se llevan a cabo parecen incoherentes con los objetivos que se proponen cumplir y tienden esencialmente a crear un clima de inseguridad entre los ciudadanos afectados. Con todo, el debate sobre la seguridad está presente en nuestras vidas, desde los ámbitos más personales hasta los sociales, los empresariales y los políticos.

Su exponente más grave son los ataques terroristas que reiteradamente atentan contra la vida humana en una sociedad civil indefensa y que constituyen una expresión de vileza y sinrazón desde cualquier perspectiva. Ningún motivo político, económico, religioso o cultural justifica una agresión contra seres humanos indefensos.

Por ello, como editores identificados con la función de contribuir a que unos ciudadanos –los lectores– tengan la opción de acceder al conocimiento de las obras que crean otros ciudadanos –los autores–, nos sentimos doblemente comprometidos con este libro.

De un lado, porque esta obra es una manifestación de compromiso y solidaridad con quienes sufren los estragos del terrorismo y de la violencia de cualquier signo, y porque desea servir de apoyo a quienes actúan día a día en el ámbito de la prevención y la seguridad de las personas y de sus pertenencias. En este caso, en el entorno portuario y marítimo.

De otro, porque deseamos contribuir a hacer más público un debate que debe profundizar en dos aspectos interrelacionados. Uno, el referido a las medidas de prevención y seguridad que se estimen socialmente necesarias e imprescindibles. Otro, más complejo, que alcanza a las causas últimas de cualquier tipo de agresión contra los ciudadanos de un país y de sus bienes, o de los del Estado que los representa y que está obligado a aportar soluciones que las erradiquen.

Los acontecimientos del 11 de septiembre de 2001 en Nueva York supusieron la dramática confirmación de la fragilidad y la vulnerabilidad de los sistemas de prevención y defensa de un Estado que, paradójicamente, lidera la fabricación, la comercialización y el uso del armamento y la tecnología militares en el ámbito internacional.

Lamentablemente, la violenta destrucción del World Trade Center por una organización terrorista no sólo evidenció la ineptitud de los dirigentes políticos, de la Administración de Estados Unidos y de sus servicios de inteligencia para prevenir y evitar una catástrofe sin precedentes, sino que también puso de manifiesto que los servicios de protección y seguridad civiles no contaban con la preparación técnica y los recursos materiales suficientes para hacer frente a una agresión de tales proporciones.

No era la primera vez que una ciudad se estremecía ante una atrocidad indiscriminada. Ni sería la última. Posteriormente, hechos como los ataques de Al Qaeda contra los viajeros de trenes de cercanías en Madrid, el 11 de marzo de 2004; la matanza derivada del secuestro por un comando prochecheno de cientos de niños en la escuela de Beslan, en la república de Osetia del Norte, el 3 de septiembre de 2004; o los atentados en el metro de Londres, el 7 de julio de 2005, confirmaron de nuevo la fragilidad de la seguridad y la indefensión de la población ante las nuevas formas del terrorismo globalizado.

Como bien sabemos, el terrorismo no es un elemento nuevo. Revestido de una u otra modalidad, se ha utilizado a lo largo de la historia en innumerables ocasiones como sistema de agresión coercitivo contra la sociedad civil, tanto por parte de grupos armados «ilegales» como por comandos organizados y financiados por Estados «legalmente» constituidos.

En la actualidad, la dimensión, el calado y el alcance de los acontecimientos relacionados con el terrorismo deben inducirnos más que nunca a la reflexión. Al análisis de sus causas y a hilar fino en las propuestas que se ofrecen como soluciones y las acciones que se emprenden para erradicarlo. Anda mucho en juego e implica a todos los eslabones sociales. Merece decir que contra el terrorismo no vale todo, porque cualquier cosa no va a evitarlo.

Del mismo modo que la violencia y el terrorismo no se pueden justificar mediante el uso de la razón, la lucha antiterrorista desde los poderes públicos no puede suponer el recorte o la supresión de los derechos y las libertades democráticas de los ciudadanos, ni puede validar ninguna forma de agresión premeditada y sistematizada, como son la «guerra preventiva» o la «guerra indiscriminada» *sine die*.

Este tipo de acciones políticas y militares, por otro lado, no hacen más que profundizar la brecha de las desigualdades entre las regiones económicas y, dentro de ellas, entre sus grupos y clases sociales. A nadie se le escapa la relación entre las acciones bélicas antiterroristas y las estrategias imperialistas de algunos Estados. Las guerras de Estados Unidos contra Afganistán, en octubre de 2001, e Irak, en marzo de 2003, se identifican fundamentalmente con el valor geoestratégico de ambos países para el suministro de energía a Occidente: el gas natural y el petróleo, respectivamente. Así lo expuso el ex presidente de la Reserva Federal de Estados Unidos, Alan Greenspan, en sus memorias, publicadas en 2007: «Me entristece que sea políticamente inconveniente reconocer lo que todo el mundo sabe: la guerra en Irak es principalmente por petróleo».

En la erradicación del terrorismo los caminos son complicados y, en la medida en que se hacen imprevisibles, complejos. Con todo, algo resulta evidente, y es que atañe al conjunto de la sociedad y exige investigar soluciones en todas las direcciones posibles, con la plena conciencia de que serán más eficaces las que se dirijan a eliminar las causas desde sus raíces más profundas, que sabemos se fundamentan en las desigualdades económicas entre las regiones del planeta y en la pobreza.

Entendiendo que es necesario avanzar en estos ámbitos, es conveniente que nuevos trabajos de otros tantos investigadores aporten elementos que incrementen los niveles de información y de formación sobre la seguridad. De este modo, se facilita que la sociedad civil pueda evaluar y decidir con fundamento sobre las alternativas y las actuaciones más convenientes para garantizar su seguridad y su calidad de vida.

Este libro es, pues, un avance en esa dirección. Ante una amenaza real, de la gravedad y las dimensiones conocidas, en el aquí y ahora resultan especialmente significativas las aportaciones de los autores de este libro, Ricard Marí, Jaime Rodrigo de Larrucea y Álvaro Librán, así como que éstas lleguen a un público amplio, a los directivos y los técnicos que, de una manera u otra, intervienen en la gestión de las actividades y los entornos en las que la prevención y la seguridad son de importancia primordial. El ámbito del transporte es especialmente sensible a las amenazas contra la seguridad, y lo confirma el uso que los agresores han dado a determinados medios de transporte y las áreas donde se han producido atentados masivos.

Los autores de LA SEGURIDAD EN LOS PUERTOS destacan la necesidad de incrementar la calidad y la cantidad de las medidas de prevención en las instalaciones portuarias y los buques en las que hay tráficos de personas y mercancías. El Código de Protección de Buques e Instalaciones Portuarias (PIBP) y el plan de protección de instalaciones portuarias (PPIP), de la Organización Marítima Internacional, ampliamente analizados en esta obra, establecen un sistema de prevención y de seguridad que relaciona el puerto con el conjunto de elementos que intervienen en el transporte marítimo.

Confiamos que este libro resulte útil y facilite la labor de quienes participan en la aplicación del Código PBIP. Su trabajo, en cierta medida, puede ser también una referencia para el desarrollo de modelos en otros modos de transporte que adolecen de sistemas de prevención y seguridad, con los que el modo marítimo coincide en sus objetivos de calidad y eficacia.

El editor

La seguridad en los puertos

Ricard Marí
Jaime Rodrigo de Larrucea
Álvaro Librán

Introducción

Desde numerosas administraciones se ha impulsado el incremento de la seguridad en los buques y puertos. Como ya ocurrió en la década de 1970 con la seguridad en los aeropuertos, en los inicios del siglo XXI, se trata de crear un espacio seguro en el entorno del transporte marítimo. No obstante, los aspectos particulares de la actividad marítima hacen muy difícil la aplicación de los procedimientos de seguridad sin colapsar el intenso movimiento de contenedores, pasajeros o mercancías. La Organización Marítima Internacional (OMI) ha manifestado que todas las medidas que se apliquen deben ofrecer un sustancial aumento de la seguridad sin entorpecer el nivel operativo de los buques y los puertos.

Por otro lado, es obvio que no se debe instrumentalizar la seguridad portuaria con planteamientos y consideraciones que hagan de ella la única opción de defensa frente a las amenazas existentes en términos de protección.

La amenaza terrorista ha dejado de manifiesto que su gran flexibilidad le permite adaptarse a las circunstancias de cada situación, pudiendo rebasar las líneas de defensa establecidas por procedimientos tradicionales. En la seguridad aeroportuaria se han creado nuevos círculos de seguridad y se han reforzado los existentes, pero ¿realmente son eficaces frente a la actual amenaza? Muchos de estos círculos no han impedido el acceso de armas y explosivos a bordo de aviones en el curso de auditorías, demostrando que no dejan de ser un necesario placebo.

Los éxitos contra la amenaza terrorista no tendrán lugar en los controles de acceso a los puertos ni en sus perímetros. Es sabido que todo muro tiene su grieta y que no hay disuasión posible contra un enemigo decidido a ofrecer su vida por promesas en el más allá. Los éxitos tendrán lugar fuera de los recintos e instalaciones portuarios, donde los servicios de inteligencia captan los preparativos del ataque y los cuerpos de seguridad del Estado lo abortan.

Durante las Navidades de 2003, en España el grupo terrorista ETA intentó atentar contra un tren de pasajeros colocando dos bombas dentro de los vagones. Una de las bombas llegó a instalarse y sólo la captura de uno de los activistas que iba a colocar el segundo explosivo, tras las declaraciones en un interrogatorio, permitieron eliminar la amenaza. Esta detención fue fruto de un arduo trabajo de inteligencia y no de la eficacia de los servicios de seguridad de la estación ferroviaria, que no advirtieron la colocación de las bombas.

Este hecho ilustra que es necesario un incremento de la seguridad en los puertos, pero siempre en coordinación con los cuerpos de seguridad del Estado y teniendo muy presente que son éstos quienes tienen la responsabilidad de neutralizar la amenaza antes de su llegada al puerto y, más aún, al buque.

Por otra parte, cuando se valora la amenaza procedente del mar, en las diferentes formas que puede adoptar, se demuestra que los filtros establecidos en el puerto son fácilmente neutralizados por los agresores, y que la vía marítima sigue siendo la preferida para la entrada y salida de mercancías y personas que no deseen ser controladas. Está muy claro que se deben poner las cosas lo más difíciles posible a quien pretenda utilizar este medio estratégico para el desarrollo humano, y que se debe luchar con la misma flexibilidad que emplean los agresores.

Como la seguridad establecida en el puerto y a bordo de los buques es la última línea de defensa, lamentablemente la disuasión no es la única ni la mejor de las pautas que cabe seguir. Aun cuando puedan considerarse necesarias, ¿de qué sirvieron los controles de acceso al Word Trader Center de Nueva York, con sus agentes armados y sus sistemas de vigilancia, si éstos estaban destinados a disuadir acciones perpetradas por delincuentes comunes?

Si algo quedó de manifiesto en los atentados del 11 de septiembre de 2001 en Nueva York fue la falta de preparación de los servicios de seguridad para llevar a cabo una evacuación masiva, dar respuesta a un ataque de grandes proporciones o hacer frente a una nueva forma de terrorismo donde los sistemas de seguridad vigentes resultaron obsoletos. No está programada la respuesta frente a la acción en la mayoría de los casos; aún se continúa teorizando con la constitución de gabinetes de crisis como órgano coordinador.

La implantación del mando único ha demostrado ser la forma más adecuada de intervención en este tipo de crisis imprevisibles y cambiantes. Sin embargo, las pequeñas parcelas de poder generadas entorno a la rutina del día a día impiden centrar el mando. El mando único permite reducir el tiempo de respuesta y no invalida al gabinete de crisis actual, ya que actúa como grupo asesor de aquél.

España es objeto de una intensa actividad terrorista que se inició a mediados de los pasados años setenta y que alcanzó su máximo apogeo en la segunda mitad de los noventa. En la actualidad, ésta parece encontrarse en una fase que podría ser considerada como de transición hacia un futuro todavía difícil de determinar. Lamentablemente, otro tipo de terrorismo ha irrumpido de forma violenta en el mundo, rompiendo con la amenaza a los medios de transporte uno de los pilares del desarrollo económico. Es evidente que se han conseguido importantes éxitos, como consecuencia de un amplio conjunto de acciones coordinadas de carácter político, económico, social y, sobre todo, policial, sin olvidar otras de perfil diplomático.

La seguridad de instalaciones tan difíciles de proteger como un puerto recae principalmente en las operaciones de inteligencia que efectúan los cuerpos de seguridad del Estado. Penetrando en las redes terroristas es posible anticiparse a las amenazas y abortar los planes de ataque. Esto deja de manifiesto que el carácter disuasorio que antaño tenían las medidas de seguridad no evitará una acción terrorista. Por esta razón, las medidas de seguridad establecidas en instalaciones portuarias y en buques deben ser filtros reactivos que actúen frente a las agresiones que no hayan sido detectadas por los servicios de inteligencia. No solamente se debe impedir que el agresor penetre en la instalación, se debe actuar frente a esa intrusión de forma rápida y eficaz, antes de que se consume el acto de sabotaje.

Centrándonos en el terrorismo como amenaza directa para la protección de buques e instalaciones portuarias, convendría tener en cuenta los siguientes factores:

1.   Los terroristas pueden llevar a cabo acciones en cualquier puerto, en cualquier momento y con consecuencias variables. Desde la introducción de personas o materiales de forma ilegal, hasta el ataque frontal a una instalación que afecte a la población limítrofe con pérdida de vidas humanas. Si bien es cierto que los ataques se centran en los eslabones más débiles de la cadena, generalmente por falta de infraestructura, de información, de la logística y del personal necesarios. Por este motivo consideramos una prioridad cortar la cadena de información respecto a los procedimientos de rutina y emergencia de buques y puertos.

2.   Mientras que hasta hace poco en el terrorismo los objetivos se centraron fundamentalmente en miembros de las fuerzas de seguridad del Estado, esta situación ha cambiado. Ya no son raras las situaciones en que ciudadanos ajenos a estas instituciones han sido víctimas de ataques. Por otro lado, los objetivos siempre han estado relacionados con el mundo finan-

ciero o con empresas de interés estratégico (centrales nucleares, vías de comunicación, etc.).

3. No existen muchos antecedentes históricos de ataques contra instalaciones portuarias o buques, salvo en tiempos de guerra. El aumento de las medidas de seguridad en el transporte aéreo ha encendido la mecha de la vulnerabilidad del marítimo. Las acciones sobre puertos y buques suponen una mayor probabilidad de éxito y las posibilidades de protección son escasas: las instalaciones portuarias se han convertido en el eslabón más débil de la cadena.

1   El Código de Protección de Buques e Instalaciones Portuarias (PBIP)[1] y el plan de protección de instalaciones portuarias (PPIP)

Los atentados del 11 de septiembre de 2001 alteraron por completo la importancia atribuida a la seguridad marítima. Un nuevo régimen de seguridad para el transporte marítimo internacional entró en vigor el 1 julio de 2004, y fue adoptado por la conferencia diplomática desarrollada el mes de diciembre de 2002. En ella, la OMI estableció una serie de medidas destinadas a fortalecer la protección marítima de las naves y de las instalaciones portuarias, y a prevenir y suprimir los actos de terrorismo contra la actividad del transporte marítimo.

La conferencia estableció varias enmiendas al convenio SOLAS, de 1974, de las cuales, la de mayor trascendencia y alcance es la vinculación que se instaura entre el código internacional para la protección de los buques y las instalaciones portuarias (Código PBIP).[2]

Tras la entrada en vigor de la normativa para los países firmantes del convenio SOLAS, España entre ellos, desde el 1 de julio de 2004 todas las terminales portuarias españolas con tráficos internacionales deben contar con un plan de protección. Estas medidas se añaden a otros programas ya existentes, como el *CSI* y el *C-PAT* estadounidenses.

Las nuevas disposiciones incluyen la modificación del capítulo XI, que ahora se subdivide en dos. En el primero se recogen las enmiendas al SOLAS,[3, 4] mientras que el segundo pre-

---

[1] BOE 202 de 21-08-04.

[2] La Regla V/9 del Convenio internacional para la seguridad de la vida humana en la mar (SOLAS), 1974, enmendada, prescribe que todos los buques de arqueo bruto igual o superior a 300 que efectúen viajes internacionales, los buques de carga de arqueo bruto igual o superior a 500 que no efectúen viajes internacionales y los buques de pasaje, independientemente de su tamaño, estarán equipados con un sistema de identificación automática (SIA):
  — Resolución 1 (Adopción de enmiendas al Convenio SOLAS).
  — Resolución 2 (Adopción del Código ISPS).
  — Resolución 3 (Ulteriores trabajos para la protección marítima).
  — Resolución 4 (Ulteriores enmiendas a los caps. XI-1 y XI-2 del Convenio SOLAS).
  — Resolución 5 (Promoción de asistencia y cooperación técnica).
  — Resolución 6 (Adopción de las medidas de seguridad marítima).
  — Resolución 7 (Elaboración de medidas para garantizar la seguridad y la protección de buques, instalaciones portuarias y unidades móviles de perforación mar adentro no cubiertas por el cap. XI-2 del Convenio SOLAS).
  — Resolución 8 (Adopción de medidas de cooperación con la Organización Internacional del Trabajo).
  — Resolución 9 (Adopción de medidas de cooperación con la Organización Internacional del Comercio).
  — Resolución 10 (Adopción de medidas urgentes para la identificación de buques).
  — Resolución 11 (Adopción de medidas referentes a aspectos humanos de los navegantes).

[3] Las modificaciones más significativas al capítulo V, Seguridad de la navegación, son las siguientes:
El capítulo XI-2 del Convenio establece que los buques distintos a las naves de pasaje y petroleros de 300 y superiores, pero menores de 50.000 TRB, deberán instalar un sistema automático de identificación (AIS), en fecha no posterior a la primera inspección a los equipos de seguridad de la nave que se realice después del 1 de julio o el

vé la obligatoriedad de adoptar el Código PBIP, aprobado en esa reunión. Desde el comienzo de este proceso quedó claro que el principal punto de referencia y responsabilidad para las nuevas medidas de seguridad serían los gobiernos nacionales. En el contexto del PBIP se citan directa y reiteradamente las funciones y responsabilidades de «los gobiernos contratantes».

En cuanto a las obligaciones de estos gobiernos, un examen de las disposiciones del PBIP pone de manifiesto que el inicio y mantenimiento de los procesos y procedimientos necesarios para implantar los elementos del PBIP empiezan y terminan en los gobiernos miembros de la OMI signatarios del código y de las correspondientes convenciones. Este código reconoce al terrorismo como la mayor amenaza que pesa sobre el transporte marítimo.

En Europa se insiste en encontrar soluciones de alcance mundial precisas y claras en materia de protección, ya que la misma Unión Europea se encuadra en un contexto económico global. Pero al mismo tiempo se señala que la protección marítima no debe convertirse en un factor de competencia desleal entre los puertos, en particular dentro de la Comunidad Europea. Todo indica que serían necesarias normas comunes de protección, sumadas a criterios generales en la aplicación de controles aduaneros para así posibilitar una gestión integrada en las fronteras. Conviene destacar, no obstante, que las medidas adoptadas por la conferencia diplomática se limitan a los buques y a las instalaciones portuarias, constituidas por la interfaz buque-puerto, pero no a los puertos propiamente dichos.

La Comisión preparó un instrumento legislativo para reglamentar la protección de los puertos y buques de la Comunidad Europea. Este reglamento[5] tiene por objetivo principal instaurar y aplicar medidas comunitarias que mejoren la protección de los buques utilizados, tanto en el comercio internacional como en el tráfico nacional, así como en las instalaciones portuarias asociadas a ellos, frente a la amenaza de acciones ilícitas deliberadas.

Además, el Reglamento pretende sentar las bases para la interpretación y aplicación armonizadas, así como para el control comunitario de las medidas especiales para incrementar la protección marítima aprobadas por la conferencia diplomática de la OMI.

En este sentido se va más allá de las medidas aprobadas por la OMI, ya que convierte en obligatorias determinadas disposiciones de la parte B del Código PBIP que aparecen como simples recomendaciones (por ejemplo, amplía las medidas a los barcos de pasajeros en itine-

---

31 de diciembre de 2004, cualesquiera de ellas que ocurra antes. Las naves que cuenten con equipos AIS los mantendrán en funcionamiento en todo momento, excepto cuando los acuerdos internacionales, reglas o normas para la protección de la información de la navegación así lo dispongan.

La regla XI-1/3 se modificó para requerir la identificación de la nave, con el número de ésta con el prefijo IMO, seguido por un número de 7 dígitos (de acuerdo con la Resolución A. 600 [15]) y para ser señalado hermanentemente en un lugar visible del casco del buque y en las mamparas transversales de la cámara de máquinas. Las naves de pasajeros los deben llevar señalados en una superficie horizontal visible desde el aire.

La nueva regla XI-1/5 introduce el registro sinóptico de buques (RSB) y prevé que los buques irán provistos de un RSB que contenga su historial, el cual reflejará los datos de sus pabellones, nombres, propietarios, fletadores, sociedades de clasificación, etc. Cualquier cambio se registrará en el RBS para proporcionar información actualizada, junto con el historial de los cambios efectuados.

[4] Ámbito de aplicación:

Buques dedicados al tráfico marítimo internacional (los buques de pasaje y de carga, incluidas las naves de gran velocidad, de arqueo bruto igual o superior a 500 y las unidades móviles de perforación en mar abierto).

Las instalaciones portuarias situadas en los puertos de interés general que prestan servicio a los mismos.

[5] La propuesta de Reglamento del Parlamento Europeo y del Consejo de mejora de la protección de los buques y las instalaciones portuarias (presentada por la Comisión) COM (2003) 229 final 2003/0089 (COD), fue adoptada el 31 de marzo de 2004, entrando finalmente en vigor el 20 de mayo de 2004 (DOUE de 29-4-2004).

rarios nacionales y, en trayectos nacionales, a otros barcos las exigencias relacionadas con la aplicación de análisis de seguridad).

El Reglamento del Parlamento Europeo y del Consejo mejora la protección de los buques y las instalaciones portuarias.

2 Objetivos de este libro

Tratar cuestiones de seguridad industrial y del trabajo para la prevención de accidentes laborales y daños a las instalaciones siempre ha sido complejo y laborioso, dado el gran número de variables que intervienen y la interacción existente entre ellas. A pesar de la acumulación de experiencias y de los evidentes avances en la mejora de la prevención de accidentes, la seguridad dista mucho de estar completamente controlada, como así lo demuestran las dramáticas estadísticas en todos los sectores de actividad.

En este momento, cuando desde la posición civil deben asumirse responsabilidades relacionadas con la protección (seguridad de orden público), debe reconocerse que se parte de unos conocimientos mínimos, sin precedentes. Nos enfrentamos a un reto que no parte de cero, sino que se inicia con un elevado nivel técnico, y sin que se hayan establecido vías de comunicación estables y reconocidas para vencer ciertas desconfianzas entre organismos, instituciones y representantes de las fuerzas y cuerpos de seguridad del Estado, con el entramado de empresas privadas del sector marítimo y portuario.

En el mismo orden de cosas, para la seguridad industrial y laboral existen excelentes y extensas fuentes bibliográficas que permiten orientar a los estudiosos y usuarios responsables de la prevención de accidentes y, en general, de la mejora de la salud de los trabajadores. Por contra, en el ámbito de la protección el alcance de la información queda prácticamente reducida y limitada a su sola disponibilidad por las fuerzas armadas y los miembros de la seguridad pública y, en menor medida, por las empresas de seguridad privada. Ello representa una escasa o nula difusión y disponibilidad de publicaciones especializadas para el uso de la población civil, representada por todos los implicados en la actividad marítimo-portuaria con la implantación y aplicación del Código PBIP y el Reglamento de la CE.

A partir de ahora es necesario iniciar un esfuerzo investigador que facilite la generación de publicaciones profesionales de aplicación en la cadena del transporte marítimo, para cubrir dos objetivos: exigencia de eficacia en el cumplimiento de la normativa e integración en esta nueva responsabilidad, con el ánimo de alcanzar con mejores garantías el propósito de preservar la vida humana ante la falta de humanidad de unos pocos.

Este libro pretende abordar un primer tratamiento de la protección que afecta a las instalaciones portuarias, en la que el buque ocupa el lugar de propiedad también amenazada ante un riesgo de protección mientras permanece en las aguas de dominio público portuario.

Para realizar esta obra se visitaron los puertos de Algeciras, Tarragona y Barcelona, por sus especialidades en el transporte de contenedores, los productos petroquímicos y los cruceros, respectivamente, con el fin de detectar los puntos más significativos que puedan requerir su inclusión en los planes de seguridad y protección. Éstos estarán condicionados por la fiabilidad y la eficacia en la implantación del PPIP por encima de cualquier otro, sin que por ello cada uno pierda su validez individual, al cubrir parcelas de la seguridad que no pueden perder los objetivos perseguidos en el conjunto de la actividad marítimo-portuaria.

3 Estructuración esquemática

La presentación y análisis de los componentes del PPIP se llevará a cabo conforme a los bloques descritos en el esquema 1. Básicamente se trata de dos partes bien diferenciadas, estrechamente relacionadas con el buque y con el puerto, que confluyen hacia una línea central de estudio para llegar al contenido intrínseco del PPIP.

Para su correcta implantación se considera el procedimiento de evaluación y protección y, muy especialmente, la armonización con el resto de planes de seguridad; por cuanto, tal como se presenta en el mencionado esquema, nada puede quedar al margen de las directrices que comandan el plan de protección.

En su conjunto, cada uno de los bloques constituirá un capítulo específico para tratar con la extensión que se precisa los riesgos, las amenazas, las limitaciones y las particularidades que condicionan todo plan de protección al ser aplicado a un puerto determinado.

El esquema 1 muestra los aspectos que están relacionados con la interfaz buque-puerto como única condición limitadora del Código PBIP; no obstante, al considerar la armonización con el resto de los planes también se verá condicionado, de forma indirecta, por el sistema de protección total y por el plan de protección del puerto.

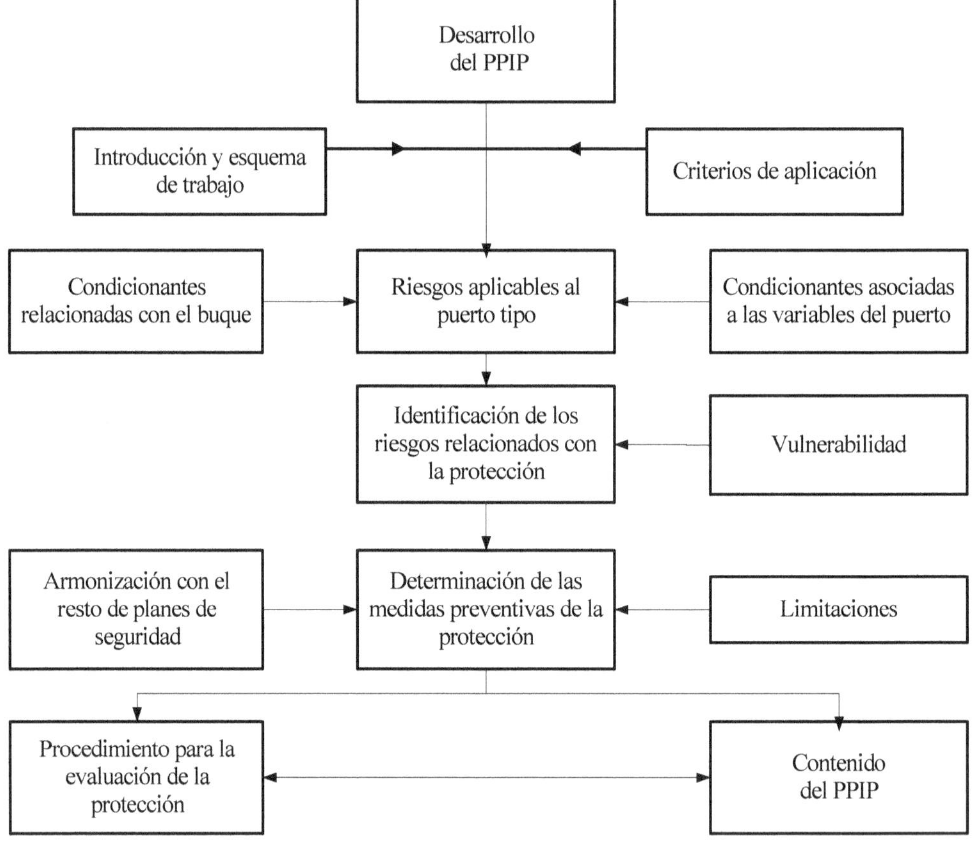

Esquema 1.

Capítulo 1
Criterios de aplicación

1.1 Principio y fin del PPIP

En el marco de la seguridad industrial, la mayor parte de accidentes marítimos son una consecuencia directa del factor humano, del error humano no intencionado, en el momento en que se materializan una o más causas de una manera imprevista y no deseada.

Una rigurosa ejecución de los planes de seguridad permite lograr una reducción drástica de los accidentes, ya que la mecánica de los acontecimientos es previsible y casi siempre cuantificable al depender, entre otros, de factores físicos y químicos, de los procedimientos preventivos y de la organización de los equipos humanos que intervienen. La eficacia depende, por tanto, de la prevención en función directa de los costes aplicados.

Con la introducción de la protección como la define el Código PBIP, la relación persona-máquina que hasta ahora se controlaba desde la perspectiva de la seguridad, se sustituye por la relación persona-persona, con un amplio espectro de voluntades, propósitos y objetivos. Esto disminuye notablemente la eficacia de los niveles preventivos, que no pudiendo medirse ni cuantificarse objetivamente hacen que todo cuanto estaba relacionado con el término «seguridad» pase a un segundo nivel al depender de las causas incluidas en el de «protección».

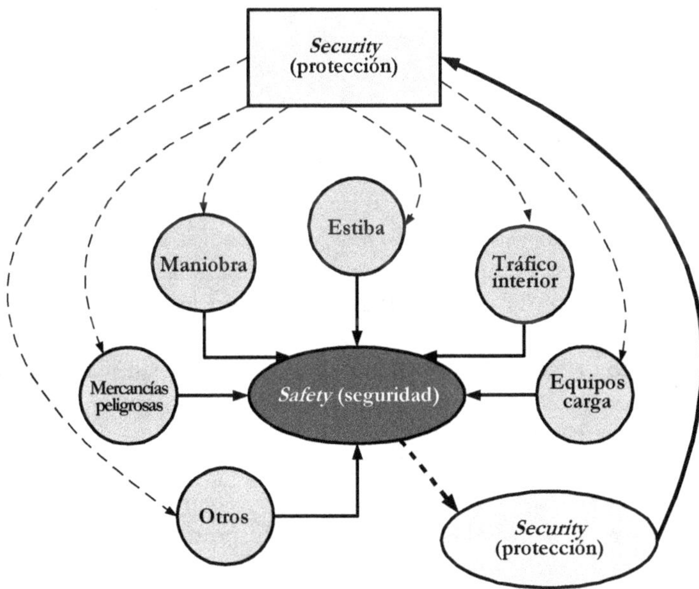

Esquema 1.1.

Desde un punto de vista esquemático (véase el esquema 1.1), la plena seguridad *(safety)* era la suma de todas las acciones particulares (representadas en gris), es decir, de todos los esfuerzos e intenciones que hacían posible la seguridad operativa de una actividad. Mientras, las acciones de *safety*, sin ser del todo olvidadas, eran muy independientes de las primeras, con criterios y acciones dedicadas y basadas muy especialmente en las perturbaciones terrestres externas, de alguna forma parciales, dando la espalda a los problemas menores que pudieran producirse en el interior de las instalaciones portuarias, tanto de procedencia terrestre como marítima.

Con la entrada en vigor del Código PBIP, el bloque del *safety* pasa a ocupar el vértice superior, vertiendo sus condicionantes en sentido inverso a como se producían anteriormente. Los aspectos parciales que una vez analizados resulten eficaces no tendrán que ser modificados, pero sí se deberán considerar e incorporar nuevas alternativas conforme al nivel de la amenaza.

Por su parte, el final de su aplicación surge cuando la amenaza desaparece o bien cuando se materializa con la acción delictiva y terrorista, en cuyo caso los planes de emergencia interior (PEI) pasan a primer plano para su inmediata ejecución, con el objetivo de reducir los daños y las consecuencias provocadas.

En realidad, el cierre del PPIP coincide con el final del PPP, según la seguridad global impulsada en 2003,[1] tratado en el capítulo de este libro dedicado a la evaluación.

1.2 Relación y dependencia del PPIP con otros planes de seguridad

Un aspecto importante es la identificación de las disfunciones que la implantación del PPIP pueda crear con otros planes de seguridad establecidos y en uso en cada uno de los puertos.

Deben considerarse los principios básicos que rigen los planes de seguridad y de emergencia o intervención, en los que casi siempre las actuaciones y respuestas para efectuar el control de la situación comprometida en un accidente puede ser contrarias a las que se precisen en una situación de protección. Por ello, las instrucciones que para una determinada situación de seguridad sean de un signo contrario a las que se producirán al pasar a una de protección deberán identificarse para buscar el procedimiento más homogéneo y que resulte menos contradictorio, a fin de que todas las medidas puedan ejecutarse sin que se entorpezcan unas a otras.

Para la presentación esquemática de la relación de funcionalidad del PPIP con otros planes de seguridad y emergencia sigue siendo válido el esquema 1.1. Una vez acaecida la acción perturbadora, sea cual sea la causa generadora, la protección, al ser vulnerada, pasa a un nivel inferior mientras que los otros planes adquieren la importancia que les corresponda en la nueva situación.

Mientras, si el acto delictivo no se produce, los planes de seguridad deben actuar en todo momento para mantener los estándares de seguridad y calidad que la instalación portuaria se haya comprometido por su eficacia e imagen.

En uno u otro caso la seguridad, sea la correspondiente a la actividad o la resultante de la protección, no puede bajar la guardia ni conjunta ni aisladamente con el resto de principios. Éstos, a partir de ahora, se verán obligados a compartir un mismo objetivo centrado en prin-

---

[1] Doc. MESSHP/2003/14, de la OMI y la OIT, Ginebra, 2003.

cipios civiles, orquestado por profesionales civiles y soportado en sus primeras consecuencias también por civiles, apoyados, asistidos y en estrecha colaboración con los expertos en protección, tanto civiles como de las fuerzas y cuerpos de seguridad del Estado.

Esta situación no excluye que a partir de los niveles de protección de cada situación, llegado el caso, se establezcan y activen en paralelo niveles del PEI que puedan hacer más eficaces las respuestas, fundamentadas en la preparación previa de equipos humanos y técnicos.

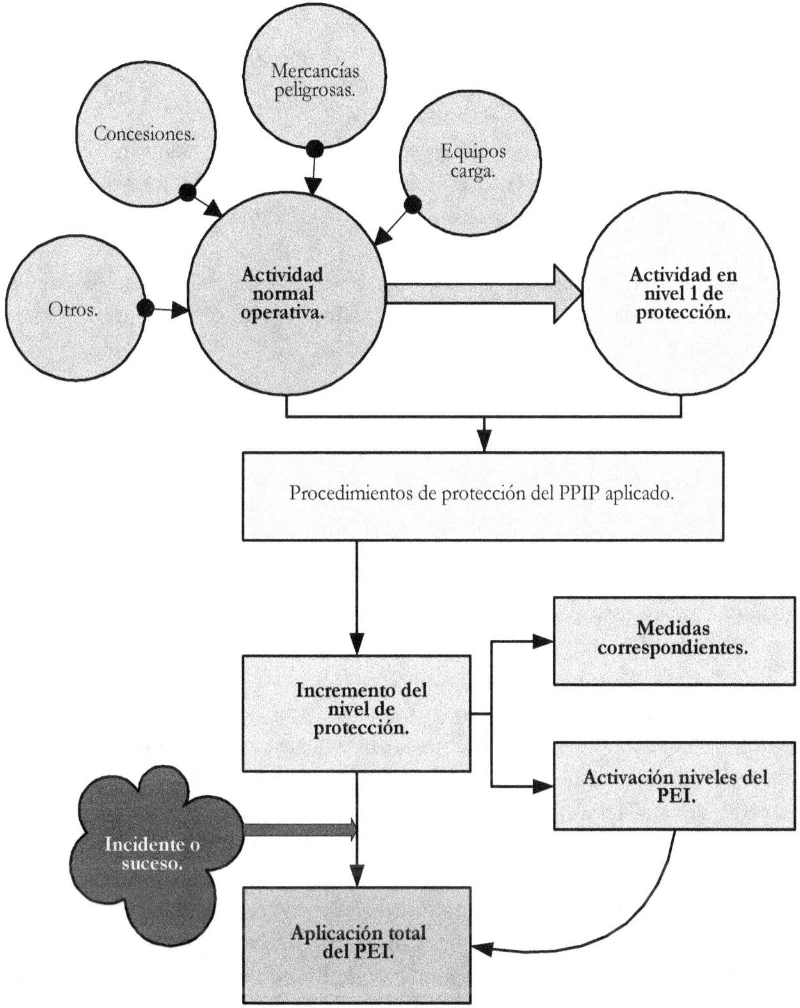

Esquema 1.2.

El desarrollo y la aplicación de niveles del PEI, en consonancia con los procedentes del PPIP, supone estados de alerta y preparación e incluso la adopción de medidas específicas que, si tiene lugar la acción terrorista, harían más eficaces las respuestas de los equipos de intervención, eliminando el factor sorpresa con el que se inician todas las emergencias (vías de circulación libres para la evacuación, menor concentración de camiones, etc.).

De cualquier otra manera, si la acción delictiva y terrorista se detecta por las propias consecuencias de su realización, el PEI se activará conforme a lo previsto ante cualquier situación de emergencia de características similares, como son casos de explosión de unidades de transporte (cisternas) o, en zonas de almacenamiento (tanques), incendio en instalaciones, etc., indistintamente de la fuente que los provoque (véase el esquema 1.2).

1.3 Consideraciones respecto a la expresión «interfaz buque-puerto»

Un aspecto fundamental para definir el marco de aplicación del PBIP nos lo da la expresión «interfaz buque-puerto», al que dicho Código no aporta una definición que permita esclarecer el alcance y lo que significa en cuanto a limitaciones.

El conocimiento de cuándo debe iniciarse la aplicación del Código no es fácil, cómoda ni tiene un tratamiento regular y homogéneo. Sin embargo, las variaciones en dicha consideración pueden significar una gran dispersión en la toma de decisiones o en las medidas adoptables.

En el Reglamento del Parlamento Europeo y del Consejo para la mejora de la protección de los buques y las instalaciones portuarias, el artículo 2 define la interfaz buque-puerto, como:

«La interacción que tiene lugar cuando un buque se ve afectado directa e inmediatamente por actividades que entrañan el movimiento de personas o mercancías o la provisión de servicios portuarios al buque o desde éste».

Dicha definición considera el cómo y el cuánto, pero no facilita determinar el cuándo. Es decir, a partir de qué momento o distancia física, que en la aplicación operativa de la seguridad siempre es necesario establecer, y más especialmente cuando el propio Código establece, en el punto 5 del preámbulo del Anexo, que «[…] las disposiciones relativas a las instalaciones portuarias se aplicarán únicamente a la interfaz buque-puerto».

El planteamiento lógico sería partir de la figura del buque como objeto principal en torno al cual se estructura el Código, pudiéndose establecer que la línea divisoria que marca el límite la da la que representa la primera línea de control de la protección a partir del buque.

De plantearse el establecimiento del límite desde tierra hacia el buque, podría deducirse que éste es el que corresponde al dominio público de la instalación portuaria. Se podría dar el caso de que, en función de la configuración del puerto en el ámbito de su dominio público y de las líneas de control establecidas, ambos límites sean coincidentes.

En la figura 1.1 se puede observar que aun existiendo una puerta de acceso a la instalación portuaria (P-27), con control de la Guardia Civil y coincidir ésta con el límite del dominio público en esa zona, el verdadero y lógico inicio de la interfaz no se inicia allí sino en una zona alrededor del punto «C» que accede a la terminal de contenedores. Por tanto, se crean dos fronteras de interfaz «A» y «B», siendo esta última la aceptable a fines del Código.

Lo mismo ocurre al considerar la interfaz del pantalán de petroleros, en la que a partir del acceso de la puerta P-27, antes considerada como ejemplo, el primer punto de control desde el buque se encuentra en la misma calle de circulación interna de la instalación portuaria («A»), en el punto de arranque de dicho pantalán hacia la mar.

Tal como se representa en la figura 1.2, el límite físico de su interfaz es la propia longitud del pantalán, hasta la valla de acceso desde la calle de circulación.

Sin embargo, en cualquier otro caso, de ser coincidentes y únicos los puntos de acceso a la instalación portuaria con los de control, sin puestos intermedios hasta llegar al costado del buque, la interfaz se correspondería con el límite «A» de la figura 1.1.

Otra posibilidad sería cuando la interfaz es escasa y prácticamente coincidente con el entorno inmediato del buque, circunstancia reflejada en la figura 1.3. Aquí, el control del acceso desde el exterior no existe, al tratarse de un muelle abierto a la ciudad, y el primer punto de control se encuentra en la misma estación marítima, sin mediar distancia para formar anillos de seguridad, según las necesidades que se requiera implantar.

Figura 1.1.

En dicha figura se han señalizado con elipses las líneas de atraque de buques de pasaje, que se encuentran inmediatamente contiguas a edificios de acceso libre y directamente relacionadas con el exterior de la instalación portuaria y de su dominio.

En el establecimiento de criterios para la determinación de la interfaz buque-puerto, la figura 1.4 muestra la posibilidad, hoy real, de encontrar una zona de atraque sin interfaz, donde el acceso se realice directamente en el portalón del buque, sin que exista una zona preventiva o restringida para realizar controles.

Otra circunstancia comprometida sería cuando el único acceso disponible comunica distintas concesiones con variables de riesgo diferentes, con destinos y objetivos diversos en la interfaz buque-puerto. En su conjunto van a necesitar planteamientos específicos de control o bien el diseño de accesos independientes para cada concesión (véase la figura 1.5).

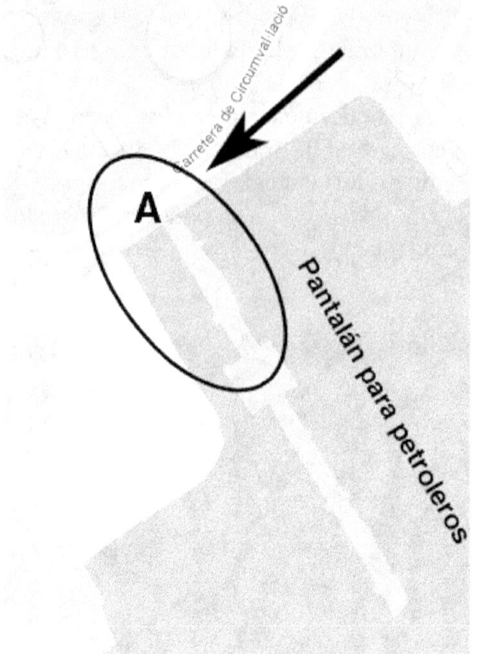

Figura 1.2.

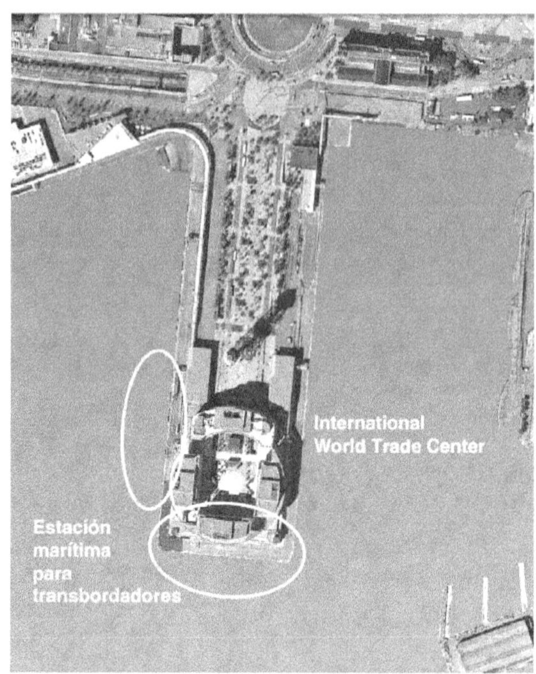

Figura 1.3.

Figura 1.4.

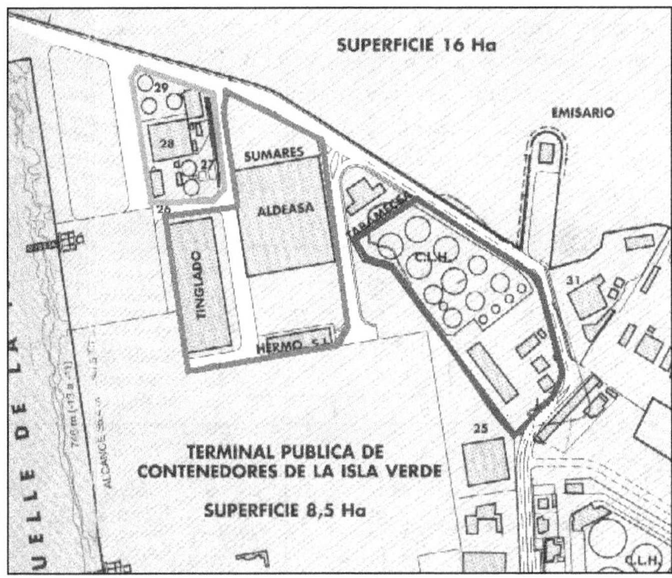

Figura 1.5.

Hasta ahora se ha considerado que el transporte terrestre se realizaba utilizando la red viaria soportada por camiones y tractoras. Éstos pueden llegar prácticamente al costado del buque y sus cargas embarcarse directamente. Sin embargo, si se considera el modo ferroviario, surge una nueva necesidad definitoria, ya que en la mayoría de las situaciones el único control de sus unidades consiste en el acceso por una puerta, sin controles en el límite del dominio público portuario y sin que en ningún momento posterior se pueda determinar la ubicación de los mismos. Es necesario, siguiendo los principios aplicados hasta ahora, que se fije físicamente el punto donde se debería efectuar el control para definir la interfaz buque-puerto.

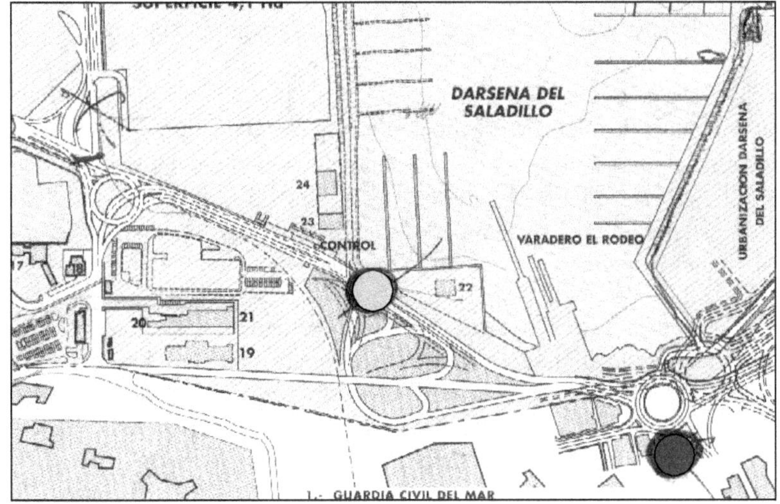

Figura 1.6.

En la figura 1.6 puede observarse la única puerta de acceso ferroviario, sin que en el recinto portuario se pueda localizar un punto de cierre, control e inspección. Un control de acceso correspondería al más próximo en relación con la figura 1.5.

En la interfaz buque-puerto se produce una situación poco definida cuando el buque se encuentra en las aguas del dominio público portuario; entonces se deberán considerar las distintas situaciones posibles (véase el esquema 1.3).

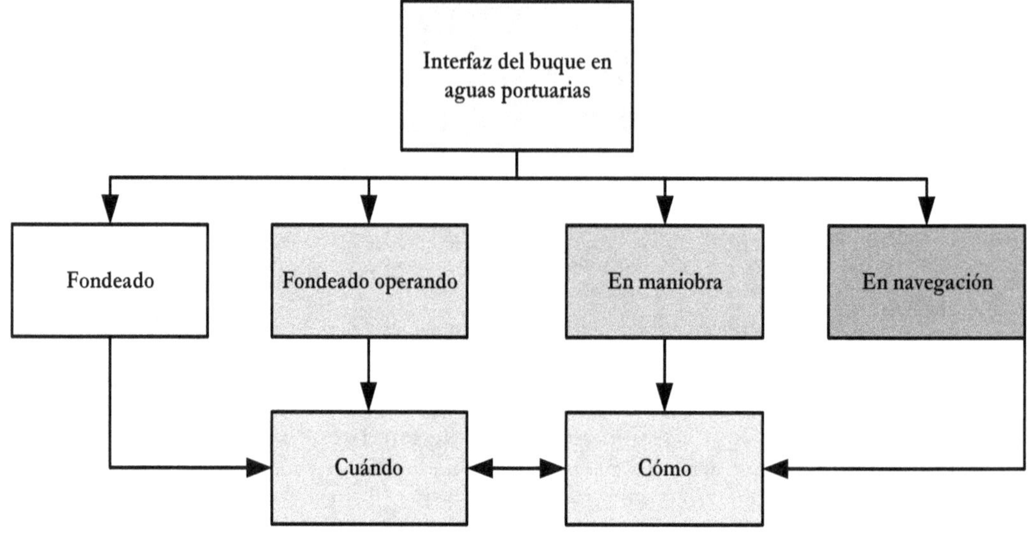

Esquema 1.3.

En la figura 1.7 la línea más gruesa delimita perfectamente las aguas que corresponden a una u otra responsabilidad (dominio) portuaria.

En principio, el criterio primordial dicta que la superficie marítima es de exclusiva dependencia de la autoridad portuaria correspondiente; sin embargo, pueden determinarse distintos aspectos:

- A partir de cuándo se inicia el vínculo de responsabilidades.
- En qué condiciones durante la operativa del buque antes del atraque.

Si se analiza cada bloque de posibilidades mientras el buque está en las aguas de dominio público portuarias, se obtienen las siguientes conclusiones:

A. Fondeo voluntario del buque en las aguas portuarias, sin que su propósito sea realizar operaciones, por cualquier causa de la navegación en la que el buque busca refugio, por mal tiempo fuera de la zona abrigada, para reparación de averías, etc. En estos casos la autoridad portuaria o la marítima autorizan la situación y asignan un área de fondeo sin la prestación del servicio de practicaje. *El buque depende de su PPB.*

B. Fondeo obligado del buque en las aguas portuarias con el propósito de realizar operaciones, bien en espera de atraque, de marea, de carga, *bunkering* fondeado, toma de provisiones y aguada, etc. Con la prestación del servicio de practicaje, como representante que es de la autoridad portuaria, *el buque establece una interfaz con el puerto.*

C. Cualesquiera de las operaciones realizadas con otros buques y embarcaciones mientras está en el fondeadero. *Se establece interfaz buque-buque y sus respectivos PPB.*

D. En cualquier situación en la que el buque se encuentre en navegación y en maniobra hasta alcanzar el atraque y la condición de amarrado, *el puerto crea una interfaz con el buque a través de los servicios indirectos que están siendo prestados.*

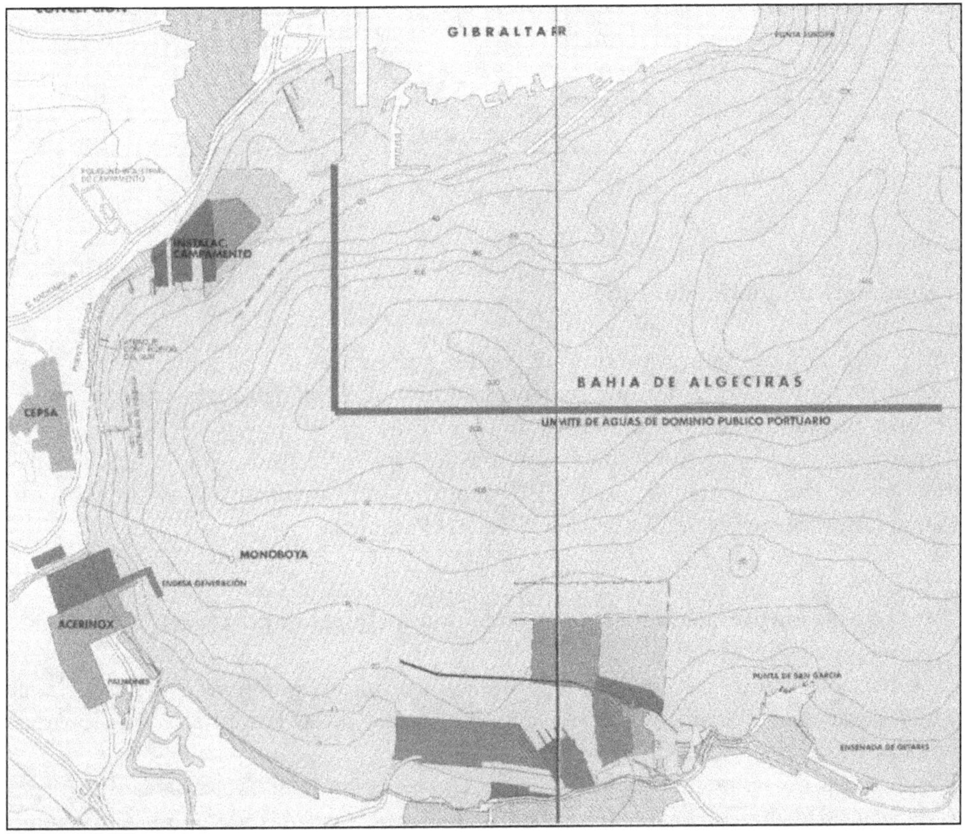

Figura 1.7.

Por todo ello, a la vista de las alternativas consideradas, es evidente que cada instalación portuaria y cada zona parcial o total de ella que tenga relación con el buque, deberá determinar previamente cuál es la distancia de la interfaz aplicable. Cuando ello no sea posible por las características del puerto, debe considerarse el dominio público del mismo como la interfaz de influencia, aunque dicho tratamiento represente una gran complicación por el ámbito que abarca.

No obstante lo dicho en este apartado, los controles sucesivos, calculando desde el primero a partir del buque, aun sin ser aplicables a los objetivos del Código PBIP, deberán estar estrechamente coordinados entre sí para crear la necesaria impermeabilización del sistema de protección.

Como resumen cuantitativo, en la tabla 1.1 se proporciona un valor de riesgo orientativo, escalado de menor (1) a mayor (5), aplicable a los distintos tipos de interfaces que hemos analizado en este apartado.

Tipo	*Definición de la interfaz (por controles)*	*Valor riesgo*
1	Interfaz por límites de la concesión	1
2	Control de accesos inmediato al atraque (propio de pantalanes)	3
3	Control por estaciones marítimas (cruceros y transbordadores)	2
4	Sin interfaz (directo al portalón y costado del buque)	5
5	Varias concesiones (distinto nivel de riesgo) con un acceso común	4
6	Red ferroviaria con interfaz de carga/descarga (explanada)	2
7	Red ferroviaria sin interfaz (acceso al costado del buque)	5

Tabla 1.1.

1.4 Planteamiento global del PPIP

Las distintas interfaces buque-puerto que pueden presentarse globalmente en cada puerto y las diferentes responsabilidades que se generan ante la variabilidad de los actores presentes, según sean privados o públicos, muestran que el PPIP de un puerto es la suma de tantos PPIP parciales como empresas concesionarias y propias constituyan la entidad global del puerto. En términos matemáticos, el PPIP global podría definirse como un conjunto de otros que lo complementan en su totalidad (véase el esquema 1.4).

1.5 Papel de las empresas concesionarias de una instalación portuaria

La identificación de una gran mayoría de posibles interfaces buque-puerto se producirá en las superficies e instalaciones portuarias situadas en el marco de las empresas concesionarias por tráfico y actividad.

Antes de las prescripciones del Código, las empresas concesionarias debían mantener niveles de seguridad similares a los del puerto donde están ubicadas, de tal manera que no representaran por sí mismas amenazas individuales al estar desvinculadas de la seguridad global del puerto.

Con la entrada en vigor del Código PBIP, la responsabilidad directa de la protección de la instalación vuelve a estar en cada una de las empresas concesionarias, que se verán obligadas a gestionar el correspondiente plan de protección de las instalaciones portuarias que disfrutan del régimen de concesión.

Tanto los anteriores planes de seguridad como el propio PPIP deben ser aprobados y admitidos como adecuados y suficientes para garantizar la protección de las instalaciones, situándose todo momento en la misma línea de eficacia que dispone el puerto en su PPP.

El mantenimiento de las condiciones operativas de cualesquiera de los planes de las instalaciones portuarias debe ser llevado día a día por la concesionaria, independientemente de si dichos planes fueron diseñados y desarrollados por ella o acordados con la autoridad portuaria correspondiente.

El caso particular del PPIP también puede pasar por cualesquiera de estas dos alternativas:

1.   Plan de protección planificado por la entidad que detenta la concesión.
2.   Plan de protección acordado con la autoridad portuaria.

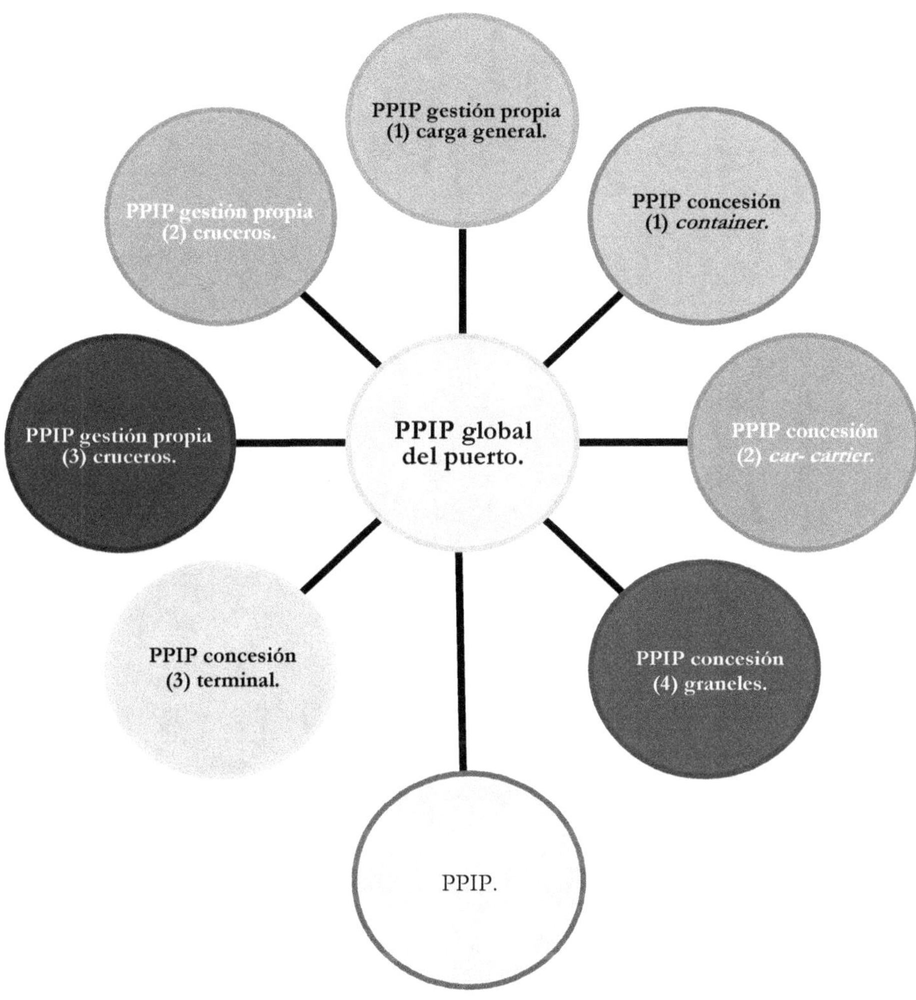

Esquema 1.4.

Capítulo 2
Los buques y su relación con el PPIP

2.1 Condicionantes relacionados con el buque

Dada la importancia que adquiere el buque hasta «convertirse en arma si se le da esa finalidad, o en vector de un arma de destrucción masiva, o en el medio de transporte de una carga peligrosa, sin ser conscientes de ello, a menos que se tomen las medidas adecuadas en materia de protección marítima y control»,[1] es necesario dedicar un capítulo de este estudio a la amenaza que representa el buque bajo el tratamiento y consideración aislada e independiente de su entorno, teniendo en cuenta la vulnerabilidad de cada tipo de buque, de acuerdo con el esquema 2.1 de la página siguiente.

El contenido de dicho esquema permite considerar cualquier planteamiento de protección que se pretenda implantar en un puerto, ya que pasa ineludiblemente por valorar la amenaza que representa el buque como objetivo directo o indirecto, principal o secundario, al tratar temas de orden público, delincuencia organizada, terrorismo, vandalismo, altercados, etc. De otro modo, la acción delictiva podría ser aplicable también a los diversos operadores terrestres de cualquier otra modalidad del transporte.

El hecho de considerar los aspectos del PPB que constituyen las medidas esenciales a partir de las cuales pueden determinarse los niveles de eficacia en la protección de un buque, tal como específicamente se detallan en el apartado 9.8 de la parte B del Código:[2]

- accesos,
- zonas restringidas,
- manipulación de la carga,
- entrega de provisiones,
- equipajes no acompañados y
- vigilancia de la protección del buque,

permite agruparlos según el grado de vulnerabilidad estructural (tipo de buque), operativa (tráficos) y el de rigor de sus tripulaciones (especialidad), en las siguientes apreciaciones por bloque:

---

[1] Comunicado de la Comisión COM(2003)229 final, 2003/0089 (COD) para la propuesta de Reglamento del Parlamento Europeo y del Consejo, de mejora de la protección de los buques y las instalaciones portuarias; Bruselas, 2 de mayo de 2003.

[2] Prácticamente obligatorias en el ámbito de la CE, bajo las prescripciones del Reglamento, en el apartado 4.1.12 (Revisión de los planes de protección de los buques) del artículo 3.

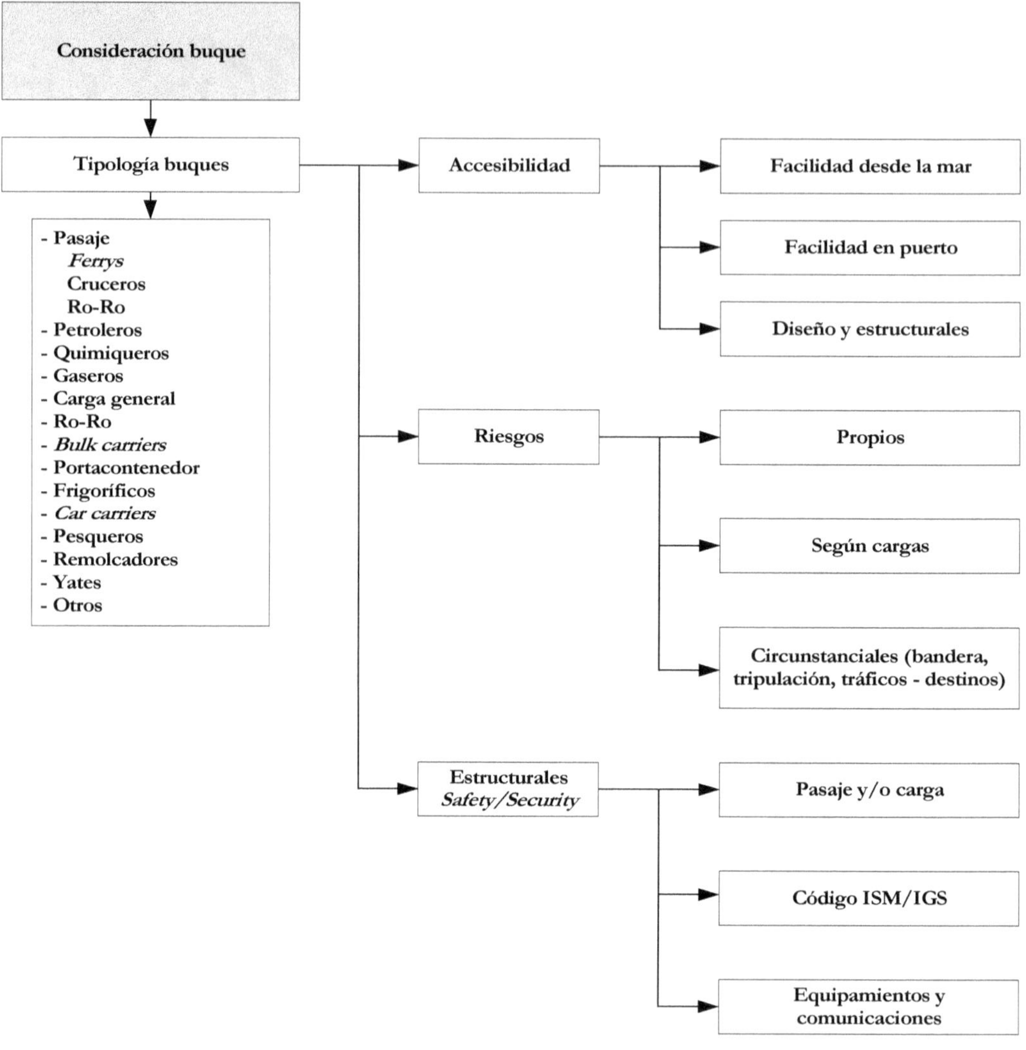

Esquema 2.1.

A. En el buque de pasaje que en el esquema 2.1 incluye los buques *ferry*, cruceros y ro-ro, por el hecho de llevar personas a bordo distintas de las que forman la tripulación, en según qué aspectos éstas no podrán ser tratadas por igual al existir claras diferencias entre los procedimientos y objetivos de cada tipo de transporte marítimo.

B. Los buques que transportan habitualmente cargamentos en tanques, como los petroleros, los quimiqueros y los gaseros, constituirán un grupo específico de similares tratamientos y consideraciones.

C. Los buques de carga general, los frigoríficos y los graneleros, también se agrupan en una categoría de planteamientos unificados.

D. Los buques ro-ro con transporte rodado sin conductores ni pasaje, los portacontenedores y los portavehículos, forman un bloque de similar tratamiento.

E. Finalmente, los tipos de buques como los pesqueros, los remolcadores y las embarcaciones de recreo serán considerados en un bloque de barcos de régimen portuario, con un tratamiento específico.

2.2 Buques del bloque «A»

2.2.1 *Accesibilidad* (figuras 2.1 y 2.2)

La accesibilidad a un buque transbordador es difícil en la mar y desde ella, dadas la altura y la verticalidad de su obra muerta desde la línea de flotación. El acceso a través de las portas sólo es posible si se efectúa desde el interior, y la abertura siempre se realiza en aguas resguardadas y con el buque parado.

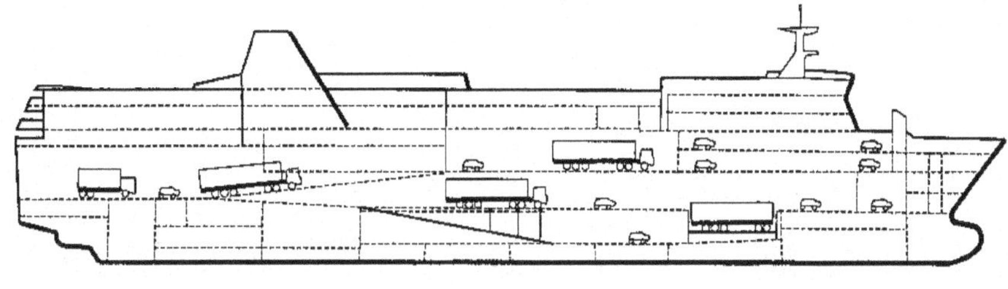

Figura 2.1.

El asalto desde la mar sólo sería posible al existir una fuerza ocupante y de apoyo previa al abordaje en el interior del buque, de tal modo que el acceso a las cubiertas de intemperie se hiciera con el buque parado o a muy poca velocidad.

2.2.2 *Acceso a zonas restringidas a bordo*

Salvo en los buques crucero, el resto de buques de este bloque presenta cierta facilidad para acceder a espacios restringidos de relevancia especial, tanto para las consecuencias internas del buque como para las externas respecto al entorno de las instalaciones portuarias. Las figuras 2.1, 2.2 y 2.3 muestran configuraciones de los espacios de carga, de pasaje y de la extrema facilidad para interrelacionar unos con otros.

Aspecto	*Transbordador*	*Crucero*	*Ro-ro*
Espacios y puestos de control	Fácil	Difícil	Fácil
Espacios con equipo de vigilancia	Fácil	Difícil	Fácil
Espacios de sistemas de ventilación	Fácil	Difícil	Fácil
Espacios a tanques de agua potable	Fácil	Difícil	Fácil
Espacios con mercancías peligrosas	N/P	N/P	Fácil
Bombas de carga/descarga	N/P	N/P	N/P
Alojamientos de la tripulación	Fácil	Fácil	Fácil

Tabla 2.1.

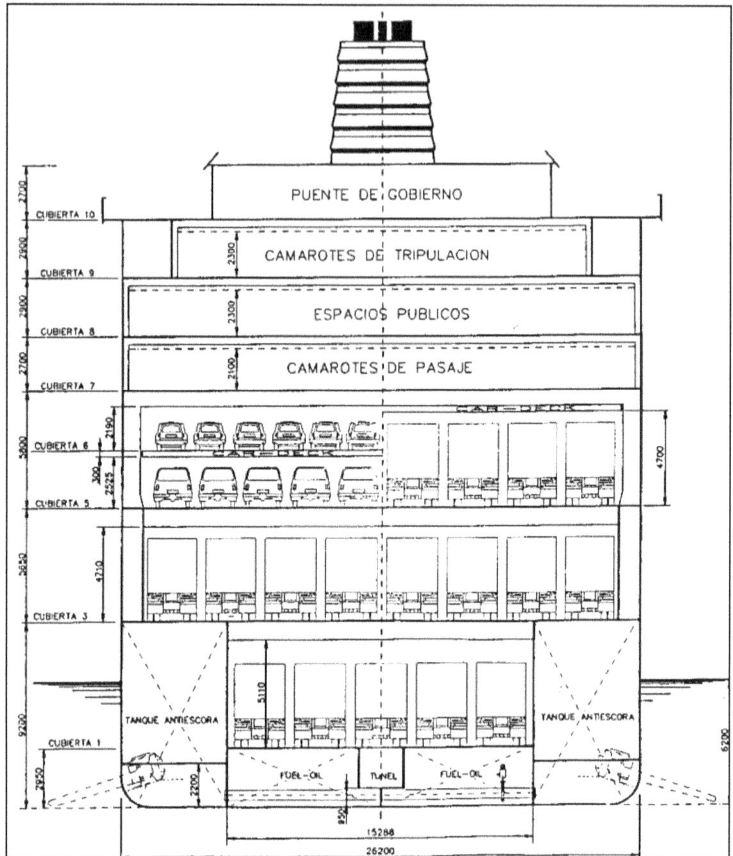

Figura 2.2.

La existencia de procedimientos de protección en los buques crucero significa un notable avance en este aspecto, por cuanto el control de dichos espacios queda preservado, con mayor o menor eficacia, del intrusismo y la manipulación dolosa e intencionada de los equipos y servicios que allí se ubican.

Los espacios dedicados a las cargas peligrosas, por su naturaleza y clasificación en el IMDG, no se incluyen en la mayoría de los buques de pasaje, o sólo se permite la presencia de cantidades muy pequeñas y en un recipiente muy seguro y controlado.

2.2.3 Manipulación de la carga

Salvo en los cruceros en que no procede (N/P) la aplicación de esta variable, en los de tipo transbordador y ro-ro la carga es aceptada en cuanto ha pasado los controles existentes en la concesión correspondiente, que autorizan su embarque.

Las operaciones de estiba a bordo se limitan, por la naturaleza de la carga rodada embarcada, a la ubicación de los vehículos en las cubiertas previstas, buscando la menor ocupación de superficie en función de las características volumétricas de cada unidad.

Cuando en dichos buques se embarcan cargas paletizadas, a bordo la atención se centra

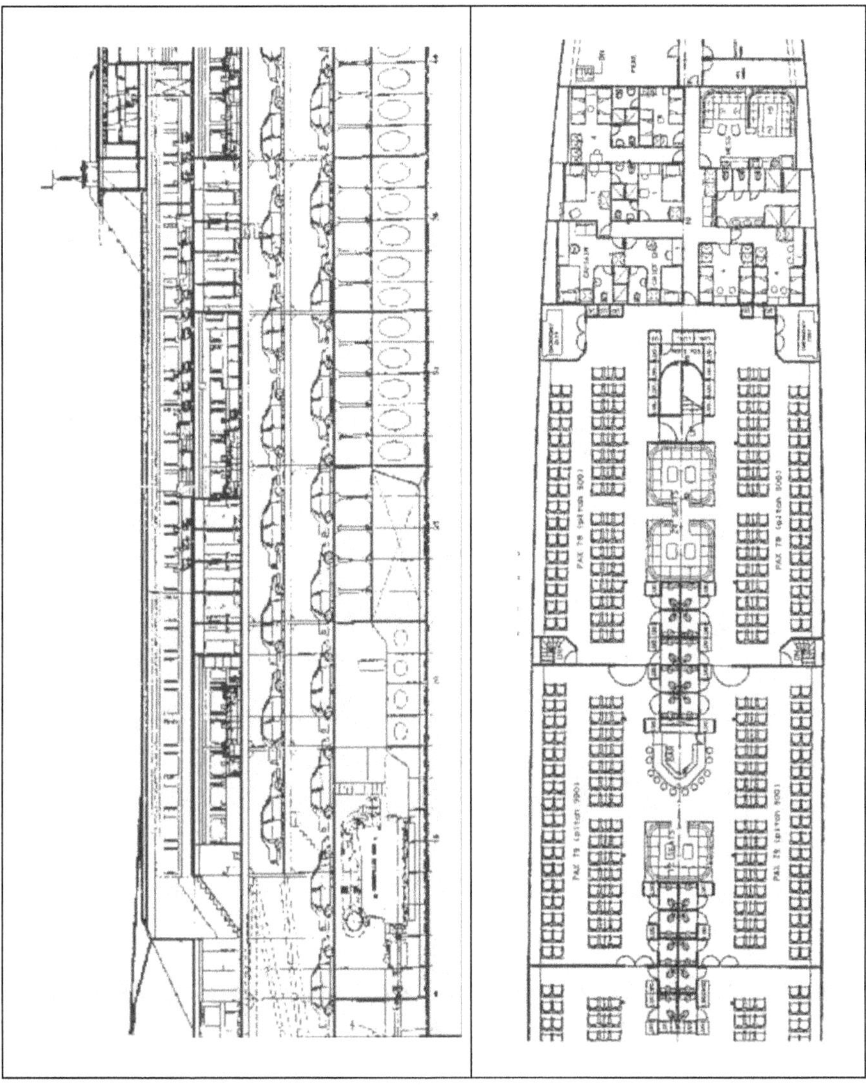

Figura 2.3.

Aspecto	Transbordador	Crucero	Ro-ro
Inspección sistemática de la carga	Normal	N/P	Normal
Inspección exterior al puerto	Nula	Frecuente	Nula
Comprobación de contenidos	Nula	Frecuente	Nula
Registro de vehículos previo al embarque: - Medios visuales - Dispositivos - Perros	 Escaso Escaso Escaso	 N/P N/P N/P	 Escaso Escaso Escaso

Tabla 2.2.

en la ubicación en las cubiertas, de tal manera que no estorben ni se vean perjudicadas por el movimiento de las unidades rodadas, y de modo que no resulten dañadas ni dificulten el flujo de los vehículos.

2.2.4 Provisiones

La recepción de aprovisionamientos se puede definir como positiva y aceptable tal como se realiza en la mayoría de tipos de buque de esta sección. La imagen y la calidad de las provisiones recepcionadas poseen una prioridad destacada, en especial en los buques del tipo crucero, y no es una buena práctica admitir artículos a bordo que no coincidan con las especificaciones del pedido.

El rechazo de bultos que presenten pérdida de integridad en su embalaje es una respuesta que coincide con el grado de rigor que exista a bordo. Una caja rota, si el contenido está completo, puede ser admitida sin pensar en la posibilidad de cambiar la identificación de los contenidos. El planteamiento de los principios de la protección deberá cambiar su filosofía al aplicar criterios concernientes a su aceptación o rechazo.

Aspecto	*Transbordador*	*Crucero*	*Ro-ro*
Integridad del embalaje	Sí	Sí	Sí
Rechazo sin inspección previa	No	Sí	No
Manipulaciones indebidas	Sí	Sí	Sí
Sólo las solicitadas	Sí	Sí	Sí
Documentación de pedido y de entrega	Sí	Sí	Sí

Tabla 2.3.

2.2.5 Equipajes no acompañados

En los buques crucero esta variable no tiene aplicación por cuanto se trata de equipajes bien identificados, con sus propietarios presentes a bordo, o que en caso contrario son desembarcados, ya que no tienen ninguna utilidad sin permanecer a bordo. No obstante, en dichos buques los equipajes que siempre van acompañados deben cumplir con todos y cada uno de los requisitos de la tabla 2.4.

Aspecto	*Transbordador*	*Crucero*	*Ro-ro*
Registro previa aceptación a bordo	No	N/P	No
Registro previo en puerto	No	N/P	No
Seguridad después de la inspección	No	N/P	No
Estibados en pañol cerrado	Sí	N/P	Sí

Tabla 2.4.

En los otros dos tipos de buque, hasta el momento no existe a bordo ningún control y se aceptan sin más, confiando que cualquier anomalía se habrá detectado en los procedimientos de registro efectuados en tierra. Una vez han sido recepcionados, los equipajes pasan a pañoles donde permanecerán estibados hasta su descarga al llegar al puerto de destino. Un aspecto que cabe resaltar es el grado de inviolabilidad del sistema de cierre de dichos pañoles, que pueden ofrecer dudas justificadas respecto a la resistencia y tecnología aplicadas.

2.2.6 Características del buque respecto a las variables de riesgo

Si en las tablas 2.1 a 2.4 se analizaba el procedimiento habitual aplicado por las tripulaciones de este tipo de buques, en la tabla 2.5 se aborda la oportunidad que brinda el buque por su construcción específica, sin que la tripulación sea el condicionante principal, aunque sí se vea muy condicionada por ello.

En cuanto a poder fijar un criterio sobre la posibilidad de que la distribución de espacios interiores facilite la oportunidad de ocultar materias ilícitas, ésta es muy elevada en todos y está en relación directa con el número de espacios a los que puede acceder el pasaje.

Por la frecuencia esperada de la variable			
Aspecto	*Transbordador*	*Crucero*	*Ro-ro*
Accesos: - En la mar - En puerto	 Difícil Fácil	 Difícil Fácil	 Difícil Fácil
Zonas restringidas	Varias	Muchas	Escasas
Manipulación de la carga	Mucha	Muy escasa	Mucha
Entrega de las provisiones	Alta	Muy alta	Normal
Equipajes no acompañados	Escasa	Muy escasa	Escasa
Vigilancia de la protección del buque	Escasa/Media	Elevada	Escasa
Grado de ocultación	Alto	Alto	Medio

Tabla 2.5.

2.3 Buques del bloque «B»

2.3.1 Acceso a zonas restringidas a bordo

Esta variable tiene un cumplimiento rutinario a bordo de los buques contemplados en el bloque «B». Las características específicas y bien definidas de casi todos los terminales, de los pantalanes, o la ubicación de las líneas de atraque, se suma que se encuentran, en la mayoría de los casos, en zonas seguras de las instalaciones portuarias, cuyo acceso está protegido por controles y vigilancia en lo que se refiere a su interfaz con el puerto.

Aspecto	*Petrolero*	*Quimiquero*	*Gasero*
Espacios y puestos de control	Normal	Normal	Normal
Espacios con equipo de vigilancia	Normal	Normal	Normal
Espacios con sistemas de ventilación	Normal	Normal	Normal
Espacios a tanques de agua potable	Normal	Normal	Normal
Espacios con mercancías peligrosas	Normal	Normal	Normal
Bombas de carga/descarga	Normal	Normal	Normal
Alojamientos de la tripulación	Normal	Normal	Normal

Tabla 2.6.

Las propias operaciones requeridas por las cargas específicas de cada uno de los tipos de buque facilitan el libre acceso de la tripulación, en especial de la tripulación de los departamentos de máquinas y de cubierta. Sólo los accesos al exterior cumplen la estricta obligatoriedad de permanecer cerrados por razones de seguridad respecto a los riesgos de la carga, con objeto de evitar la introducción a través de ellos de vapores inflamables o tóxicos emanados en los habitáculos y espacios no seguros.

La mayoría de las zonas restringidas a bordo de estos buques deben ser fácilmente accesibles por razones operativas de seguridad. Se exceptúan las puertas estancas interiores que tengan la finalidad de incomunicar cubiertas a modo de cortafuegos y que no dispongan de cierres permanentes y de difícil violabilidad.

2.3.2 Manipulación de la carga

Por las características de la carga y los procedimientos de vehiculación cerrada de los productos especializados que se transportan en los buques de este bloque, no corresponde en este caso ninguna de las aplicaciones comunes a otros buques.

Aspecto	*Petrolero*	*Quimiquero*	*Gasero*
Inspección sistemática de la carga	N/P	N/P	N/P
Inspección exterior al puerto	N/P	N/P	N/P
Comprobación de contenidos	N/P	N/P	N/P
Registro de vehículos previo al embarque - Medios visuales - Dispositivos - Perros	N/P	N/P	N/P

Tabla 2.7.

2.3.3 Provisiones

En esta variable los comentarios son similares a los empleados para los transbordadores, ya que la rutina es la que se acepta por la mayoría de la comunidad marítima. Las provisiones serán o no las mejores o las deseables, pero siempre se recepciona aquello que coincide con lo solicitado, sin que existan procedimientos que alerten de la intencionalidad delictiva, si bien estos criterios deben cambiar sustancialmente con una formación que sea coherente con los propósitos del Código al ser aplicados a bordo.

Aspecto	*Petrolero*	*Quimiquero*	*Gasero*
Integridad del embalaje	Sí	Sí	Sí
Rechazo sin inspección previa	No	No	No
Manipulaciones indebidas	Sí	Sí	Sí
Sólo las solicitadas	Sí	Sí	Sí
Documentación de pedido y de entrega	Sí	Sí	Sí

Tabla 2.8.

2.3.4 Equipajes no acompañados

Esta variable tampoco tiene aplicación ni en ésta ni en las posteriores secciones por tipo de buque, ya que el hecho de que el pasaje no embarque y que todos los equipajes estén acompañados por sus propietarios (tripulantes) anula cualquier posibilidad de aplicar su contenido.

Aspecto	*Petrolero*	*Quimiquero*	*Gasero*
Registro previa aceptación a bordo	N/P	N/P	N/P
Registro previo en puerto	N/P	N/P	N/P
Seguridad después de la inspección	N/P	N/P	N/P
Estibados en pañol cerrado	N/P	N/P	N/P

Tabla 2.9.

No obstante, a veces a efectos de protección, puede permanecer a bordo parte del equipaje de algún tripulante que ha desembarcado, bien porque se prevé su pronta incorporación y enrole o porque será recogido en próximos puertos. Ésta será también una posibilidad que cabrá considerar cuando se deban establecer procedimientos de protección para garantizar que estos equipajes son inofensivos y no representan una amenaza para el buque.

2.3.5 Características del buque respecto a las variables de riesgo

Por las características de su francobordo, de sus estructuras y superestructuras, las posibilidades de que un buque sufra asaltos en la mar son muy frecuentes, como así se está demostrando en actos de piratería en zonas de navegación marítima de Extremo Oriente.

Por la frecuencia esperada de la variable			
Aspecto	*Petrolero*	*Quimiquero*	*Gasero*
Accesos: - En la mar - En puerto	Fácil Muy vigilado	Fácil Muy vigilado	Regular Muy vigilado
Zonas restringidas	Ninguna	Ninguna	Ninguna
Manipulación de la carga	Ninguna	Ninguna	Ninguna
Entrega de provisiones	Normal	Normal	Normal
Equipajes no acompañados	Nulo	Nulo	Nulo
Vigilancia de la protección del buque	Normal	Normal	Normal
Grado de ocultación	Bajo	Bajo	Bajo

Tabla 2.10.

Por el régimen operativo de los buques de esta sección, teniendo en cuenta la formación especializada de sus tripulantes, su concienciación (en términos generales) y la obligación de atender a los requerimientos de las sustancias transportadas habitualmente como carga, puede asegurarse que los aspectos de seguridad industrial tienen un muy elevado cumplimiento.

Durante su permanencia en las instalaciones portuarias, la confianza en los controles de acceso, la vigilancia y el personal dedicado especialmente a mantenerlas, hacen que la rutina preventiva en términos de protección sea prácticamente nula. Esto es así salvo, claro está, cuando existe un aviso concreto que requiere la adopción de medidas especiales por parte de sus tripulaciones, lo que respecto a la aplicación del Código está considerado en los niveles 1 y 2 de protección; en estos casos los tripulantes deberán ser especialmente formados e instruidos, condición que se extenderá al resto de buques, sea cual sea su tipo y carga.

2.4 Buques del bloque «C»

2.4.1 Acceso a zonas restringidas a bordo

La importancia asociada a las funciones vitales del buque y lo que éstas representan para la seguridad del mismo, aun siendo específicas, bien determinadas y conocidas, es decir, la finalidad pacífica y civil de toda la tripulación elabora una normativa que hace muy vulnerable a este tipo de buques cuando aplican los criterios de protección.

Aspecto	*Carga general*	*Frigorífico*	Bulkcarrier
Espacios y puestos de control	Normal	Normal	Normal
Espacios con equipo de vigilancia	Normal	Normal	Normal
Espacios con sistemas de ventilación	Normal	Normal	Normal
Espacios a tanques de agua potable	Normal	Normal	Normal
Espacios con mercancía peligrosa	Normal	Normal	Normal
Bombas carga/descarga	Normal	Normal	Normal
Alojamientos de la tripulación	Vigilados	Vigilados	Vigilados

Tabla 2.11.

La mayoría de las zonas restringidas a bordo de estos buques suelen ser fácilmente accesibles debido a un exceso de confianza. Sólo tienen un marcado interés las puertas estancas interiores que tengan la finalidad de incomunicar cubiertas a modo de cortafuegos, o impidan la entrada de concentraciones polvorulentas procedentes de operaciones de carga, y en todo caso no suelen disponer de cierres permanentes que impidan su violabilidad, sino lo contrario.

Como los atraques habituales de estos buques se producen en áreas de las instalaciones portuarias poco vigiladas o de fácil acceso, las tripulaciones muestran especial atención en el cierre de los accesos a sus camarotes o espacios con bienes, ya que son frecuentes los casos de robo, bien por parte de estibadores o de transeúntes del muelle. De todas maneras, las cerraduras no pueden incluirse en el capítulo de seguridad, ya que no es difícil abrirlas.

Por todo ello, la aplicación del PPB en cada buque incrementará la confianza que se deposite en la seguridad de cada espacio neurálgico del mismo.

2.4.2 Manipulación de la carga

El registro de vehículos debe entenderse dentro de su aplicación como carga relacionada con cada tipo de buque.

Cualquier criterio expresado en la tabla 2.12 como respuesta a los aspectos mencionados, lo es en términos de seguridad operativa de la carga y no como acción intencionada con objeto de protección. Al implantarse los procedimientos de protección puede observarse la coincidencia o no de objetivos *(safety* y *security)* o el cambio sustancial que conducirá a la clara diferenciación y adaptación de los métodos de rutina respecto a los impuestos por el Código.

Las cargas de los buques frigoríficos tienen una mayor relevancia en el control y el registro debido a su naturaleza y a las exigencias fitosanitarias, sin que éstas sean muy distintas a los controles rutinarios en otro tipo de buque.

Aspecto	*Carga general*	*Frigorífico*	Bulkcarrier
Inspección sistemática de la carga	Media	Alta	Baja
Inspección exterior al puerto	Normal	Normal	Normal
Comprobación de contenidos	Nula	Media	Nula
Registro de vehículos previo al embarque:			
- Medios visuales	Sí	No	No
- Dispositivos	No	No	No
- Perros	No	No	No

Tabla 2.12.

Por parte de los graneleros, la naturaleza de la carga a granel, los medios utilizados para efectuar la carga a bordo, el cierre de las bodegas y la peligrosidad de la atmósfera de las mismas sobre las personas, conducen a una escasa incidencia en las necesidades de protección.

En buques de carga general, cualquier alteración detectada se registra como averías con trámites afectos a las reclamaciones por daños, que de otra forma serían imputados al buque en el puerto de descarga.

Las cargas paletizadas y unitizadas mediante cualquier sistema permiten la detección de roturas en sus envoltorios, ya sean plásticos, de arpillera, lonas, etc. Hasta ahora la intención estaba relacionada con el estado de la carga y no con su contenido ilícito, ya que en el *mate's receipt* la salvaguarda se sigue basando en la expresión *ignoro peso y contenido*, y la carga es aceptada y embarcada.

2.4.3 Provisiones

Para este bloque de buques se aplican los criterios identificados para cualquier tipo de buque mercante, con los procedimientos ya reseñados anteriormente.

En estos aspectos la tripulación actúa conforme a rutinas ampliamente aceptadas que, sin ser las más adecuadas, constituyen una práctica normal en condiciones en que no existe ninguna imposición, que sólo son modificadas cuando puntualmente se requiere, y que una vez se recupera a la normalidad vuelven a su aplicación inicial.

Aspecto	*Carga general*	*Frigorífico*	*Granelero*
Documentación del embalaje	Sí	Sí	Sí
Rechazo sin documentación previa	No	No	No
Documentación indebida	Sí	Sí	Sí
Sólo las solicitadas	Sí	Sí	Sí
Documentación de pedido y de entrega	Sí	Sí	Sí

Tabla 2.13.

2.4.4 Equipajes no acompañados

En este apartado también se pueden aplicar los mismos criterios señalados en cualquier tipo de buque que no embarque pasaje, ya que los equipajes acompañan a los tripulantes en todo momento, con los casos concretos no habituales ya citados.

Aspecto	*Carga general*	*Frigorífico*	*Granelero*
Registro previa aceptación a bordo	N/P	N/P	N/P
Registro previo en puerto	N/P	N/P	N/P
Seguridad después de la inspección	N/P	N/P	N/P
Estibados en pañol cerrado	N/P	N/P	N/P

Tabla 2.14.

2.4.5 Características del buque respecto a las variables de riesgo

La configuración estructural de los buques graneleros, más parecidos a los buques tanque por las dimensiones de su francobordo y de su gran eslora, facilita el asalto al buque desde embarcaciones menores, con gran diferencia con los otros dos tipos de buque considerados en este apartado.

En el puerto, sin embargo, los métodos y los medios para la manipulación de graneles, la menor necesidad de presencia de personas y la propia naturaleza de la carga, proporcionan a los buques graneleros una menor probabilidad de incidencias relacionadas con la protección.

En el resto de aspectos no son detectables en dichos buques grandes diferencias en el tratamiento de amenazas en cuanto a su protección.

Por la frecuencia esperada de la variable			
Aspecto	*Carga general*	*Frigorífico*	*Granelero*
Accesos:			
- En la mar	Normal	Normal	Fácil
- En puerto	Fácil	Fácil	Normal
Zonas restringidas	Ninguna	Ninguna	Ninguna
Manipulación de carga	Muy alta	Alta	Escasa
Entrega de provisiones	Normal	Normal	Normal
Equipajes no acompañados	Nulo	Nulo	Nulo
Vigilancia de la protección del buque	Normal	Normal	Normal
Grado de ocultación	Bajo	Bajo	Bajo

Tabla 2.15.

2.5 Buques del bloque «D»

2.5.1 Acceso a zonas restringidas a bordo

En los aspectos tratados en este apartado son aplicables las mismas apreciaciones señaladas en las secciones anteriores, ya que en todo momento siguen siendo buques mercantes, con las mismas tripulaciones que un día están enroladas en un tipo u otro de buque; por tanto, sino se trata de un buque especializado, el comportamiento en niveles de rutina está únicamente dirigido a las necesidades de la navegación y las correspondientes a la naturaleza de la carga, sin que, salvo las excepciones puntuales en puertos y zonas de reconocido riesgo, requieran medidas especiales.

Aspecto	*Ro-ro*	*Contenedor*	*Portavehículos*
Espacios y puestos de control	Normal	Normal	Normal
Espacios con equipo de vigilancia	Normal	Normal	Normal
Espacios con sistemas de ventilación	Normal	Normal	Normal
Espacios a tanques de agua potable	Normal	Normal	Normal
Espacios con mercancías peligrosas	Normal	Normal	Normal
Bombas de carga/descarga	Normal	Normal	Normal
Alojamientos de la tripulación	Vigilados	Vigilados	Vigilados

Tabla 2.16.

Aspecto de la bodega destinada a vehículos del transbordador Palermo de la compañía Grimaldi, atracado en el puerto de Barcelona.
Figura 2.4.

2.5.2 Manipulación de la carga

Aunque por su similitud en la apariencia externa en esta sección se han agrupado los tres tipos de buque, la naturaleza de las cargas y los procedimientos utilizados para su embarque a bordo difieren sustancialmente, lo que facilita, la detección de irregularidades relacionadas con la protección.

No obstante, una vez analizados los resultados alcanzados, sea cual sea el método usado, la realidad demuestra que no existen diferencias y que se padece la misma vulnerabilidad a bordo, de modo que la protección, en cualquier nivel que se aplique, depende de la existente en las terminales, y no se requieren más trámites para el embarque directo al buque.

La figura 2.4 muestra la rampa de acceso y el interior de la bodega de un buque transbordador.

Aspecto	*Ro-ro*	*Contenedor*	*Portavehículos*
Inspección sistemática de la carga	Media	Baja	Baja
Inspección exterior al puerto	Normal	Normal	Normal
Comprobación de contenidos	Nula	Nula	Nula
Registro de vehículos previo al embarque:			
- Medios visuales	Sí	Sí	Sí
- Dispositivos	No	No	No
- Perros	No	No	No

Tabla 2.17.

2.5.3 Provisiones

Aquí utilizaremos los mismos comentarios de anteriores secciones para dichos aspectos.

Aspecto	*Ro-ro*	*Contenedor*	*Portavehículos*
Integridad del embalaje	Sí	Sí	Sí
Rechazo sin inspección previa	No	No	No
Manipulaciones indebidas	Sí	Sí	Sí
Sólo las solicitadas	Sí	Sí	Sí
Documentación de pedido y de entrega	Sí	Sí	Sí

Tabla 2.18.

2.5.4 Equipajes no acompañados

Aplíquense los mismos comentarios expuestos para otros tipos de buques.

Aspecto	*Ro-ro*	*Contenedor*	*Portavehículos*
Registro previa aceptación a bordo	N/P	N/P	N/P
Registro previo en puerto	N/P	N/P	N/P
Seguridad después de inspección	N/P	N/P	N/P
Estibados en pañol cerrado	N/P	N/P	N/P

Tabla 2.19.

2.5.5 *Características del buque respecto a las variables de riesgo*

Una vez más, las características de los buques en sus particularidades estructurales concretas permiten apreciar matices diferenciadores según se considere que el buque está en puerto o en la mar. Estos matices se extienden según sea la naturaleza de las cargas, los procedimientos operativos para el embarque por el tráfico que se genera a bordo, el número de personas que intervienen y los pasos seguidos para el control de la carga.

Por ejemplo, al considerar el aspecto de la manipulación de la carga, la elevada frecuencia de movimientos en los buques ro-ro y portavehículos da como resultado una mayor probabilidad de incidentes de protección que en buques portacontenedores.

En los otros aspectos no son identificables circunstancias diferenciadoras entre los tres tipos de buque que configuran este bloque.

Por la frecuencia esperada de la variable			
Aspecto	*Ro-ro*	*Contenedor*	*Portavehículos*
Accesos:			
- En la mar	Difícil	Normal	Difícil
- En puerto	Fácil	Normal	Fácil
Zonas restringidas	Ninguna	Ninguna	Ninguna
Manipulación de carga	Elevada	Escasa	Elevada
Entrega de provisiones	Normal	Normal	Normal
Equipajes no acompañados	Nulo	Nulo	Nulo
Vigilancia de la protección del buque	Normal	Normal	Normal

Tabla 2.20.

2.6 Buques del bloque «E»

En el estricto cumplimiento de las aplicaciones del Código, las embarcaciones de este tipo no están consideradas y, por tanto, parecería que no deberían ser tratadas bajo los criterios de la protección. No lo serán bajo las exigencias de cualquier PPB, pero sí en los PPIP.

Sin embargo, dichas embarcaciones provocan un intenso tráfico en las aguas interiores de cualquier instalación portuaria, que frecuentemente escapa a los mínimos controles de la protección, a pesar de haber sido utilizadas en actos terroristas y otros actos delictivos. Como consecuencia de ello, al remolcador tal vez se le pueda dar un tratamiento distinto, ya que por ser su explotación un servicio indirecto del puerto, ello permite a sus gestores su control, tanto de las unidades como de sus tripulaciones, más o menos estables y fijas en sus contratos laborales. Los remolcadores, al estar ubicados en las zonas portuarias, tienen el denominador común de su extrema accesibilidad y, en consecuencia, su asalto y utilización en acciones que, precisamente, el Código pretende evitar.

Por tanto, este tipo de buque se considera no por sus propietarios, sus objetivos ni sus actividades, sino por la facilidad con que pueden ser utilizados por terceras personas con el ánimo de provocar daños. Y es evidente que los puertos pesqueros y las marinas están abiertos al exterior de las instalaciones portuarias, disponiendo de escasos dispositivos de control o bien, si estos controles existen, son muy vulnerables a las acciones delictivas.

Se considera innecesario aplicar el procedimiento seguido para el resto de buques, ya que si en un régimen operativo más riguroso los aspectos tratados adolecen de una enorme precariedad respecto a las exigencias sobre la protección, en este caso no se detectan aspectos positivos que representen un freno, un control o un filtro a la consumación de los primeros pasos en el acto de piratería con usos terroristas desde el mismo interior de las instalaciones portuarias.

La tabla 2.21 sólo se ofrece por la frecuencia con que se producen estos hechos, dado que por las valoraciones descritas no precisan de mayor explicación, aunque deberán tenerse en cuenta en la protección general del puerto.

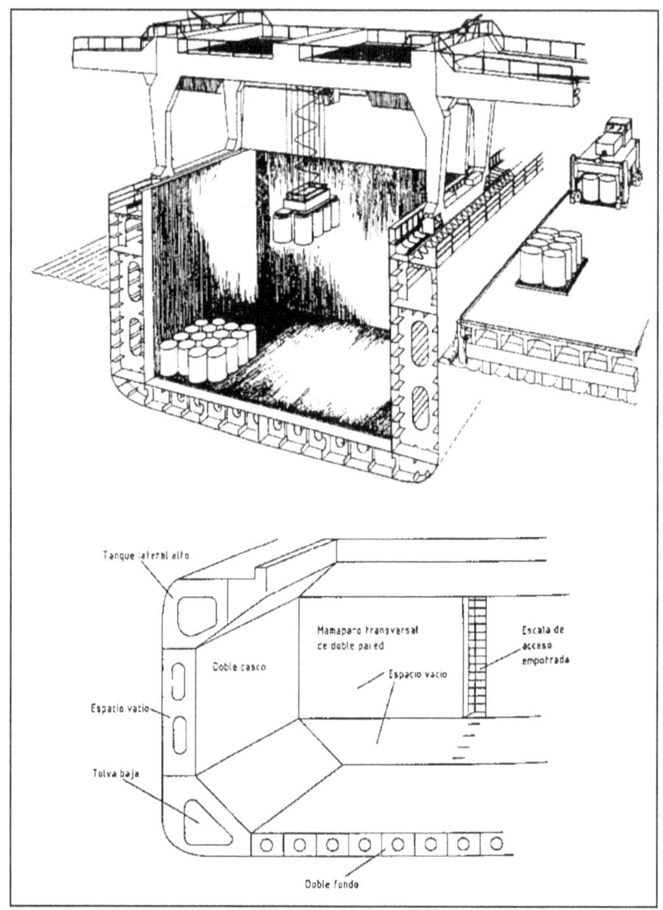

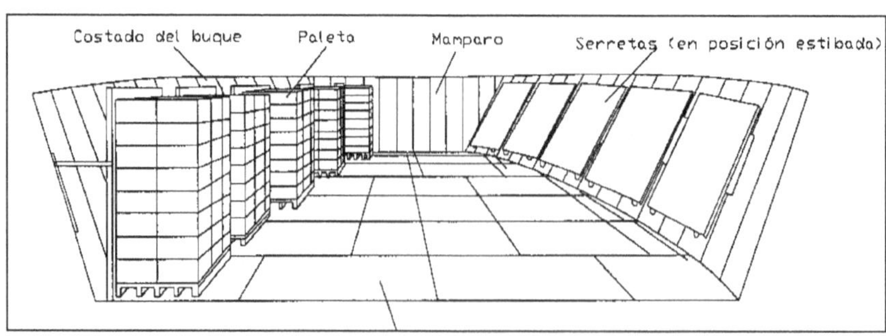

Figura 2.5.

2.6.1 Características del buque respecto a las variables de riesgo

	Por la frecuencia esperada de la variable		
Aspecto	*Pesquero*	*Remolcador*	*Embarcaciones recreo*
Accesos:			
- En la mar	Elevada	Fácil	Elevada
- En puerto	Elevada	Fácil	Elevada
Zonas restringidas	Ninguna	Ninguna	Ninguna
Manipulación de la carga	Escasa	Nula	Nula
Entrega de provisiones	Escasa	Escasa	Escasa
Equipajes no acompañados	Nulo	Nulo	Nulo
Vigilancia de la protección del buque	Nula	Normal	Nulo

Tabla 2.21.

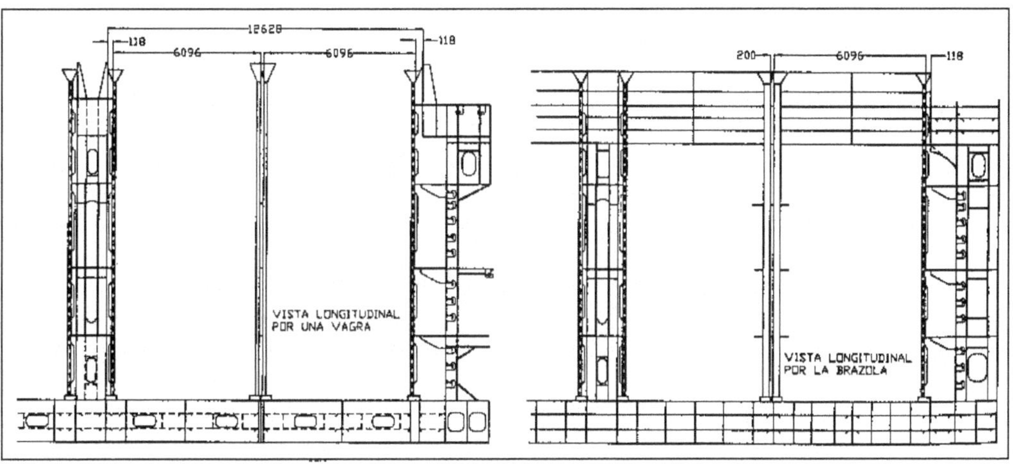

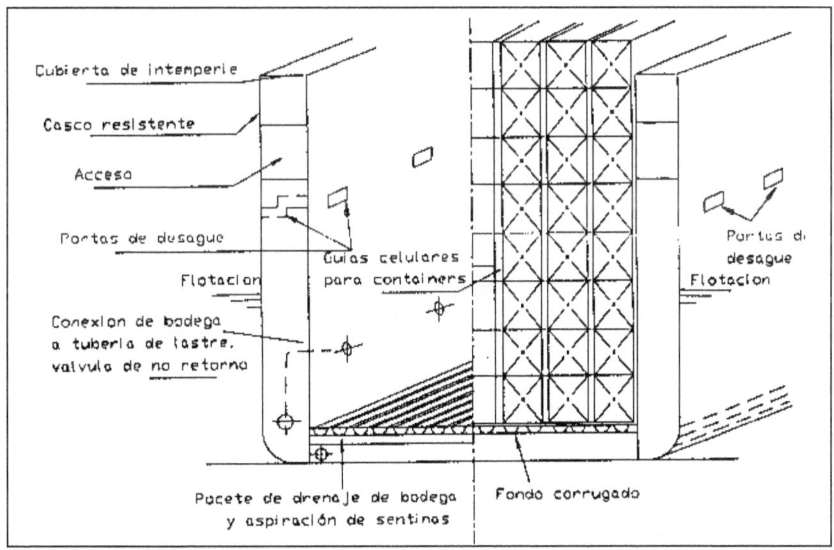

Figura 2.6.

2.7 Facilidad de ocultación a bordo

La distribución de espacios, bodegas, pañoles, camarotes, cámaras, salas, talleres y bodegas permite que cualquier tipo de buque disponga de un gran número de posibilidades para ocultar materiales ilícitos, que pueden ser aprovechados para acciones de contrabando, esconder personas y, en relación con la protección, para ocultar armas y explosivos.

La ocultación podrá producirse por dos grupos de personas. De un lado, por los miembros de la tripulación, aunque es difícil que esto ocurra. De otro, por la facilidad de acceso, los componentes del pasaje o de las brigadas de tierra para las operaciones de carga-descarga.

En buques de carga general, la posibilidad de acceder a espacios vacíos en mamparos, serretas y dobles fondos, dependerá en gran medida del nivel y eficacia de (véase la figura 2.5):

- La vigilancia en bodegas ejercida por miembros de la tripulación.
- El control de bultos de mano entrados a bordo.
- El control de contenidos de las cargas introducidas.

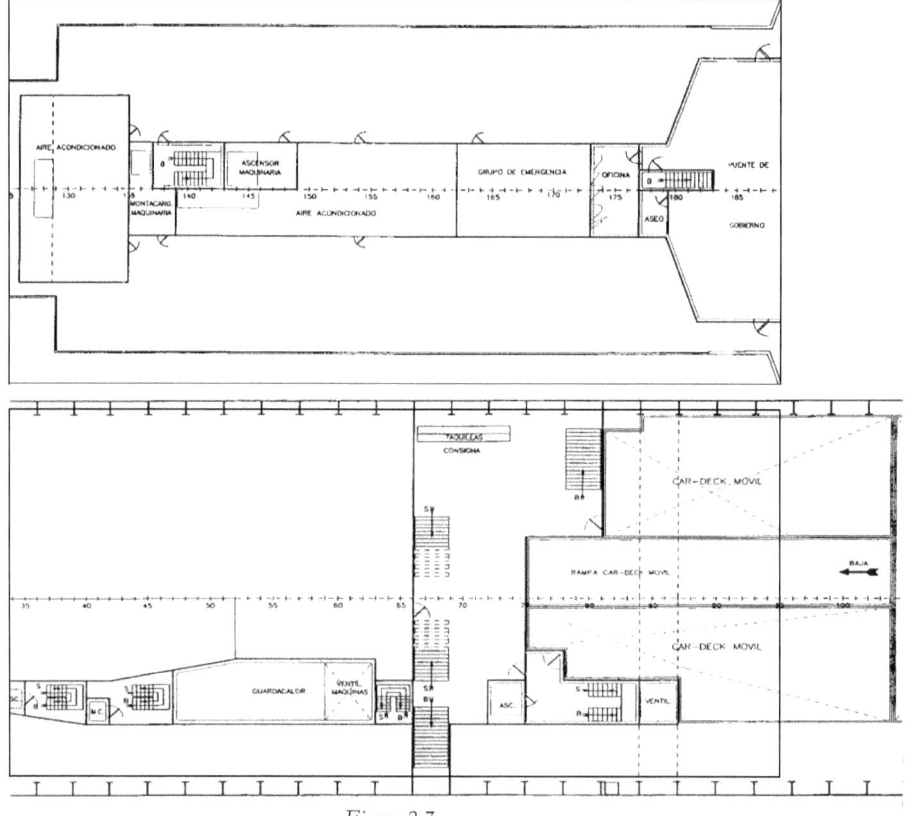

Figura 2.7.

Los buques portacontenedores ofrecen otras alternativas de ocultación aunque a primera vista parezca que los espacios de carga *(bays)* no lo faciliten. Por eso dichos espacios deberían recibir más inspecciones que las rutinarias (véase la figura 2.6).

Los buques ro-ro ofrecen facilidad de aproximación a zonas restringidas y a espacios de libre acceso, que pueden ser utilizados como puntos de ocultación (véase la figura 2.7). En este caso, el control de accesos a las zonas restringidas debe ser exhaustivo, si bien los propios vehículos embarcados como carga se pueden utilizar para los objetivos delictivos.

Los espacios dedicados a la tripulación o aquellos de libre acceso al pasaje, pero que en determinados momentos quedan fuera de la presencia de sus ocupantes, como los bares y puestos de servicio, también se podrían utilizar para la ocultación (véase la figura 2.8).

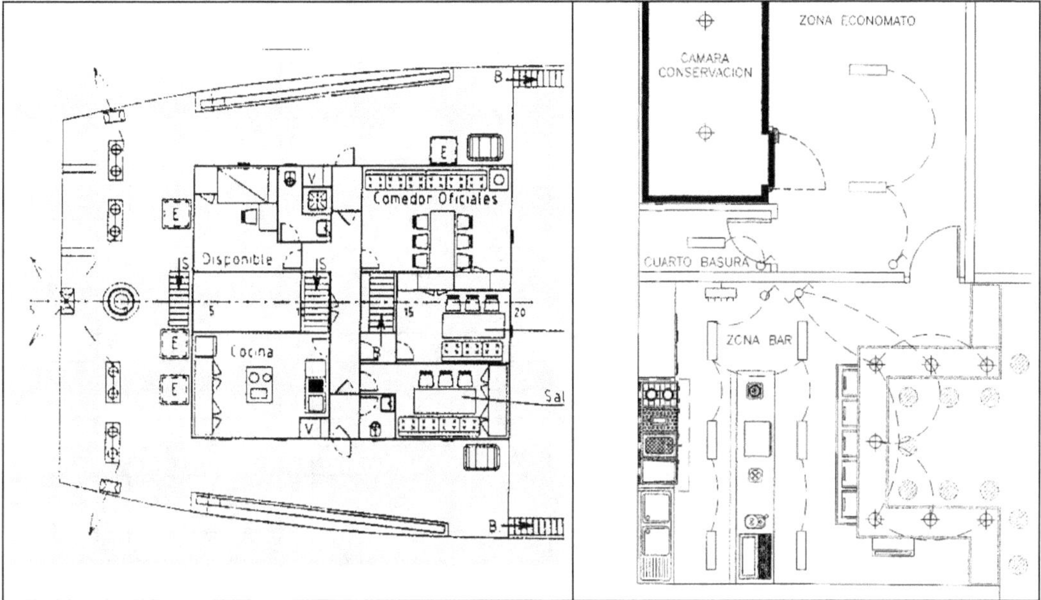

Figura 2.8.

2.8 Conclusiones

La tabla 2.22 resume las características según el tipo de buque, de forma que éstos se puedan identificar por categoría de riesgo según el aspecto considerado y alcanzar una valoración final (columna de la derecha). A pesar de la objetividad seguida en el análisis, el resultado debe interpretarse como orientativo, ya que ante una intención terrorista cualquier tipo de buque o embarcación puede ser utilizado para tales fines, independientemente de su carga y de su tamaño, atendiendo más a la oportunidad del asalto o a la facilidad de ser usado.

La identificación de las vulnerabilidades de cada tipo de buque de acuerdo con los riesgos relacionados en el Código, muestra tres líneas positivas:

— Facilitar a los OPIP la relación con los OPB.

— Facilitar a los OPIP un conocimiento razonable de los riesgos de los buques en el apartado de protección.

— Facilitar a los OPIP la aplicación del PPIP en aquellos aspectos que están directamente relacionados con los buques.

Finalmente, no debe olvidarse que uno de los puntos más vulnerables del buque en puerto no se identifique con el costado de tierra sobre el que está amarrado, sino que proceda del costado de la mar, donde la vigilancia es menor. Salvo la entrada en vigor de un nivel 3, la franja de agua contigua al buque no dispone de control para proporcionar la protección necesaria. Por ello, cuando el buque está en las instalaciones portuarias, toda amenaza de este tipo debe ser detectada, identificada, controlada y neutralizada por los sistemas de protección gestionados por el PPIP, con la colaboración e intervención de los cuerpos especializados, además de con los medios electrónicos de que pudiera disponer la instalación portuaria.

CATEGORÍAS DE RIESGO (BUQUES) RESPECTO AL PUERTO

| Buque | Característica del buque | | | Característica de la carga | | Característica de tierra | | | Características de la tripulación | | Evaluación |
	Accesos mar	Accesos tierra	Categoría	Tipo carga	Categoría	Operaciones carga	Clase manipulación	Categoría	Procedencia tripulación	Categoría	Categoría de riesgo
Crucero	N	S	2	N	1	N	N	1	N	1	1
Transbordador	N	S	3	S	3	S	S	5	S	2	3/4
Tanque	S	N	2	S	5	N	N	1	N	1	2
Gaseo	N	N	1	S	5	N	N	1	N	1	2
General	N	S	3	S	4	S	S	5	S	3	4
Frigorífico	N	S	3	N	2	S	S	3	S	2	2/3
Granelero	S	S	3	N	1	N	N	2	N	2	2
Ro-Ro	N	S	3	S	4	S	S	5	S	4	4
Contenedor	N	S	3	S	5	N	N	4	S	4	4
Portavehículos	N	S	2	S	3	S	N	2	N	1	2
Remolcador	S	S	4	N	1	N	N	1	N	1	1/2
Pesquero	S	S	4	S	1	N	N	1	N	1	1/2
Recreo	S	S	4	N	1	N	N	1	N	1	1/2

Codificación: 1 = Posible − 2 = Escasa − 3 = Normal − 4 = Alta − 5 = Muy elevada.

Tabla 2.22.

2.9 El buque como receptor de las amenazas

Conforme a los contenidos de las tablas de análisis de los apartados anteriores en cuanto a amenaza indirecta en el puerto el buque deberá pasar a ser objetivo, medio y objeto de la agresión ilícita contra las instalaciones portuarias, al utilizarlas para introducirse en ellas.

En el esquema 2.2 se indican los aspectos y variables que condicionarán al buque.

En esta etapa el buque adquiere un papel fundamental en la seguridad global del sistema portuario, y debe regirse por el plan de protección del buque (PPB), las ayudas externas que pueda recibir de las fuerzas de seguridad del Estado (FSE) y el apoyo logístico que le brinde la autoridad portuaria.

No obstante, el buque no puede quedar sólo a merced de sus posibilidades de protección en unas aguas que no conoce y que ni siquiera son amigables. De todos es sabido que esto siempre constituirá el punto débil de la seguridad global que quiera aplicarse en la actividad marítimo-portuaria, por cuanto es el menos controlable, a pesar de que cada día es mayor el número y la eficacia (SIA, Control de tráfico, etc.) de los medios que se instauran a bordo.

La expresión *no quedar sólo a merced* equivale al apoyo que en todo momento pueda y deba recibir desde tierra. El puerto debe admitirlo así, ya que el mayor interés de sus gestores debe ser que el buque no padezca problemas ni en sus aguas ni en sus instalaciones, por un lado impermeabilizando al puerto y, por otro, haciendo más seguros los buques que deba recibir.

Tal como se analizará en el capítulo de protección del puerto, la adopción de medidas preventivas, disuasorias y de control sobre la amenaza que representa el buque sobre el mismo, sólo serán eficaces si parten de un buen conocimiento de los riesgos intrínsecos de cada tipo de buque en la cadena de la protección, y serán más eficaces en la medida en que se ajusten a la realidad de cada buque, a la evaluación de las probabilidades y a la naturaleza de las circunstancias y condiciones en que se produce la relación entre ellos.

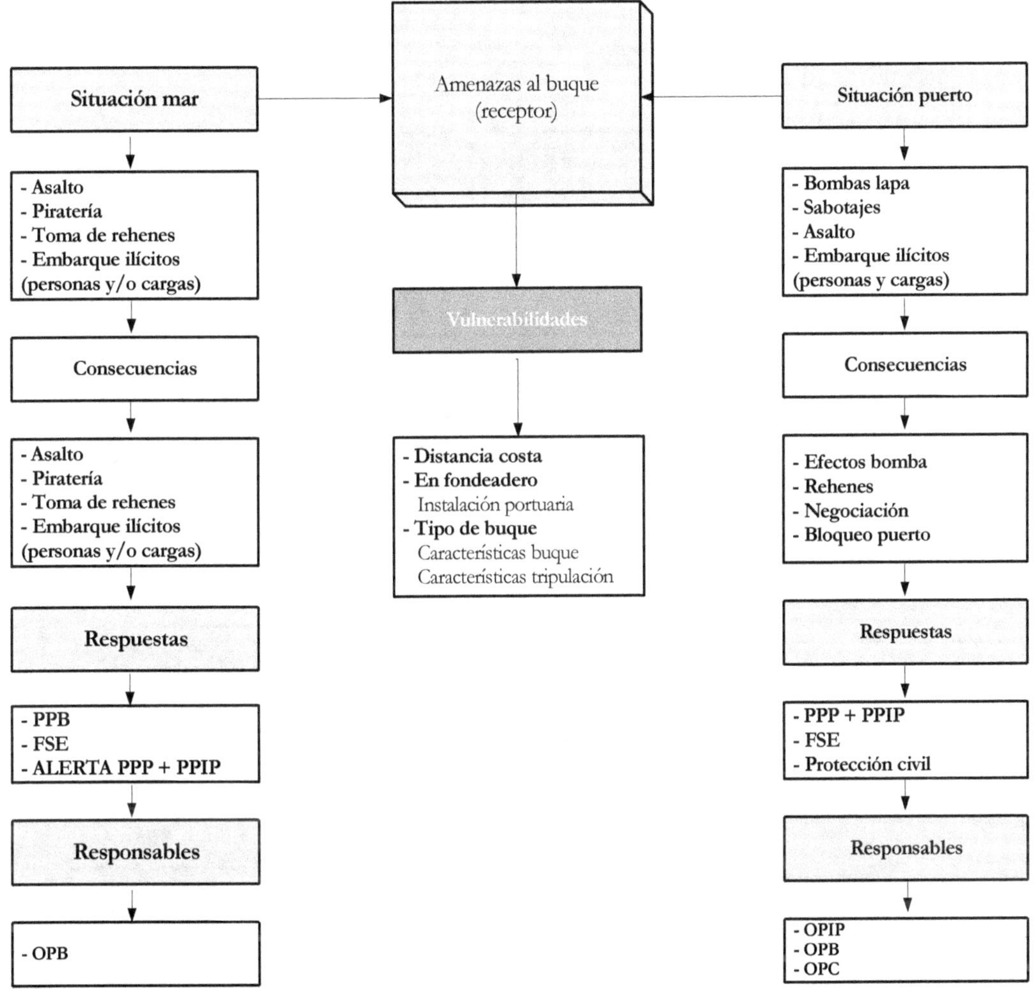

Esquema 2.2.

Mientras que por su parte, una vez consumados los actos delictivos en el buque y a partir de dicho momento, éste pasa a ser el último eslabón antes de que los objetivos finales sobre el puerto puedan tener lugar.

En el esquema 2.3, continuación del esquema anterior, se distinguen las consecuencias, así como la determinación de los responsables afectados en la toma de decisiones.

Se observa que el peso de la responsabilidad recae prácticamente en la autoridad portuaria, a través de sus planes de protección de instalaciones (PPIP) y su plan de protección del puerto (PPP), ya que conocida o advertida la posibilidad de que la amenaza sea real, la aplicación de los correspondientes niveles de protección se desencadena de forma lógica, independientemente del nivel de garantías que pueda ofrecer el plan de protección del buque (PPB).

Si el PPB es eficaz y desde el buque se ha hecho todo lo posible para impedir que éste sea objeto del delito, la amenaza habrá sido ralentizada en la medida de lo posible, y existirán fundadas esperanzas de que ambos medios (puerto y buque) obtengan un resultado positivo en la operativa de la protección o conduzcan a una reducción de las consecuencias finales.

Conocidas la vulnerabilidad del buque y las consecuencias previsibles que ésta puede ocasionar a las instalaciones portuarias, el PPIP deberá considerarlas en la medida justa que cubra las necesidades de protección.

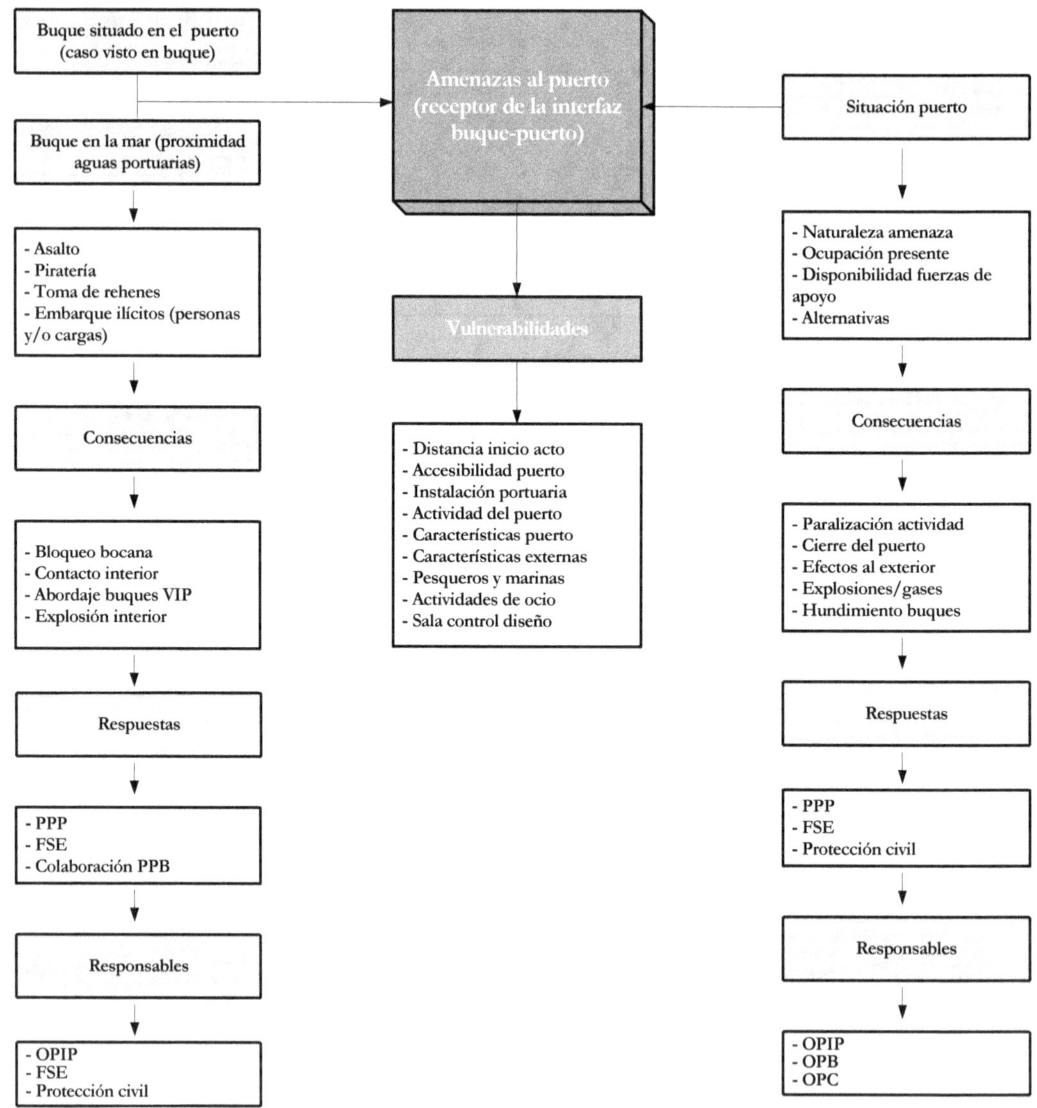

Esquema 2.3.

Capítulo 3
Condicionantes asociados al puerto

El contenido de este capítulo se resume en el esquema 3.1, que considera las variables de accesibilidad, riesgos y planteamientos estructurales.

Como la OMI no posee autoridad para decir a los Estados miembros cómo deben proteger sus puertos, utilizó el término «instalaciones portuarias» para referirse a las áreas donde un buque recibe servicios bajo la protección del convenio SOLAS.

3.1 Filosofía y principios del control de accesos

Las instalaciones portuarias, al abrir sus puertas en la segunda mitad del siglo XX, perdieron el control de accesos que antiguamente poseían como zona estratégica de una ciudad. De esta forma, las ciudades contiguas a ellas encontraron un área de esparcimiento donde los ciudadanos podían pasear y realizar actividades lúdicas. La situación actual crea la necesidad de volver al *statu quo* de zona estratégica que poseían. No obstante, en algunos casos la gestión del puerto permitirá establecer una zona de libre tránsito para no romper con la situación actual de forma traumática.

El principal factor diferenciador y multiplicador del riesgo en una instalación portuaria lo constituye la característica esencial de su permanente actividad: 24 horas al día, 365 días al año. Por si esto fuera poco, establecer un perímetro seguro creando una burbuja protectora es prácticamente imposible con los medios técnicos actuales, sin contar con la falta de presupuesto bastante común en la mayoría de los puertos. A ello se suma en numerosas ocasiones que los trabajadores portuarios desconocen los conceptos relacionados con la seguridad, una limitada utilización de los sistemas de seguridad física y la escasez de recursos dedicados a estos conceptos.

Si las instalaciones constituyen el sistema motriz del puerto, su protección debe iniciarse, al menos de forma indirecta, desde el perímetro externo donde se establece un área segura primaria antes del vallado o el control de acceso. De esta forma pueden aplicarse sistemas de control activo, sin que éstos afecten a las zonas de explotación; por ejemplo, a partir de las calles lindantes.

Se deduce, pues, que los accesos constituyen puntos sensibles y deben ser reducidos a la cantidad mínima indispensable:

A. Acceso de pasajeros y acompañantes con o sin vehículo.
B. Entrada de vehículos transportando mercancías para su embarque.
C. Acceso de empleados del puerto, tripulaciones con permisos de tierra, mantenimiento o abastecimiento de buques.

En principio es poco apropiado limitar cualquier tipo de acceso a la zona dedicada al esparcimiento de los ciudadanos. Incluso el hecho de potenciar esta área de forma similar a las zonas libres de impuestos de los aeropuertos puede generar grandes beneficios, evitando la permanencia en las zonas de seguridad de personas ajenas a las mismas. Estas áreas de esparcimiento deben ser protegidas con controles aleatorios y vigilancia mediante CCTV.

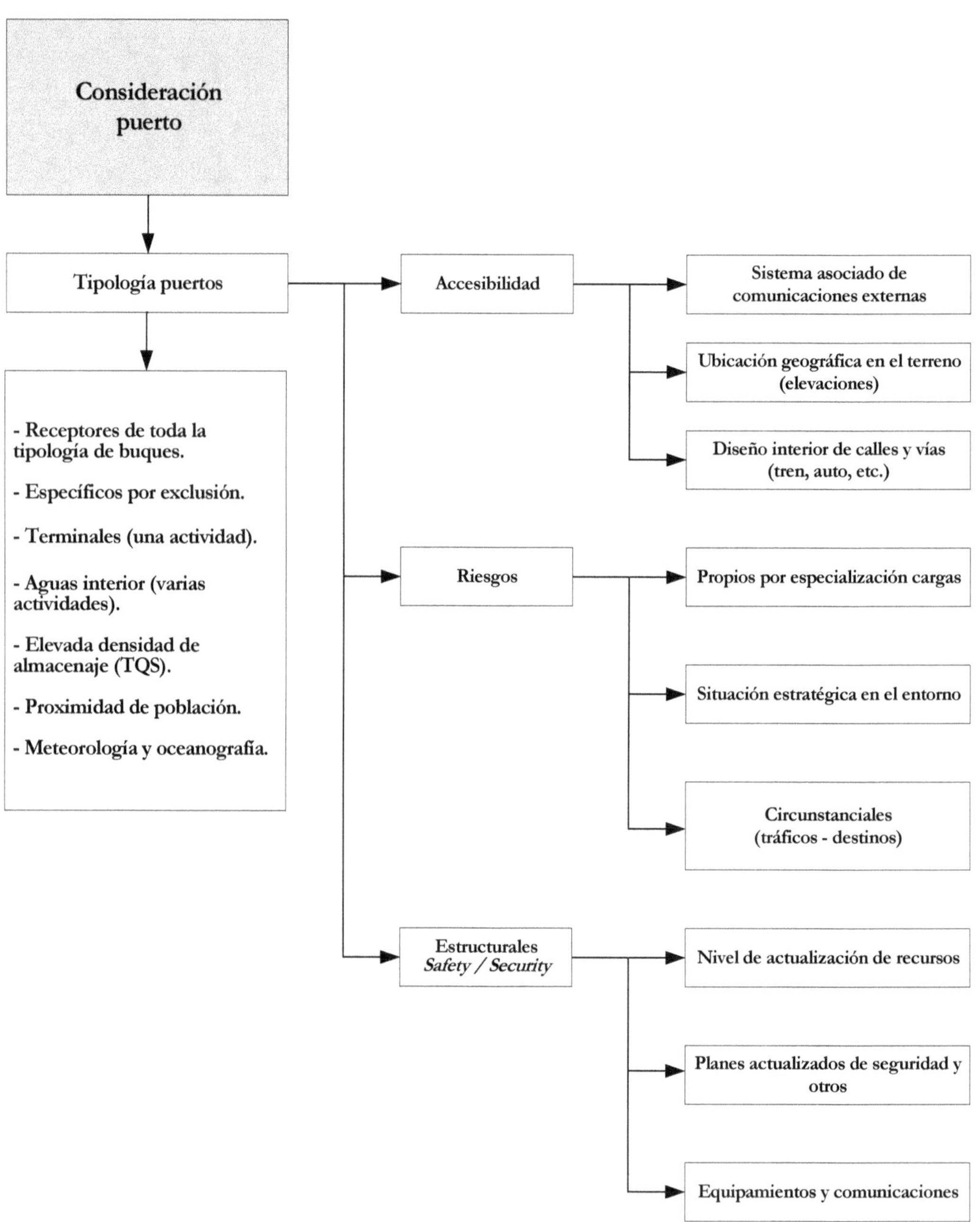

Esquema 3.1.

Una cuestión muy diferente son los accesos que comunican la zona de explotación (a no ser que las vías de evacuación sean comunes) con la zona de servicios. De cualquier forma, las medidas de seguridad deben ser extremas en el acceso a las zonas donde se encuentran instalaciones vitales, y este control debe efectuarse a través de diferentes sistemas físicos de protección.

A partir de la configuración de una instalación portuaria, para obtener una mínima eficacia en el control de sus accesos es necesario:

- Un vallado perimetral del área de servicios portuarios a partir del punto donde sea posible realizarlo con objetividad, evaluando las alternativas que puedan aplicarse en cuanto a la naturaleza física y material de la valla.
- El establecimiento de zonas restringidas para el acceso al buque, bien sea por concesiones, líneas de atraque, tráficos especializados o cualquier otra consideración relacionada con el riesgo y la vulnerabilidad de cada zona relacionada con los buques.

El primer punto está condicionado por la configuración superficial del dominio público, la proximidad de los límites exteriores a las zonas operativas del puerto con los buques, es decir, las que estén determinadas por el núcleo de población con la que posiblemente se vean relacionadas (fagocitadas) y por la disponibilidad de accesos a la instalación portuaria.

El vallado debe indicar claramente la línea de responsabilidades, establecer condicionantes de paso y, en especial, su relación con la interfaz buque-puerto (en la figura 3.1, correspondería a «P»).

El segundo punto constituye otro objetivo a considerar de este estudio, ya que, independientemente de la existencia o no de vallado exterior, definitorio de la propia instalación portuaria, el control de la protección sólo es posible si queda bien definido el anillo principal de seguridad donde puedan implantarse medidas disuasorias y de filtro.

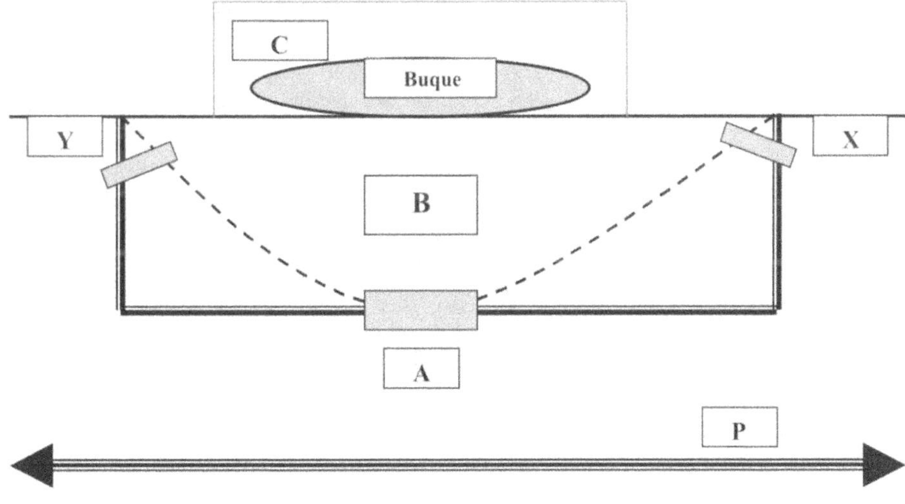

Figura 3.1.

En la figura 3.1 se esquematiza una configuración portuaria para el control de accesos, donde se representan:

A. A partir de una línea de atraque donde el buque se encuentre amarrado con seguirdad, debe existir una zona restringida de accesos y salidas que envuelva en tierra la eslora del buque con la suficiente holgura para abarcar la explanada de operaciones y movimientos internos, así como los puntos de amarre que sujeten al buque.

B. Dicha superficie «B» debe estar delimitada por un vallado o material suficientemente sólido y resistente como para soportar una estabilidad estructural permanente, escasamente vulnerable y controlable en la mayor medida posible.

C. Dispondrá de accesos para uso de entrada y salida según convenga a las medidas operativas de la protección, en las que será obligado que:

    I. Los accesos puedan ser cerrados y mantener dicha condición en las situaciones previstas en el nivel 3 de protección.

    II. Queden diferenciadas las vías para el uso de personas y las dedicadas a los diversos servicios que el buque pueda requerir.

    III. Puedan disponerse accesos activos sólo a efectos de evacuación de personas o para el acceso de los operativos de la protección.

D. Si el buque es de pasaje, la vía de acceso y de salida consistirá en (véase la figura 3.1):

    IV. Una estación marítima «A» para el uso normalizado en el nivel de protección 1.

    V. Un acceso «X» para vehículos de aprovisionamiento del buque y otros que puedan ser considerados en el PPIP.

    VI. Un acceso «Y» adicional como vía de salida y evacuación para su uso en los casos necesarios, según la ocupación de dicha área, incluido el buque.

E. Si el buque es transbordador o ro-ro, el planteamiento es similar al de los buques de pasaje, con la excepción de que el acceso «X» lo utilizan para los vehículos que deban acceder al buque o los que deban acercarse al costado para descarga de suministros.

F. Si el buque es de carga, la estación marítima «A» se sustituirá por un portón equipado con los medios necesarios para el control de cargas, conductores, visitantes, etc.; todo ello diseñado para que las entradas y salidas se realicen con plena seguridad tanto para las personas como para los vehículos.

G. Finalmente, el acceso por mar, tanto al buque como a la línea de atraque, en la medida que será definido en el PPIP, debe significar una superficie (lámina) de agua con límites envolventes preestablecidos, que puedan soportar sin dificultades las medidas de protección fijadas, lo que determina la zona «C» en la figura 3.1.

H. La línea gruesa «P» corresponde a un límite del puerto (dominio público, etc.).

3.2 Controles de seguridad a los accesos (personas, vehículos y mercancías)

En primer lugar deben estudiarse los estándares de seguridad de cada puerto en función del nivel de riesgo, así como la naturaleza específica del tipo de interfaz buque-puerto que generan (véase el capítulo 1, «Criterios de aplicación»). Como este nivel de riesgo también varía con el tiempo, los controles de seguridad se deben poder reforzar con facilidad, sin que por esta razón se vea mermada la operatividad de la instalación portuaria.

En este punto nos centraremos en la seguridad de acceso entre las zonas señalizadas en el puerto. Éstas poseen diferentes niveles de seguridad y el tratamiento que se dé a cada persona, vehículo o mercancía será más o menos riguroso.

3.2.1 Zonas de control

El concepto de «zona» agrupa las áreas de manera que cada una contenga el máximo de servicios que requieren idéntico nivel de protección, y que exista el menor número de zonas posibles y de puertas de comunicación entre ellas.

La designación de las diferentes zonas es:

1. *Zonas abiertas,* con libre circulación de personas. El diseño debe procurar que éstas realicen sus gestiones y dejen el área sin necesidad de entrar en otras zonas controladas. La intervención de la seguridad en estas zonas debe ser sutil pero es obligada, ya que la mayoría de las planificaciones para cometer un atentado se harán desde este tipo de áreas mucho menos expuestas.

2. *Zonas controladas,* reservadas para el pasaje, tripulaciones, servicios varios, empleados del puerto, etc. Estas personas tienen un nivel de acceso y de seguridad pero todas deben estar identificadas en la zona. La presencia en estas zonas debe tener una causa justificada. El diseño debe intentar que las personas, una vez controladas, puedan moverse libremente, ser identificadas y su equipaje controlado una vez más si fuese necesario.

3. *Zonas restringidas,* exclusivas para las personas destinadas a ellas o visitas con cita previa. Requieren un control de seguridad adicional. La guía de procedimientos se detalla en el esquema 3.2.

4. *Zonas prohibidas,* donde nadie puede entrar salvo las personas que trabajen en ellas. En el caso que por alguna razón alguien ajeno tuviera que entrar, deberá ser acompañado en todo momento por el personal de seguridad.

Todos los dispositivos e instalaciones que controlan el acceso a cada zona se incluirán en el plan de protección, a fin de que su puesta en funcionamiento sea simultánea con los servicios. Los procedimientos de cada una de estas zonas, desde el exterior hasta el buque, son los siguientes:

Control de accesos de zonas restringidas

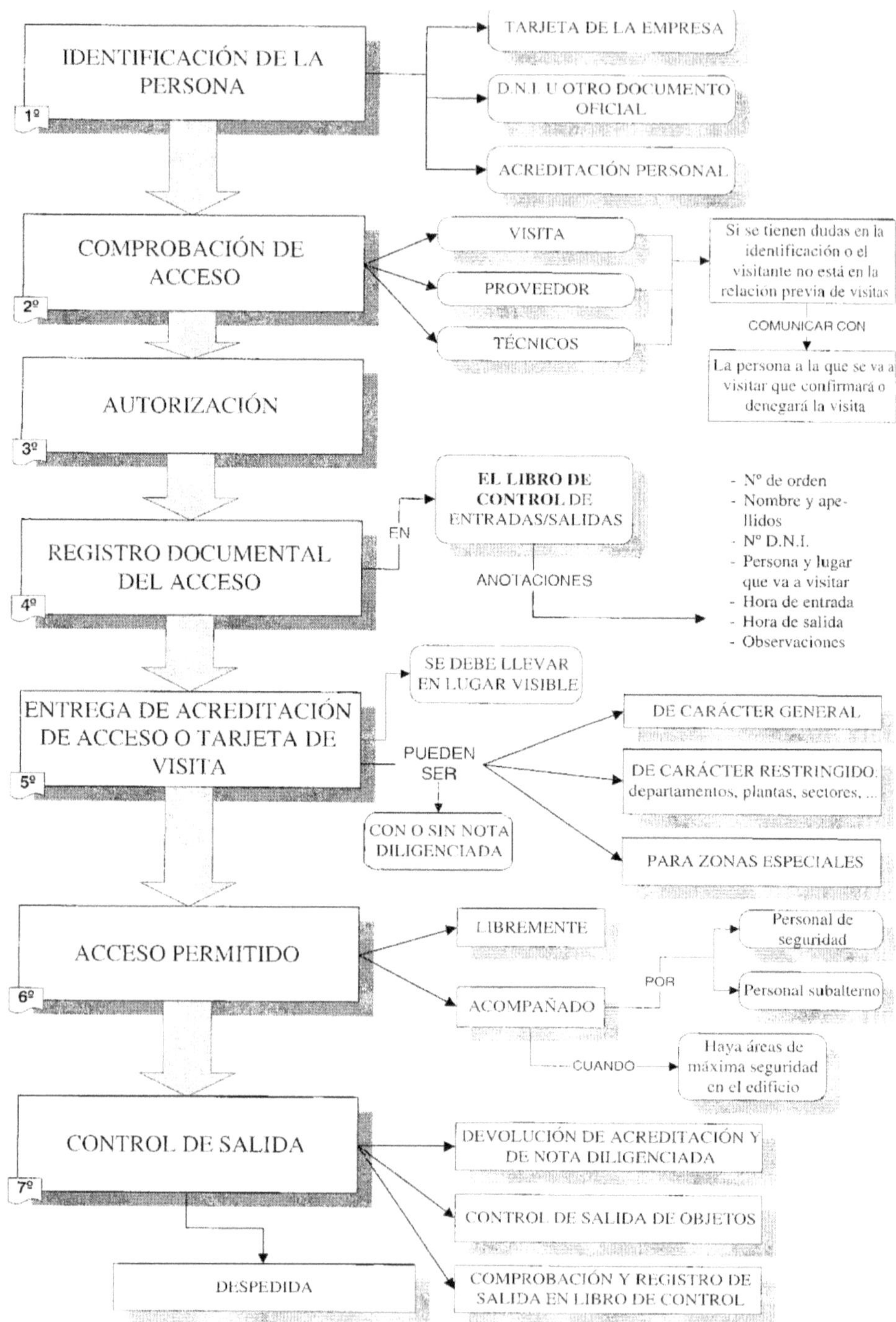

Cuadro de protocolo para el control de personas en zonas restringidas.

Esquema 3.2.

1. *Zona limítrofe exterior al perímetro del puerto*

Se deben controlar los vehículos estacionados cerca de áreas interiores sensibles, como terminales de pasajeros, depósitos de combustibles, etc.

También se deben controlar los lugares desde donde sea posible observar los procedimientos de seguridad o desde los que sea posible lanzar artefactos explosivos, misiles, cohetes o similares.

2. *Zona de acceso público y de distribución de pasajeros con sus vehículos, pasajeros a pie, transportistas, tripulaciones y trabajadores*

El nivel de seguridad de esta zona es medio y en ella se interviene en aquellos elementos que se aparten de lo normal a modo de identificación puntual. También sirve para dirigir el flujo de personas, de forma que permita evitar la intrusión por error en las zonas siguientes.

Otra de las finalidades que tiene esta zona es servir de barrera frente a un ataque frontal de un suicida o un grupo armado en el puerto.

Este primer control de acceso es muy rápido y permite el acceso con una intervención mínima pero con unos objetivos muy claros. El personal debe estar dispuesto a la intervención en todo momento sirviendo de filtro, identificando a posibles sospechosos e informando al siguiente escalón de seguridad.

3. *Zona de aparcamiento de pasajeros y acompañantes*

Esta área debe estar separada de las terminales, a ser posible a una distancia mínima de 200 m. Así, la posibilidad de explosión de un coche bomba afectaría a un reducido número de personas, lo que no sucedería si su situación fuera más próxima.

Debe contar con vigilancia las 24 horas mediante el empleo de CCTV y personal de seguridad en la zona. Es muy recomendable disponer de la presencia de perros para la localización de explosivos que trabajarán de forma aleatoria.

4. *Zona de terminales*

La entrada de pasajeros a pie posibilita la colocación de explosivos dentro de las terminales. Por esta razón la terminal debe contar con personal de seguridad de paisano que controle los posibles lugares de colocación de explosivos y los revise con frecuencia.

Por otro lado debe disponer de personal armado que pueda repeler la acción de un suicida o un ataque frontal contra los pasajeros situados en la terminal.

El personal de seguridad de esta área, en caso de necesidad, reforzará al personal de los controles de acceso.

En terminales de alto riesgo o en épocas de máxima alerta se establecerá un control previo al control de embarque mediante expertos en interrogación, los cuales observarán o interrogarán a los pasajeros tratando de descubrir comportamientos sospechosos, contradicciones entre personas que se conozcan al ser interrogadas por separado, etc., e incluso se realizará una inspección manual del equipaje. La mayoría de las entrevistas duran escasamente tres minutos, algunas menos; y sólo unas pueden ser más extensas por su complejidad. Estas entrevistas deberán ser grabadas y estudiadas, y alertado el siguiente nivel de seguridad.

5.   Control de acceso a las zonas de embarque

El control de accesos establece que solamente las personas que deben embarcar de forma inminente puedan acceder a esta área. Para ello mostrarán al personal de seguridad su pasaje y su documentación para acreditar su titularidad.

Este primer control lo puede realizar la propia compañía naviera, registrando al pasajero en una lista que posteriormente se entregará a bordo.

Después de este control se procederá al control por rayos X del equipaje que acompañará al pasajero durante la travesía. Al pasaje se le deben facilitar los medios para poder mover sus maletas en la terminal de una forma cómoda y segura. El pasajero, a su vez, pasará un control de armas y explosivos por un arco de seguridad. Todos los objetos personales del pasajero serán introducidos en una caja y pasados por el escáner de rayos X sin excepción. Si un pasajero señaliza un objeto anómalo en el magnetómetro no pasará dos veces, sino que será revisado a mano mediante un detector portátil y cacheado.

La determinación del número de aparatos de rayos X para el control de seguridad necesita los siguientes datos:

- a = número de pasajeros por hora que se originan en la terminal.
- b = tránsitos no procesados por diferentes motivos.
- y = capacidad de revisión de bultos por hora (dato de referencia, 600 bultos/hora).
- w = número de bultos por pasajero (dato de referencia, 2).

Con estos datos el número de equipos sería:

$$N = (a + b)w/y = \text{unidades de rayos X.}$$

Si la periodicidad de embarques es muy grande se puede calcular por:

- m = número de plazas en el buque más grande que va a utilizar el sistema.
- y = capacidad de revisión de bultos por hora (dato de referencia 600 bultos/hora).
- w = número de bultos por pasajero (dato de referencia 2).
- t_1 = tiempo máximo de estancia del pasaje en la zona de preembarque.
- t_2 = tiempo mínimo de estancia del pasaje en la zona de preembarque.

De esta forma el número de aparatos de rayos X sería:

$$N = (60 \cdot m \cdot w)/y(t_1 - t_2) = \text{unidades de rayos X.}$$

Los controles de seguridad deben estar ocultos a la vista de las personas que no deban embarcar. Debe disponerse de una habitación cerrada para cacheos ante la sospecha de que un pasajero oculte algún objeto peligroso, aunque éste no haya sido señalado por el magnetómetro.

6. *Zona de preembarque*

La zona de salidas previa al embarque empieza una vez se pasa el control de seguridad. Dentro de esta zona ningún pasajero debe entrar o salir sin volver a pasar por todos los trámites anteriores. Esta zona debe ser estanca, donde nada entre ni salga sin pasar por el control de seguridad. Se debe impedir que nadie, desde el exterior, observe esta zona o pueda lanzar un objeto al interior de la misma.

Si existen cafeterías o tiendas en esta zona, se debe controlar tanto al personal como a los diferentes objetos que están a la venta en dichas tiendas.

En situaciones de máxima alerta (nivel 3), se establecerá un último control, esta vez manual, en la entrada al buque si fuese necesario.

7. *Zona de embarque de vehículos* (figura 3.2)

La recepción de vehículos en el muelle debe seguir estos protocolos:

a) En la llegada del vehículo deberá estar presente la persona responsable del embarque con la documentación del vehículo, así como el contrato de transporte del mismo.

b) Los vehículos serán inspeccionados en la zona de embarque por el personal de seguridad que siempre, en presencia del dueño o responsable, indicará a éste que debe abrir el maletero o interiores que pudieran ocultar explosivos o armas.

c) La búsqueda de elementos peligrosos puede ser aleatoria y más o menos intensa en función del nivel de la amenaza. Se recomienda la utilización de perros adiestrados en la búsqueda de explosivos.

Figura 3.2.

d) Una vez que el vehículo embarca en la zona de carga del buque ésta debe quedar aislada del pasaje, para evitar que se utilicen armas que pudieran haber entrado ocultas en el buque.

e) En el caso de camiones que transporten mercancías, éstas deberán estar referenciadas en un albarán donde se indique su naturaleza. La gestión de este tipo de vehículos deberá hacerse en estrecha comunicación con la empresa transportista, a fin de confirmar la identidad del conductor y la composición de la carga.

8. *Zona de entrada de mercancías*

Una vez pasada la zona de acceso público y de distribución de pasajeros y mercancías, el transportista se dirigirá al primer control, donde se le identificará y se tomará nota de la documentación del vehículo y datos sobre la carga.

En el caso de pretender embarcar en un buque mixto de carga y pasaje se efectuará la inspección como en la zona de embarque de vehículos.

Mientras, de forma aleatoria, se inspeccionará la carga de tantos camiones como sea posible, comprobando mediante la comunicación con las partes interesadas la identidad del transportista y la naturaleza de la carga.

En esta área se debe de contar con un grupo de agentes de seguridad formados en la inspección de vehículos pesados y de contenedores.

Es recomendable la utilización de equipos de rayos X para la inspección de camiones y contenedores. Si se deben inspeccionar tanto contenedores como camiones, se recomienda la utilización de fibra óptica o cámaras térmicas portátiles.

Debido a la complejidad de la inspección del transporte pesado, y siendo éste un medio ideal de ataque, deben tomarse todas las medidas oportunas para asegurar que cuando el camión o contenedor suba a bordo no contenga ningún elemento peligroso.

3.2.2 *Control de personas*

El control sobre las personas tiene como objetivo que éstas limiten su estancia a los lugares en que tengan algo concreto que hacer y queden excluidas del resto. Asimismo, se pretende que no tengan ningún elemento peligroso susceptible de ser utilizado en un ataque terrorista.

El control máximo se extiende a:

- El registro de pasajeros.
- El registro de bultos de mano.
- El registro de los equipajes.

El control se puede realizar de tres formas no excluyentes, pudiendo reforzarse unas a otras en caso de necesidad:

- Control manual.
- Control manual del equipaje de mano y con detector de metales al pasajero.
- Control del equipaje con rayos X y control de pasajeros con detector de metales.

El control manual se realiza en un espacio cerrado, donde se registra al pasajero, y con una mesa, donde se registra a mano el equipaje.

3.2.2.1 Procedimientos de control de accesos

a) Personas

- Los trabajadores y tripulaciones mostrarán su tarjeta al agente o vigilante de seguridad pasando por la esclusa y el detector de metales. La paquetería o bolsas pasarán por el escáner de rayos X. A la salida se realizará la operación contraria.
- Para las tripulaciones que lleguen en los buques, cuando se realice la inspección de seguridad se solicitará al capitán una copia del ROL con los datos exigidos, incluida la fotografía, que podrá realizarse al instante con cámara digital, confeccionándose con la mayor brevedad las tarjetas identificativas que podrán entregarse a la tripulación con el correspondiente recibo al bajar a tierra. La validez de las tarjetas será exclusivamente para el tiempo que el buque esté en puerto. Para las líneas regulares tendrá la misma duración que para el resto de los trabajadores de la instalación.
- Las visitas, proveedores y trabajadores ocasionales mostrarán su documento nacional de identidad o pasaporte al agente o vigilante de seguridad, pasando a continuación por la esclusa y el detector de metales; la paquetería y el equipaje de mano pasarán por el escáner de rayos X. Estas personas recibirán una tarjeta autoadhesiva que llevarán en el pecho durante su estancia en la instalación, y su rostro quedará reflejado en la cámara.
- Las visitas VIP se regirán por su plan específico.

b) Objetos entregados y correo

- Una persona designada por la dirección de la instalación portuaria recogerá en los días hábiles el correo, que será examinado en el escáner de rayos X por el agente o vigilante de seguridad encargado del mismo, realizándose sólo a continuación la distribución del mismo.
- En las entregas de paquetería se personará en el puesto de control de accesos una persona de la dependencia a la que va destinada, haciéndose cargo del mismo tras ser examinado en el escáner de rayos X por el agente o vigilante de seguridad.
- En el caso de encontrarse algo sospechoso al examinar el objeto se activará el plan de artefactos terroristas.

c) Vehículos

- En el centro de control de seguridad existirá una relación del personal de plantilla autorizado a estacionar su vehículo en el interior de la instalación portuaria con los datos del mismo, que contará con una tarjeta identificativa que se situará en su salpicadero para ser visible durante su permanencia en la instalación.

- Al acceder a la instalación portuaria serán identificadas las personas que accedan en vehículo, así como éste. En caso de no poseer autorización se les proporcionará una provisional. El agente o vigilante de servicio registrará el maletero del vehículo, y los objetos que contenga.

3.2.3 Subsistema de protección antiintrusión

Su objeto es disuadir, detectar, retardar, verificar y reaccionar ante el acceso no controlado a la instalación portuaria y zona marítima de responsabilidad por parte de personas, objetos, vehículos y embarcaciones:

- *Estructura física:* subsuelo, vallas, paredes, ventanas, tejados, etc.
- *Intrusiones especiales:* en ariete, subacuatica, aérea y abordaje.

3.2.3.1 Medidas activas y pasivas

a) *Subsuelo*
- Cerramientos con reja empotrada según norma UNE 108-142 en pozos entradas y salidas de agua, electricidad, teléfono y fibra óptica, desde el cierre reglamentario hasta una distancia de 10 m al interior de la instalación, en paredes suelo y techo.
- Iluminación cada 2 m en los túneles con bombillas protegidas de 100 W.
- Cuatro detectores sísmicos en paredes, suelo y techo a unos 2 m del cierre.
- CCTV en cada túnel.
- Doble acodado en cada tubo de entrada y salida de aguas de la instalación.
- Inspección diaria de los túneles accesibles por parte de personal de seguridad, con registro documental de la misma.
- Cierre de seguridad exterior en los accesos al interior de la instalación.

b) *Zonas despejadas*
- Valla metálica de 2,5 m de altura con remate de concertina, que llevará asociado un sistema de detección inercial. Si lo permite el espacio físico, sería recomendable un sistema de doble valla de idénticas características separadas 4 m, lo que permite crear una zona prohibida que retarde la intrusión y posibilite la reacción.
- Barrera de infrarrojos en todo el perímetro.
- Barrera de microondas en todo el perímetro.

Estos tres sistemas, inercial, infrarrojos y microondas, estarán asociados en una configuración dos en Y para conseguir un equilibrio entre alarmas y falsas alarmas:

- CCTV en todo el perímetro con sistema orientable en 360°.
- Sistema de iluminación en todo el perímetro.

En las zonas edificadas que formen parte del perímetro de la instalación portuaria, además de los sistemas de barreras de infrarrojos y microondas, CCTV e iluminación, se contará con los siguientes:

- Detectores sísmicos en paredes externas equidistantes según radio de acción.
- Ventanas a nivel del suelo y en primera planta provistas de cristales blindados tipo A-30.
- Detectores inerciales en cristales de ventanas. Este sistema se asociará a las barreras de infrarrojos y microondas con igual configuración que para las zonas despejadas.
- Cierre con reja por el interior de las ventanas de nivel suelo y primera planta, según norma UNE 108-142.
- Condena con tabique de las puertas no utilizables, con los correspondientes sistemas de detección sísmica como si se tratara de una pared externa.

Zona de cubiertas edificadas en el perímetro de la instalación portuaria:

- Barrera de microondas.
- Sistema de CCTV.
- Sistema de iluminación.
- Sistema de contactos magnéticos en accesos.

3.2.3.2 Zona marítima

Para evitar el acceso no controlado a la zona marítima de responsabilidad de la instalación portuaria, es imprescindible la detección a tiempo de los buques y demás embarcaciones que se aproximen a la misma. Este espacio de tiempo debe ser suficiente para permitir su identificación y preparar la reacción adecuada.

Dicho planteamiento precisa la definición en el espacio marítimo de las zonas ya señaladas en el subsistema de control de accesos y permanencia:

- restringida,
- reservada,
- prohibida,
- de fondeo,

añadiendo una zona controlada en la que toda embarcación debe ser detectada e identificada, intentando conocer sus intenciones o confirmando su entrada en la instalación portuaria que se deba proteger.

De ser posible, este sistema tendrá que estar conectado con los sistemas de control de tráfico marítimo con los que cuente el país donde esté ubicada la instalación. Por otra parte, dada la responsabilidad estatal sobre las zonas marítimas, es necesaria la correspondiente definición y señalización de estas áreas mediante la legislación oportuna y su publicación en cartas náuticas, e incluso su señalización física con las señales internacionalmente convenidas.

Otra cuestión es la intrusión subacuática; aunque se puede descartar la utilización de submarinos, no está de más aplicar las correspondientes medidas de detección.

En cuanto a la intrusión de submarinistas solos o que utilicen pequeñas embarcaciones, contemplado en el apartado de intrusiones especiales, se pone de manifiesto el corto radio de acción de este procedimiento, que requiere, además, el apoyo de una embarcación cercana, que debería ser detectada por el sistema desde el inicio de la agresión en la costa próxima, lo cual requiere a su vez la integración del sistema de seguridad de la instalación portuaria en el sistema de seguridad pública al que esté situada la misma.

3.2.3.3 Zonas marítimas de seguridad

- *Zona restringida:* zona marítima bajo responsabilidad de la instalación portuaria.
- *Zona reservada:* parte de la zona restringida no incluida en las demás, incluyendo las zonas de tránsito, atraque y maniobra de los buques.
- *Zona prohibida:* zona marítima donde sólo podrán actuar las unidades marítimas encargadas de la seguridad.
- *Zona de fondeo:* zona marítima donde se sitúan los buques que tienen que acceder a la instalación portuaria para su identificación e inspección, situada en el extremo exterior de la zona restringida, donde sólo podrán acceder estos buques y las unidades marítimas de seguridad con el personal preciso.

3.2.3.4 Medios humanos y físicos del sistema marítimo antiintrusión

- Patrullas marítimas.
- Visores térmicos.
- Radar de superficie.
- Hidrófonos submarinos.
- Boyas de señalización.

3.2.3.5 Criterios para el establecimiento de la lámina de agua (véase la figura 3.3)

- Identificación de las circunstancias que accionan el paso de un nivel a otro para cada riesgo identificado.
- Ancho según la dimensión del ancho portuario en cada área.
- Fijar un ancho mínimo común a todos los atraques.
- Fijar un ancho mínimo por riesgo de categoría superior al común.
- Relación con accesos (bocanas), con un incremento para tiempos de respuesta.
- Proponer medidas alternativas (barreras flotantes sólidas con apoyos en costado del buque y otras).
- En el nivel 1, a efectos de la disuasión, patrullas sin límites ni frecuencia regulares.

3.2.3.6 Control de la aproximación de buques a la bocana

- Velocidad moderada a la mínima de gobierno.

– En el nivel 3, obligación de parar y luego a mínima de gobierno.

– Uso del SIA. En caso contrario, medidas preventivas compensatorias de la duda.

3.2.3.7 Intrusiones especiales

a) En ariete

Ante la posibilidad de que un vehículo terrestre se lance a gran velocidad sobre un acceso de la instalación portuaria, es necesario que delante de éste se instalen barreras que obliguen a los vehículos a realizar una trayectoria en «s» (no rectilínea); o bien que el acceso se encuentre en la tangente de una rotonda, lo que obligará en ambos casos a que los vehículos disminuyan sensiblemente la velocidad. De todas formas, es preciso que las barreras que se instalen, basculantes o de otro tipo, tengan la suficiente resistencia como para parar un vehículo pesado a cierta velocidad.

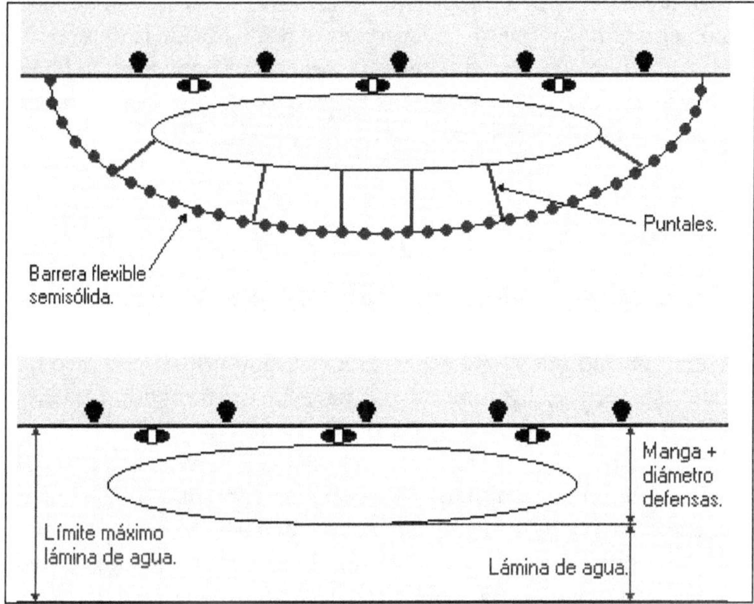

Figura 3.3.

b) Subacuática

Como se constató al tratar la intrusión por la zona marítima de la instalación portuaria, para detectar una intrusión subacuática con buceadores y reaccionar de manera adecuada todavía no se han diseñado medios de detección que proporcionen prestaciones similares a los terrestres. Esto presenta un grave problema, ya que los sistemas basados en hidrófonos no garantizan la detección de uno o varios submarinistas que pretendan acceder a la instalación o a los buques atracados en ella.

En situaciones bélicas, este problema se intentó solventar con un cierre de la zona marítima con redes submarinas, medida costosa y problemática. En situaciones extremas se lanzaban periódicamente pequeñas cargas explosivas de profundidad para eliminar a los posibles intrusos, medida a todas luces descabellada en la situación actual.

En cuanto a la reacción, de acuerdo con la legislación española, se requeriría contar con unidades del Servicio Marítimo de la Guardia Civil, que realizaran inmersiones periódicas de reconocimiento, preparadas para actuar en caso de detectarse una intrusión.

Del mismo modo, las medidas propuestas en el apartado referido a la zona marítima son las únicas factibles actualmente para el control de los posibles puntos de partida de los ataques por las fuerzas de seguridad.

c)   Aérea

La intrusión que aplica medios aéreos, normalmente ligeros, parapente, ala delta, etc., no ha sido empleada eficazmente, ya que requiere de unas elevaciones próximas y que el material transportado por el intruso sea de poco peso. En cualquier caso, la principal contramedida es la detección visual que permita una rápida reacción. Como se ha comentado al tratar otras acciones de pequeña entidad, la repuesta adecuada es el resultado de la detección a tiempo, por lo que procede la interconexión con el sistema de seguridad pública en la que esté ubicada la instalación portuaria para que se controlen las posibles zonas de partida de este tipo de ataque en el marco general de sus servicios.

d)   Abordaje

El abordaje puede ser de dos tipos. Uno, el lanzamiento de un buque, con pasaje o sin él, cargado o no de elementos de carácter explosivo, incendiario, nuclear, radiológico, químico, biológico, o una combinación de éstos, contra la instalación portuaria u otro buque.

El otro tipo es el abordaje de un buque por parte de un comando terrorista con la finalidad de cometer un secuestro de personas o la acción ya descrita.

Frente al primer tipo de acción sólo cabe, como se ha comentado al tratar el tema de la intrusión marítima, la detección temprana del problema e intentar un abordaje de las fuerzas de seguridad para hacerse con el control de la nave y detener la acción. En el caso de que fallara esta acción, sólo quedaría el recurso del hundimiento por medio de un ataque aéreo, naval o submarino, o bien la combinación de estos recursos, aunque se comprende la dificultad de este tipo de acciones, tanto por la dificultad de contar con los medios en las proximidades del incidente como, especialmente, por la responsabilidad de la decisión de ordenar este ataque, si la legislación nacional e internacional no la respalda previamente.

En el segundo supuesto, cada PPB establecerá el procedimiento específico para este caso, que estará coordinado con el plan especial contra toma de rehenes en tierra y buque y, en su caso, con el incidente NRBQ, recogido en el PPIP de cada puerto.

3.3 Identificación y análisis de riesgos de la instalación portuaria

El objetivo de la identificación de los riesgos es abarcarlos en la máxima amplitud posible, a fin de no dejar de considerar aspectos que sean los puntos débiles del sistema. En la identificación debe recurrirse siempre al análisis de la información sobre la cuestión que esté disponible en:

- Bibliografía de los sucesos relacionados con el tema y la actividad.
- Los consecuentes con la naturaleza y la clasificación de la actividad.
- Los razonablemente supuestos por los efectos y las consecuencias esperadas (métodos indirectos).
- Los procedentes de los conocimientos de las fuerzas de seguridad del Estado y otras fuentes de expertos.
- Los de los servicios de inteligencia, en tiempo real.

La mejor información, considerando la confidencialidad y las limitaciones en la divulgación de datos, no debe proceder de los medios de información de carácter público (prensa, radio o televisión), sino de los organismos del Estado, a través de los profesionales y de los expertos privados, especialistas en el tema.

Al mismo tiempo, como el término «protección» *(security)* es un integrante más de la seguridad global y se le pueden aplicar en gran medida varios procedimientos deducibles que son habituales en el campo del riesgo industrial *(safety)*. En estos casos, en cuanto se utilizan métodos indirectos a partir de la supuesta culminación del acto delictivo e ilícito que se pretende proteger, ello permite detectar los puntos débiles y a continuación encontrar las causas que podrían ocasionarlo.

En este sentido, al evaluar las consecuencias ocasionadas o esperadas, las medidas de protección pueden clasificarse en estratos de importancia. Y al enumerarlas todas y alcanzar criterios comparativos sobre la naturaleza de la variable, pueden decidirse bloques de acción semejantes para distintos aspectos de la aplicación, lo que representaría una simplificación del tratamiento final de la protección aplicada y una reducción de los costes totales.

Por todo ello, al ser una cuestión de gran variabilidad, sin una clara relación causa-efecto, y depender de la intencionalidad de quienes intentarán burlar todas las medidas de protección establecidas, los riesgos que se identifiquen como principales deberán pasar por la constante evaluación que exijan los acontecimientos y el día a día.

Ante la necesidad de la implantación de un sistema de seguridad en una instalación portuaria, es necesario delimitar y definir previamente los «bienes objeto de protección», entre los que destacan:

- La vida e integridad física de las personas: directivos, trabajadores, visitantes, tripulaciones y viajeros.
- Los buques situados en la zona de responsabilidad de la instalación portuaria.
- La carga, tanto la almacenada como la estibada en los buques atracados.
- Los vehículos y la maquinaria empleada en los procesos portuarios.
- Los vehículos y los objetos personales de las personas que se encuentren en la instalación y los buques atracados en la misma.
- Las infraestructuras: edificios, almacenes, tinglados, vías de circulación, etc.
- La información y documentación de la entidad, especialmente la más sensible, tanto la recogida en soporte físico como magnético e informático.
- El aseguramiento de los procesos industriales desarrollados en la instalación portuaria.

Una vez definidos los bienes es necesario identificar el «daño» y los «agentes causales», lo que permitirá concretar el riesgo y plantear las medidas de seguridad convenientes para conseguir el máximo nivel de seguridad posible.

3.3.1 Tipos de daños

Para las personas:

- Muerte.
- Lesiones: graves o leves.
- Enfermedad: física o psíquica.

Para los objetos:

- Destrucción total.
- Destrucción parcial.
- Pérdidas.

La evaluación de riesgos abarca, además, dos factores:

- La *vulnerabilidad de la instalación:* definida como las posibilidades de que ésta pueda sufrir un daño con éxito, cuestión que depende especialmente de sus características estructurales y físicas: tipo de construcción y materiales, situación, etc.

- Las *amenazas a la instalación.* Cualquier instalación puede ser víctima de diversas agresiones, aunque haya mínimas probabilidades de que se produzcan. Por ello es necesario establecer un criterio de prioridades que conjugue dos factores: las más probables y las más peligrosas, que obviamente se darán en el estudio de la situación terrorista y delincuencial del entorno donde se ubique la instalación portuaria.

Por las características de la instalación portuaria, todas estas acciones precisarán de una delimitación por zonas para una mejor adecuación de las medidas de protección y seguridad.

3.3.2 Clasificación de los riesgos

Riesgos humanos derivados de las actividades antisociales:

- *Robo.* Entendido como lo define el código penal, con la componente de fuerza o intimidación a las personas o fuerza en las cosas, es uno de los grandes riesgos de las instalaciones portuarias, derivado de su propia actividad de movimiento de mercancías y viajeros. En su acepción común como atraco no se considera que constituya un riesgo propio de una instalación portuaria. Actualmente la sofisticación técnica y la complejidad de algunas organizaciones criminales internacionales permiten que el robo a gran escala de mercancías y bienes de equipo sean una amenaza real para una instalación portuaria, en muchos casos con la connivencia de transportistas o tripulaciones que intentan obtener beneficios de ello.

Consideramos que hay un nivel de riesgo alto para la instalación portuaria.

- *Hurto.* Este delito, cuando no se considera como una simple falta, tiene dos tipos de autores. Uno, el personal laboral, al apropiarse de objetos de su lugar de trabajo o de las mercancías que circulan por él, generalmente de pequeño tamaño pues lo transportará a pie o en su vehículo particular el propio autor. La mayor peligrosidad de esta frecuente modalidad delictiva es su reiteración, sin contar con el efecto de «imitación» que suele provocar y la merma de prestigio de la propia instalación portuaria.

  El otro posible autor proviene del exterior de la instalación portuaria. Su acción tenderá a centrarse más sobre los viajeros y sus equipajes que sobre las mercancías, por la dificultad que existe de conocer los sistemas de seguridad, almacenamiento, etc.

  La instalación portuaria tiene un nivel de riesgo medio frente al hurto, pero con posibilidades de sensible incremento si crece la circulación del número de viajeros.

- *Fraude.* En esta actividad delictiva encontramos dos variedades. Una, el fraude fiscal al Estado que pueden intentar realizar los propietarios o receptores de las mercancías procedentes de otro país con régimen fiscal no compatible con el propio. En este caso, el propio Estado es quien articula los mecanismos de control necesarios y que, obviamente, deben integrarse en el sistema de seguridad.

  Otra, el fraude o la estafa que utilice la instalación portuaria como base de la comisión del delito entre particulares, principalmente a través de mercancías que no cumplan las condiciones pactadas, acción facilitada en ocasiones por las características de funcionamiento y estructuras de la propia instalación.

  Salvo casos puntuales, el riesgo de fraude en la instalación portuaria es bajo.

- *Vandalismo.* En algunas sociedades desarrolladas hay un riesgo de daños en propiedades por efecto del vandalismo, protagonizado por colectivos de diferente tipología. Sus efectos se suelen centrar en el mobiliario urbano, en pintadas en vallas o paredes, etc., con un considerable coste de subsanación. La instalación portuaria puede sufrir este riesgo si en su área geográfica se da este tipo de delito. Otro aspecto más puntual es el de los posibles daños derivados de un conflicto laboral en la instalación portuaria, bien sean producidos por algunos trabajadores o agitadores externos, por enfrentamientos con la policía, o incluso por acciones de sabotaje en el puesto de trabajo.

  De todo ello se desprende un nivel de riesgo bajo para la instalación portuaria, salvo en las circunstancias citadas.

- *Secuestro.* El secuestro con fines económicos no se considera un riesgo propio de una instalación portuaria.

- *Espionaje.* En su faceta industrial o económica, el espionaje puede tener como objetivo las actividades desarrolladas en la instalación portuaria. No obstante, a pesar de la importancia que tiene la información, en muchos casos la diversidad de canales de información permite acceder a ella desde lugares distintos a donde se genera.

  Se considera un riesgo bajo para la instalación portuaria.

- *Tráfico de estupefacientes.* A nadie se le escapa la importancia de este riesgo en la modalidad de grandes alijos y la gran probabilidad de que se produzca en una instalación portuaria. En el tráfico de estupefacientes se utiliza la vía marítima para su transporte desde las zonas de producción hasta las de consumo o transito; generalmente se oculta en objetos que son despachados como mercancía normalizada. Las fuerzas de seguridad del Estado realizan las labores de detección de estas drogas.

  En cuanto al pequeño tráfico, en el ámbito de países como España puede considerarse como de intensidad normal. En consecuencia, el riesgo puede considerarse alto para el primer caso y bajo para el segundo.

- *Agresión.* Este tipo de incidente puede darse en cualquier lugar donde converjan personas. Una instalación portuaria no parece ser un lugar muy proclive a ello, de no ser que esté muy próxima a barrios marginales, locales nocturnos o zonas de prostitución. Esto puede cambiar en el caso de producirse conflictos laborales, por posibles agresiones entre grupos de trabajadores o entre éstos con las fuerzas de seguridad del Estado.

  El riesgo puede considerarse bajo en situaciones normales, salvo producirse las condiciones señaladas.

3.3.2.1 Terrorismo

- *Atentado con arma de fuego.* Esta modalidad de acción contra personas se emplea cada vez menos en acciones indiscriminadas, por su limitada eficacia en comparación con otras formas de agresión, utilizándose sólo para acciones selectivas. En éstas, por su facilidad de transporte y ocultación, o bien se utiliza un arma corta que permite al agresor desplazarse y acercarse a la víctima sin levantar sospechas, ya que es más eficaz a corta distancia (menos de 8 m), o bien un arma larga con alza telescópica, que permite alcanzar unas distancias en torno a los 600 m.

  En ambos casos no se considera un riesgo propio de una instalación portuaria, excepto en ocasión de una visita VIP o que en esa instalación trabaje alguna persona amenazada por una organización terrorista.

- *Agresión con artefacto explosivo.* Esta acción puede ir dirigida contra personas, bienes, embarcaciones, etc., y desplegar un gran poder destructivo. El pequeño tamaño del artefacto permite ocultarlo en maletas, bolsas, vehículos o cualquier otro objeto para su transporte hasta el objetivo. Cuando va dirigido a personas puede contener metralla. Es el medio habitual de actuación terrorista, dada la facilidad de obtención del material, por su empleo comercial o militar, e incluso su sencilla fabricación. En cuanto a los dispositivos de iniciación, los temporizadores y el radiocontrol son los más utilizados pues permiten al ejecutor de la acción estar lejos del lugar. Otra forma de actuación es el atentado suicida, en el cual un terrorista se infiltra en el objetivo y acciona el artefacto en el momento idóneo para causar la mayor cantidad posible de víctimas o matar a alguna persona en concreto.

  La instalación portuaria tiene un alto riesgo de sufrir esta modalidad de atentado, mayor aún si se incrementa el tráfico de pasajeros con unas medidas de seguridad casi siempre inferiores a las de los aeropuertos.

- *Agresión con artefacto incendiario.* Este tipo de artefacto está más dirigido a destruir bienes materiales (instalaciones, bienes, buques y su carga, etc.) que a actuar contra personas. Sus características suelen ser el bajo coste, la sencillez de elaboración y un considerable poder destructivo, determinado por las condiciones meteorológicas (temperatura, viento, humedad, etc.) y las derivadas del objetivo, como son combustibilidad, forma de almacenaje, etc.

  Su riesgo en la instalación portuaria puede considerarse medio.

  Otro aspecto importante es el empleo de pequeños artefactos del tipo cóctel molotov en actuaciones terroristas de baja intensidad contra personas y bienes. El nivel de riesgo puede depender de los antecedentes de estas acciones que existan en la zona, si dentro de ella se emplaza algún objetivo significativo, o bien que se pueda dar alguna alteración importante del orden público.

- *Agresión con agente químico.* Entre los riesgos que incorporan en su actuación los grupos terroristas se encuentra el empleo de artefactos con carga química. Van dirigidos contra personas, aunque también afectan a los animales. Por sus efectos pueden ser:

  - Dermotóxicos: si actúan sobre la piel.
  - Hemotóxicos: si actúan sobre la sangre.
  - Neumotóxicos: si actúan sobre el sistema respiratorio.
  - Neurotóxicos: si actúan sobre el sistema nervioso.

  La diseminación idónea de estos productos se produce en gas o líquido pulverizados, lo que requiere un equipo emplazado en el objetivo o sus proximidades, o sobre un móvil terrestre, marítimo o aéreo que disperse las sustancias sobre el mismo. Su empleo más efectivo tiene lugar en habitáculos cerrados, que no dependen de condiciones meteorológicas como el viento, temperatura, humedad, etc.

  Otra forma de presentación de estos agresivos son las llamadas «armas binarias», en las que dos productos no letales, al mezclarse, se convierten en un producto tóxico, mediante un sistema o mecanismo que también lo dispersa.

  Una instalación portuaria puede sufrir esta modalidad de ataque. Se deduce que donde haya una alta concentración de personas en habitáculos cerrados, como un crucero, por ejemplo, esta forma de agresión, que se ha empleado en diversas acciones terroristas, representa un nivel alto respecto a otras.

- *Agresión con agente biológico.* El empleo de este medio despierta el gran temor que producen las enfermedades humanas. Estos agentes son de dos tipos:

  - Seres vivos: bacterias, virus, etc.
  - Toxinas: de origen animal, vegetal, etc.

  Estas últimas tienen un empleo operativo muy similar al de los agresivos químicos, incluso en sus efectos.

  El empleo de organismos microbianos tiene unas limitaciones, como son las condiciones de rayos UV, la humedad o la temperatura, para que éstos puedan vivir e introducirse en las personas y animales en la cantidad suficiente para generar una infección. Esto conlleva un período de incubación hasta que la enfermedad se manifiesta; una vez identificada puede ser combatida con éxito por medio de vacunas.

Sobre los medios de diseminación, el aerosol, la liberación por sabotaje o mediante vectores (animales infectados) son los más habituales. El elemento más fácil de utilizar es el aire acondicionado de las instalaciones, que reúne condiciones idóneas para la vida y difusión de los agentes vivos.

Puede concluirse que el riesgo de su empleo en una instalación portuaria está limitado a espacios cerrados, como son terminales de viajeros, locales públicos, buques, etc., donde se reúne una significativa cantidad de personas. No obstante, sus efectos tardarán cierto tiempo en manifestarse, por lo que se puede incluir en un riesgo medio, algo más elevado si se emplea, por ejemplo, para generar psicosis o para crear problemas sanitarios en un buque, preferiblemente con pasaje, como apoyo a otro tipo de acción.

- *Agresión con agente radiológico.* Esta acción consiste en la diseminación de material radiactivo con el nivel más alto posible de actividad, con el fin de contaminar a personas o neutralizar una instalación, un buque o un terreno. Esto puede realizarse utilizando un explosivo o una carga explosiva incendiaria que amplifique sus efectos. Como en los casos de los agentes biológicos y químicos, la meteorología influye para determinar las áreas que serán contaminadas, por lo que su empleo contra personas es más peligroso en habitáculos cerrados.

  Puede considerarse un riesgo bajo para una instalación portuaria, tanto por el escaso empleo que este tipo de acción ha tenido hasta ahora, como por la dificultad de las organizaciones terroristas para hacerse con residuos radiactivos de alta actividad, y también porque sus consecuencias son a largo plazo, aunque sirva para neutralizar un lugar, con efectos psicológicos significativos.

- *Agresión con arma nuclear.* Por el momento, al margen de una situación bélica, no se considera muy probable el empleo de un arma nuclear, dado el control que tienen sobre ellas las naciones que las poseen. Su uso tendría unas consecuencias terribles para las personas y los bienes que se encontraran en su radio de acción, por la combinación de efectos explosivos, térmico-luminosos, radiactivos y electromagnéticos.

  Puede decirse que su riesgo en una instalación portuaria es bajo mientras no cambien las actuales estimaciones.

- *Toma de rehenes.* En esta operación un grupo de personas retiene a otras mediante la coacción para conseguir un objetivo político o económico. Lo utilizan tanto las organizaciones terroristas como agentes políticos en conflictos laborales, aunque en estos casos no suelen emplearse armas de fuego. Entre la posibilidad de que la acción se realice en tierra o en el mar bajo responsabilidad de la instalación portuaria, esta última se presenta como la más probable y la de más difícil resolución, por las dificultades que entraña abordar y controlar un buque y al mismo tiempo proteger la vida de los rehenes.

  Este tipo de operación terrorista tiene un riesgo medio en las instalaciones portuarias con tráfico de viajeros, especialmente por el menor control que se ejerce respecto a las terminales aéreas. En cualquier caso, conviene tener conocimiento del análisis de riesgo que cada compañía realice sobre cada buque y línea.

- *Abordaje.* El lanzamiento de un buque, previamente secuestrado, contra otro buque o la propia instalación portuaria es una acción de gran gravedad, tanto porque aquél puede transportar personas como sustancias peligrosas para aumentar el efecto.

  No obstante, esta modalidad de agresión se considera un riesgo bajo. Las embarcaciones de cierto tamaño desarrollan escasa velocidad y son de difícil maniobrabilidad, en tanto que las ligeras no disponen de gran capacidad para causar grandes daños.

- *Lanzamiento de avión.* La acción de utilizar un avión como proyectil contra un edificio u otra instalación, incluso un buque, lleva aparejada el secuestro previo de la aeronave.

  Los riesgos para una instalación portuaria pueden considerarse bajos, porque no se valora como un blanco suficientemente rentable por el número de personas que puede concentrar. En relación con un buque, éste se considera demasiado pequeño para que impacte en él un gran avión de pasaje, mientras que si el tamaño de éste es reducido posiblemente sus efectos no sean muy grandes, como ocurrió en numerosos ataques kamikaze japoneses en la Segunda Guerra Mundial.

3.3.2.2 Derivados de las actividades sociales

En las actividades de la instalación portuaria, se podrían producir los siguientes riesgos:

- Riesgo en el empleo de máquinas y herramientas.
- Riesgo derivado del manejo de equipos de carga, transporte y almacenamiento.
- Riesgo en la utilización de equipos de fuerza y energía.
- Riesgo por la manipulación de depósitos y recipientes empleados en el almacenamiento de productos.
- Riesgo en la manipulación y utilización de productos y materias peligrosas.
- Riesgos derivados de la circulación y el transporte.
- Riesgo provocado por las condiciones del ambiente e higiene del puesto de trabajo.
- Riesgos derivados de la navegación.

En este contexto, a la hora de prever los riesgos es preciso contar con la estadística de cada actividad y empresa ejecutante, con el fin de aplicar el plan de seguridad e higiene en el trabajo que corresponda.

3.3.3 Análisis de los niveles de vulnerabilidad

Para conocer el nivel de vulnerabilidad de cada zona identificada en la instalación portuaria es necesario saber los riesgos a los que está expuesta. Así, deben analizarse la facilidad y la oportunidad que ofrece para que el posible agresor cometa su acción.

Para ello se deben cuantificar unas circunstancias que coincidan con las que un hipotético agresor tendría en cuenta a la hora de planificar su acción.

Estas circunstancias pueden definirse como oportunidades del agresor sobre el objetivo:

- Posibilidad de *observar* el objetivo, horarios, protocolos de actuación en rutina y en emergencia, etc.

- Acceso a la *información* necesaria para planificar una acción de ataque mediante medios de observación, a través de internet, penetrando en servicios del puerto como la seguridad, el mantenimiento, etc.
- *Conocer* o *identificar* en cualquier momento la zona elegida por parte de cualquier miembro del grupo agresor.
- Dónde pueden hacer más daño y con qué medios en cada una de las zonas.
- La facilidad que puede tener un agresor para *aproximarse* al objetivo.
- El sitio más adecuado para poder *esperar* antes de ejecutar la acción.
- La facilidad para *ejecutar* la acción sin que se presente ningún tipo de resistencia.
- La facilidad de *huir*, de abandonar el lugar de los hechos, incluso sin poder llevar a cabo la acción.

Si este escalonamiento de factores tuviese alguna respuesta que rompiese la cadena de acción, probablemente ésta no se llevaría a cabo. Ésta es una de las medidas básicas de protección preventiva que ejercerá la seguridad del puerto. Es fundamental romper la cadena de información de todos los aspectos básicos para ejecutar acciones de sabotaje.

Una gran diferencia entre los integrantes de grupos como ETA o IRA y el integrista suicida miembro de Al Fatah, Hamás o Al Qaeda, es que mientras los primeros tienen en cuenta todos los pasos descritos con anterioridad, el segundo concede muy poca importancia a algunos de ellos, como los tradicionales círculos de seguridad. La razón radica en que la opción de huida no está considerada y pueden llevar a cabo su acción sin tener en cuenta numerosos aspectos expuestos con anterioridad.

Si la acción se culminase, las garantías del éxito terrorista son mayores cuanto más fácil resulte conseguir sus objetivos. Por el contrario, la agresión será más difícil cuanto mayor sea la oposición generada por la seguridad portuaria en cada una de las circunstancias señaladas.

Bajo otro tipo de análisis, muy similar al anterior, se tendría:

- *Conocimiento*. Que el objetivo sea conocido, cercano a los ciudadanos, que la acción tenga una gran resonancia social en la opinión pública internacional, etc.
- *Observación*. Recabar toda la información sobre el objetivo. Una información correcta dará un conocimiento certero.
- *Analizar*. Examinar detenidamente la información obtenida para poder verificarla, así como cualquier cambio que se realice.
- *Preparación*. Es el resultado del examen anterior.
- *Acceso-contacto*. Es la hora de la acción, de la aproximación. Es el momento más delicado para el terrorista ya que es entonces cuando debe penetrar en la zona. Si no es detectado en ese momento, el sistema de seguridad difícilmente podrá reaccionar y neutralizar su ataque.
- *Salida*. En el momento que rompe el acceso-contacto.
- *Huida*. Es el momento de ocultarse, después de los hechos.

3.3.3.1 Valoración de la vulnerabilidad

Hasta el momento hemos realizado el análisis de unos acontecimientos. En adelante se analizan los parámetros que sirven de ayuda para la realización de una correcta *valoración de la vulnerabilidad*. Para que esta valoración sirva como guía de autoanálisis, se deben tener en cuenta los siguientes parámetros:

Zona	Consideración de seguridad del área	Tiempo de permanencia en el área para la observación	Condición de la observación	Posible daño causado
Perímetro exterior de seguridad	Pública	Larga duración	Enmascarada	Escaso
Aparcamientos y vías de tránsito interno	Pública	Permanente	Justificada	Leve
Concesiones y pantalanes de carga	Restringida	Puntual, breve	Injustificada	Grave
Estaciones marítimas de transbordadores	Pública	Tiempo limitado	Justificada	Muy grave
Muelles de atraque de cruceros	Restringida	Puntual, breve	Justificada	Muy grave
Zona de almacenaje de contenedores	Restringida	Larga duración	Injustificada	Grave
Tinglados y zonas de almacenaje	Restringida	Larga duración	Injustificada	Leve
Zona de control de tráfico marítimo	Prohibida	Puntual, breve	Injustificada	Muy grave
Centro de mando y seguridad	Prohibida	Puntual, breve	Injustificada	Grave
Lámina de agua de muelles (concesiones)	Restringida	–	Injustificada	Muy grave
Lámina de agua de muelles (cruceros)	Restringida	–	Injustificada	Muy grave
Lámina de agua de muelles	Pública	–	Injustificada	–
Zonas de fondeo	Pública	Larga duración	Justificada	Muy grave

Tabla 3.1.

* *Observación*

Cuanto más discreta, más alejada y menor tiempo exija la observación, menos posibilidad habrá de detectarla.

El servicio de seguridad debe valorar las condiciones en las que pueden actuar las personas destinadas a recabar la información necesaria para llevar a cabo un atentado.

Figura 3.4.

Conocer los puntos más idóneos para reunir datos de los procedimientos portuarios permitirá elaborar un mapa de objetivos a los que se destinarán los medios adecuados, tanto técnicos como humanos. La detección de estas personas y su identificación es la prevención activa que permitirá anticiparse a la agresión.

La entrada en la zona de observación debe ser controlada no sólo desde la zona sensible, sino desde la misma zona en cuestión.

Determinadas amenazas tendrían efectos multiplicadores por las consecuencias que producirían al verse relacionadas con otras instalaciones o actividades (véase la figura 3.4).

Figura 3.5.

Esa circunstancia también se puede detectar en la figura 3.5, por los efectos de una acción que se produjera en una instalación portuaria con una amplia área de almacenamiento.

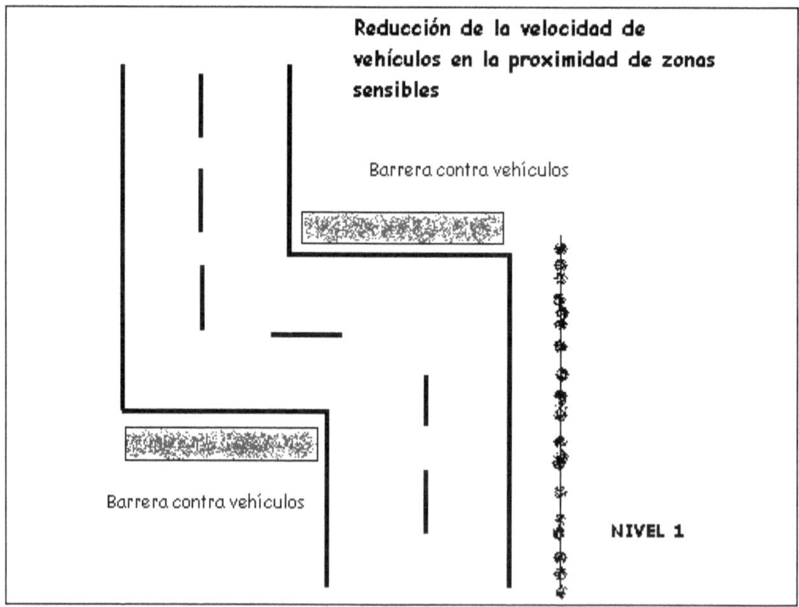

Figura 3.6.

- *Aproximación/Entrada*

Se debe valorar la facilidad de acceso. La reducción de la velocidad de los vehículos en el recinto de la instalación portuaria debe efectuarse mediante la disposición en «L» de barreras móviles contravehículos (véase la figura 3.6), que permitan un paso constante de vehículos a baja velocidad. Estos sistemas reducirán la capacidad de penetración en la instalación de coches bomba conducidos por suicidas. Este tipo de atentados obliga a reforzar los perímetros de las instalaciones portuarias. Por esta razón debemos analizar los posibles puntos de acceso violento del perímetro y las zonas sensibles, como las estaciones marítimas, las áreas de almacenaje de hidrocarburos y otras.

Debe prestarse una especial atención a la lámina de agua, incluyendo las zonas de fondeo. Utilizar embarcaciones de pequeño tamaño como si se tratase de torpedos es un sistema ya usado. El control del tránsito de todas las embarcaciones debe ser exhaustivo, por pequeñas que éstas sean. En un primer momento debe considerarse restringido el paso a las zonas críticas a toda embarcación no autorizada, y las que dispongan de autorización deben contar con medidas de control para impedir que puedan ser utilizadas por elementos terroristas. Estas zonas deben además señalizarse para evitar la posible la entrada por error, por ejemplo, de un yate de recreo. Para que esta medida sea eficaz, el departamento de seguridad del puerto deberá disponer de patrullas con capacidad de intervención contra las intrusiones.

En el caso de las zonas de fondeo, según sean las circunstancias se activarán los procedimientos de control indicados en la tabla 3.2 sobre los buques fondeados.

Estado del buque	*Medidas de seguridad*	*Acciones en situación de máxima alerta*	*Nivel de riesgo*
Tránsito muy próximo sin entrada en puerto	Seguimiento y control de dirección y velocidad	Activación de defensas y bloqueo de entrada al puerto	Alto
Búsqueda de abrigo frente a temporal	Vigilancia, control de dirección y velocidad cuando zarpe	Patrullas en alerta y sistemas de defensa preparados para su activación	Bajo
Fondeo en espera de suministros o reparación a bordo	Vigilancia del buque e inspección si procede por la relación con la autoridad portuaria	Utilización de vías de aproximación al puerto, alejadas del buque fondeado	Alto
En espera de entrada, maniobras de atraque	Seguimiento, control de dirección y velocidad, servicio de inspección y practicaje	Inspección del buque por fuerza especializada	Bajo

Tabla 3.2.

3.3.4 La ejecución del atentado

El grado de eficacia del atentado es proporcional a la facilidad de obtener información del objetivo y de la falta de barreras. Establecerlas para controlar el acceso a las diferentes áreas no impide el normal tránsito de vehículos y personas, ni la operatividad de los diferentes servicios, tras la necesaria adaptación de usuarios y trabajadores. Sin duda, esta adaptabilidad puede ser aprovechada por los agresores.

Los mejores sistemas de seguridad deben ser auditados y puestos a prueba constantemente para que la rutina no merme su eficacia. Precisamente la eficacia del atentado se asienta en otro importante pilar: la lentitud de los servicios de seguridad para pasar de la rutina a la emergencia. Las suposiciones por parte del departamento de seguridad de que una acción terrorista no es posible, eliminando así la probabilidad, es la primera fase del inicio del atentado. No se debe olvidar que toda acción terrorista tiene como premisa «de la forma más sencilla, con el máximo daño».

3.3.4.1 La huida

Ya se ha comentado que las acciones terroristas ejecutadas por suicidas no toman la huida como un factor para considerar. Aun así, por el modo de operar de algunas células terroristas, existen observadores que acompañan al terrorista y se aseguran de que la acción se ha llevado a término. De no ser así, ellos mismos deben accionar el explosivo con un mando a distancia o iniciar la agresión.

No obstante, en el tipo de acciones llevada a cabo por otros grupos armados se debe tener en cuenta:

- Salidas e itinerario posterior.
- Personas presentes en el lugar de los hechos y en la ruta de escape.
- Tiempo de exposición desde el momento de la ejecución hasta el lugar seguro más cercano.
- Barrera o control que se haya establecido tras la acción y la actitud de los agentes de seguridad al tratar de salvarla.

La barbarie del acto terrorista del 11-M (11 de marzo de 2004), perpetrado en Madrid, evidencia la necesidad de establecer nuevos planteamientos de control, incluso en el escenario de una estación marítima, donde la entrada y salida de personas es libre. Es importante definir con nitidez la línea de inicio de la interfaz con el buque y, por tanto, la aplicación del PPIP, siendo necesario contemplar y solucionar en el PPP la zona exterior inmediata a la interfaz.

3.4 Listas de comprobación

La eficacia de las listas de chequeo reside en la normalización del procedimiento de inspección o control de cumplimientos. Esto permite conocer la evolución de la protección en el transcurso del tiempo, tanto en cuanto a sus desviaciones como en el mantenimiento de los aspectos relacionados. En las siguientes páginas se aportan tablas de comprobación de posible utilización para ver el seguimiento del PPIP.

Identificación de puntos vulnerables	Sí	No
Accesos por mar a la instalación portuaria (atraques)		
Accesibilidad a los buques fondeados		
Accesos por tierra a las instalación portuaria		
Integridad estructural de los muelles		
Integridad estructural de las instalaciones		
Integridad de las estructuras conexas		
Procedimientos de protección existentes		
Medidas de protección existentes		
Sistemas de identificación		
Procesos de infraestructura y servicios portuarios		
Protección radioeléctrica y telecomunicaciones		
Protección de los sistemas y redes informáticos		
Zonas adyacentes para uso en ataques		
Acuerdos con compañías privadas de seguridad		
Incompatibilidades entre planes *safety* y *security*		
Incompatibilidades entre tareas instalación y de *security*		
Limitaciones de personal o de ejecución		
Deficiencias al impartir formación o durante los ejercicios		
Deficiencias durante operaciones diarias		
Deficiencias después de un suceso o alerta		
Deficiencias en los informes de protección		
Deficiencias al ejercer las medidas de control		
Deficiencias al realizar una autoría		

Protección de bienes e infraestructuras	Sí	No
Accesos, entradas y vías de acercamiento terrestres		
Fondeaderos y zonas de maniobra		
Atraques		
Instalaciones de carga		
Zonas de almacenamiento		
Terminales		
Equipo de manipulación de la carga		
Sistemas de distribución eléctrica		
Sistemas radioeléctricos y de telecomunicación		
Sistemas y redes informáticos		
Sistemas de gestión de tráfico y ayudas a la navegación		
Sistemas para el trasvase de carga		
Puentes, vías férreas y carreteras		
Embarcaciones de servicio (remolcadores, gabarras, etc.)		
Equipos y sistemas de protección y vigilancia		
Aguas adyacentes a la instalación portuaria		

Identificación de posibles amenazas	Sí	No
Posibles actos que supongan amenaza:		
— Daños o **destrucción** de una instalación o buque (explosivos, incendio provocado, sabotaje o vandalismo)		
— Secuestro o captura de un buque o de las personas a bordo		
— Manipulación indebida de la carga		

– Manipulación indebida de equipo o sistemas		
– Manipulación indebida de las provisiones del buque		
– Acceso o usos no autorizados, incluso polizones		
– Contrabando de armas o equipos		
– Utilización del buque para el transporte ilícito de personas		
– Utilización del buque como arma o medio destructivo		
– Bloqueo de entradas al puerto, accesos, etc.		
– Ataque químico, biológico o nuclear		
Efectuadas consultas con autoridades pertinentes		
Métodos para llevarlos a cabo:		
– Suficientes para determinar vulnerabilidad de zona portuaria		
– Suficientes para definir necesidades y medidas de protección		
– Suficientes para poder establecer un orden de prioridades		
– Suficientes para hacer posible la planificación		
– Suficientes para la asignación de recursos		
Incluye las características de la instalación portuaria		
Incluye las características del tráfico marítimo que la utiliza		
Incluye las características de las consecuencias probables de un ataque, como pérdidas de vidas, daños a bienes, trastornos económicos o interrupción de la actividad		
La capacidad y el propósito de quienes puedan atacar		
Los modalidades de ataque probables		
Conclusión entre nivel de riesgo y las medidas de protección		

Clasificación de prioridades correctivas	*Sí*	*No*
En función de la eficacia para reducir probabilidades		
Reconocimientos, inspecciones y auditorías de protección		
Consultas con propietarios y gestores de la instalación y de las estructuras adyacentes		
Antecedentes de sucesos que afecten a la protección marítima		
Operaciones que se realicen en la instalación portuaria		

Contenido del PPIP	*Sí*	*No*
Organización de la protección en la instalación portuaria		
Enlaces con autoridades competentes		
Enlaces con buques		
Medidas básicas de protección para los tres niveles (I, II, III)		
Procedimiento de notificación con los gobiernos contratantes		
Análisis de las características físicas y operativas de la instalación		
Función y estructura de la organización portuaria en cuanto a protección		
Tareas, responsabilidades y formación del personal de protección		
Formación específica a personal armado en zonas de mercancías peligrosas		
Medidas para evaluar el rendimiento de eficacia por persona		
Enlaces de la organización con otras autoridades nacionales y locales		
Sistemas de comunicaciones, continuas y eficaces		
Sistemas de comunicaciones entre instalación portuaria, buques y autoridades		
Garantía de mantener la comunicación en todo momento		
Procedimientos para salvaguardar la información (papel, informática)		

Procedimientos para evaluar la eficacia de las medidas		
Procedimientos para identificar y subsanar fallos del equipo		
Procedimientos para evaluar informes de fallos		
Procedimientos de manipulación de la carga		
Procedimientos de entrega de provisiones al buque		
Procedimiento actualizado del inventario de mercancías peligrosas y de su ubicación		
Medios para alertar a las patrullas y búsqueda especializada		
Ayuda a OPB para identidad de las personas (cuando se solicite)		
Procedimientos de permiso de tripulaciones, relevos y visitantes		

Control de acceso a la instalación portuaria	*Sí*	*No*
Medidas de protección en todos los medios de acceso		
Para cada uno de los lugares en que se restringirá o prohibirá según el nivel de protección		
Para cada nivel, tipo de restricción o prohibición y los medios de uso		
Para cada nivel, medios identificación para acceder a la instalación		
Sistemas permanentes o temporales para personal fijo y visitantes		
Sistema de identificación coordinado, similar a los aplicados para el buque		
Pasaje mediante tarjeta de embarque, etc., pero sin acceder a zonas prohibidas		
Sistemas de identificación actualizados con regularidad		
Sanciones disciplinarias a los abusos		
Denegación de acceso si la persona no desea o no puede demostrar su identidad		
Notificación al OPIP de tales personas		
Identificar los lugares para registros de personas, efectos y vehículos		
Lugares cubiertos, dispuestos para su funcionamiento continuado		
Pasado el registro, las personas van directamente a zonas restringidas de espera		
Establecer zonas separadas para las personas que han pasado un control de las que no		
Indicar la frecuencia de controles, al azar o de vez en cuando		
• *Nivel 1*		
Delimitar las zonas restringidas mediante vallas o barreras		
Comprobar la identidad de todas las personas que vayan en el buque.		
Control de vehículos para acceder a un buque		
Verificar la identidad del conductor y la documentación del vehículo		
Limitar el acceso a quienes no trabajen en la instalación y vayan sin identificar		
Registro de personas, efectos personales, vehículos y contenidos		
Conveniencia del cierre de accesos que no se usen regularmente		
• *Nivel 2*		
Más personal de vigilancia		
Limitar el número de accesos, cerrando los que convenga		
Habilitar medios para obstaculizar		
Aumento de frecuencia de registros		
Denegar el acceso a personas sin justificación verificable		
Uso de buques patrulla para la protección de las aguas del puerto		
• *Nivel 3*		
Suspender el acceso total o parcialmente		
Autorizar el acceso sólo a los encargados de la protección		

	Sí	No
Suspender los movimientos de personas y vehículos		
Suspender las operaciones portuarias total o parcialmente		
Dirigir los movimientos de los buques		
Evacuar total o parcialmente la instalación portuaria		
Incrementar las patrullas		

Control de acceso a zonas restringidas	*Sí*	*No*
Indicación de zonas restringidas dentro de la instalación		
Períodos en que será válida la restricción		
Medidas para controlar los accesos y actividades en ellas		
Medidas de inspección en zonas, antes y después		
Cumple la protección de personas y de buques		
Protege la instalación portuaria		
Protege a los buques		
Protege las zonas vulnerables		
Protege equipos y sistemas de protección y vigilancia		
Evita la manipulación indebida de la carga y las provisiones de los buques		
Control de acceso de personas		
Control de entrada, estacionamiento, carga y descarga de vehículos		
Control del movimiento y almacenamiento de la carga y las provisiones de los buques		
Control de equipajes o efectos personales no acompañados		
Zonas restringidas claramente marcadas y señalizados los objetivos		
Disposición de dispositivos automáticos de detección de intrusos con alarma al centro de operaciones		
Son zonas de tierra y aguas contiguas al buque		
Son zonas de embarque y desembarque, espera, trámite, registro, etc.		
Son zonas de embarque y desembarque de la carga y provisiones de los buques		
Se guarda información significativa sobre la protección y la carga		
Se guarda información significativa sobre zonas de mercancías peligrosas		
Salas de control de ordenación del tráfico marítimo y ayudas a la navegación		
Salas de control del puerto, incluidas las de protección y civil		
Estaciones esenciales: radioeléctricas, telecomunicaciones, electricidad, agua, etc.		
Otros lugares a los que se deba restringir el paso		
Lugares exteriores desde donde se puedan observar las instalaciones portuarias		
• *Nivel 1*		
Barreras permanentes o temporales que rodeen la zona		
Puntos de acceso controlados por personal de seguridad		
Puntos de acceso que puedan cerrarse o bloquearse si no se utilizan		
Identificaciones visibles a quien tenga derecho a estar en la zona		
Identificaciones visibles en los vehículos autorizados a entrar en zona		
Organizar patrullas y guardias		
Instalar sistemas automáticos de detección de intrusos		
Control del movimiento de naves en las proximidades de los buques		

Vigilancia y protección de la instalación portuaria	*Sí*	*No*
Capacidad de vigilancia permanente, oscuridad y visibilidad limitada		
Vigilancia permanente en toda la instalación: accesos mar y tierra, zonas restringidas, etc.		

Utilización del alumbrado		
Guardias, patrullas a pie, motorizadas y en embarcaciones		
Dispositivos automáticos de detección de intrusos		
Detección automática de intrusos; alarma a control con dotación		
Equipo necesario para cada nivel de protección		
Suministro eléctrico continuado, mediante generador autónomo en caso de fallo del suministro		
• *Nivel 1*		
Combinación alumbrado, guardias y vigilantes de seguridad		
Observación de la zona, incluidos los accesos por mar y tierra		
Observación de los puntos de acceso, barreras, zonas restringidas, etc.		
Vigilancia en las zonas próximas a los buques. Aumento del alumbrado en los buques		
• *Nivel 2*		
Aumentar la intensidad del alumbrado mediante equipos adicionales		
Aumentar la frecuencia de patrullas a pie, motorizadas y en embarcaciones		
Destinar más personal de protección a observación y patrullaje		
• *Nivel 3*		
Encender todo el alumbrado y el de sus inmediaciones		
Encender todo el equipo de grabación y el de sus inmediaciones		
Prolongar al máximo el tiempo de grabación		

Manipulación de la carga	*Sí*	*No*
Medidas de protección para evitar manipulaciones indebidas		
Evitar recibir y almacenar cargas no destinadas al transporte		
Medidas para control de inventario en los puntos de acceso		
Identificación de la carga que pasó el control y está aceptada para su embarque		
Restricciones a cargas sin fecha de embarque confirmada		
• *Nivel 1*		
Inspección de la carga y de las unidades de transporte antes y durante la manipulación		
Comprobación de que la carga coincide con la nota de entrega o equivalente		
Registro de vehículos		
Comprobación de precintos a la entrada o en el almacenamiento		
Comprobación mediante examen visual y físico		
Comprobación mediante dispositivos mecánicos o perros		
Para cargas regulares, acuerdo de inspección fuera de las instalaciones		
Cargas regulares, con acuerdo del OPIP		
• *Nivel 2*		
Inspecciones pormenorizadas de la carga, unidades de transporte, zonas de almacenaje, etc.		
Intensificar las comprobaciones. Admitir sólo carga documentada		
Intensificar los registros a vehículos		
Aumentar la frecuencia de comprobación de precintos		
Coordinar medidas reforzadas con el expedidor y otros responsables		

• *Nivel 3*		
Estrechar la colaboración con los encargados de la protección		
Limitar o suspender movimientos u operaciones de carga		
Verificar el inventario de mercancías peligrosas y otras, comprobando su ubicación		

Entrega de las provisiones del buque	*Sí*	*No*
Garantizar la integridad del embalaje		
Evitar que los buques acepten provisiones sin inspección previa		
Evitar la manipulación indebida		
Evitar aceptar provisiones que no han sido pedidas		
Garantizar el registro del vehículo utilizado para la entrega		
Garantizar el acompañamiento de los vehículos dentro de la instalación		
En casos regulares, acuerdo sobre procedimientos, notificación, documentación, etc.		
• *Nivel 1*		
Inspeccionar las provisiones		
Notificar antes la composición de la remesa, los datos del conductor y la matrícula del vehículo		
Registro del vehículo utilizado para la entrega		
• *Nivel 2*		
Inspecciones pormenorizadas de las provisiones del buque		
Inspecciones pormenorizadas de los vehículos utilizados		
Coordinar con el personal del buque que la remesa coincide con pedido		
Acompañar el vehículo de entrega en la instalación		
Aumentar la frecuencia y la minuciosidad de los registros		
Uso frecuente de equipos de exploración con perros		
Restringir o prohibir la entrega de provisiones fuera de la fecha prevista		
• *Nivel 3*		
Estrecha coordinación, cumpliendo las instrucciones de los encargados		

Equipajes no acompañados	*Sí*	*No*
Medidas para identificación y examen adecuado, incluido el registro		
Identificación y examen antes de autorizar la entrada en las instalaciones		
Si se dispone de equipo, la instalación debe ser responsable de examinarlo		
• *Nivel 1*		
Todo el equipaje se somete a examen y registro, incluso con rayos X		
• *Nivel 2*		
Todo el equipaje se somete a examen y registro con rayos X		
• *Nivel 3*		
Todo el equipaje se somete a examen y registro con rayos X desde dos ángulos distintos		
Restricción o suspensión de equipajes no acompañados		
No se aceptan los equipajes no acompañados		

Capítulo 4
Aspectos relacionados con los explosivos

4.1 Amenaza con explosivos

Se trata de un fenómeno que nació con el terrorismo. Pese a su extensión en el tiempo, no ha sufrido variaciones significativas en cuanto a sus fines pero sí en sus métodos, adaptándose a las particularidades de cada momento histórico.

En el ámbito portuario, cada puerto considerará niveles de amenaza distintos, incluyendo el hecho de que la actividad terrorista pueden protagonizarla grupos o individuos aislados, e incluso delincuentes sin ninguna justificación política. Sin olvidar este particular modo de hacer terrorismo, trataremos preferentemente las actividades de las bandas armadas o grupos terroristas.

Los objetivos buscados por el terrorismo son muy diversos y en una instalación portuaria coinciden muchos factores de riesgo. Esto hace que un puerto sea objetivo ideal que afecta a las infraestructuras del Estado, a las empresas privadas en su economía y, lo más importante, a la vida de gran número de personas que utilizan el transporte marítimo o que simplemente viven cerca de la instalación portuaria. Debe tenerse en cuenta que un puerto puede convertirse en un objetivo de gran rentabilidad para grupos terroristas, aunque sólo sea por la publicidad que ha de proporcionarles.

En el mapa de riesgos se señalan los principales puntos de colocación de explosivos convencionales, así como los lugares de colocación de «bombas sucias», con utilización de material biológico, químico o radiológico.

El explosivo y los medios NRBQ son los elementos preferentes del ataque terrorista, ya que proporciona un alto grado de impunidad, un gran poder destructor, un notable eco propagandístico y una enorme alarma social.

Los diferentes métodos terroristas con empleo de explosivos son:

- Amenazas de bomba.
- Terrorismo postal (carta o paquete bomba).
- Colocación de artefactos.
- Lanzamiento de artefactos.
- Coche o camión bomba.
- Ataques suicidas.

Algunos de estos métodos implican la recepción de equipajes o mercancías por el personal portuario, que debe manipularlas siguiendo los procedimientos de seguridad establecidos. Otros están íntimamente ligados con llamadas telefónicas que, ya sea la amenaza real o no, romperán la rutina, se adoptarán niveles de protección más elevados, y pueden provocar la evacuación parcial o total de la instalación con todos los perjuicios que esto representa. El resto pueden ser ataques frontales, incluso suicidas.

4.1.1 Amenazas de bomba

Aunque la mayoría de amenazas de bomba resultan ser falsas, lo cierto es que algunas no lo son. Por consiguiente, todas ellas deben ser tomadas en consideración y resolverse de modo inmediato.

Dichas amenazas presentan un elemento de riesgo importante. No obstante, la cuestión no estriba sólo en que los responsables de la seguridad de un puerto deban ordenar la evacuación del mismo cada vez que se recibe una amenaza.

En primer lugar, el personal de atención telefónica debe estar entrenado y ha de ser posible grabar la llamada. Independientemente de si se graba o no la amenaza, la persona que la recibe debe mantener la calma y concentrarse en las palabras del mensaje.

Tampoco debe olvidarse la posibilidad de que la amenaza llegue de forma escrita.

Todo ello conduce a la necesidad de disponer de un plan organizado que abarque el análisis de la amenaza, su evaluación, la búsqueda y, de considerarse necesaria, la evacuación.

4.1.2 Envíos postales

Los envíos postales, paquetes o cartas, dirigidos a la dirección del puerto deben ser tomados en cuenta. Algunos de los indicios que permiten considerar sospechosos a ciertos envíos son:

- Los datos del remitente.
- Un volumen superior a lo habitual.
- El exceso de franqueo.
- Una presentación con recortes mecanográficos.
- Un peso desequilibrado entre un lado y el otro.
- La presencia de cualquier elemento tensor.
- La presencia de hilos o alambres.
- Las señales de grasa en la envoltura.
- Que desprendan un olor anormal.
- Que utilicen frases restrictivas para dirigirse a alguien en particular.
- Que contengan errores en la descripción del nombre o cargo del destinatario.

Ante cualquier sospecha sobre un envío se deben tomar con urgencia las siguientes medidas:

- Comprobar los indicios del envío sospechoso.
- Depositar el envío en lugar seguro. No hacerlo nunca en un local cerrado, habilitando una zona para este fin si fuera necesario.
- Utilizar equipos de comprobación, si se dispone de ellos.
- Otras reseñadas en el resumen sobre la colocación de artefactos explosivos.

4.1.3 Colocación de artefactos explosivos

En general, deben aplicarse con rigor las normas mínimas de:

- Considerar que el recipiente sospechoso contiene explosivo de alto poder destructivo.
- No tocarlo ni moverlo.
- Evacuar la zona en una distancia mínima de 200 m.
- Informar a las FCS de todo lo percibido, visto u oído.

Un artefacto explosivo puede estar colocado en cualquier lugar; entre ellos:

- En el interior de una de las terminales portuarias. Los lugares más probables son las zonas comunes: aseos, entradas, vestíbulos, salas de espera, papeleras, ceniceros, cabinas telefónicas, plantas, cortinajes, etc.
- En el exterior puede colocarse adosado a zócalos, cornisas, ventanas, puertas, etc.
- Introducido en vehículos que acceden a los aparcamientos del puerto o a las zonas de embarque.

4.2 Llamadas telefónicas

Una amenaza de bomba puede efectuarse por teléfono, por correo o por cualquier otro medio de comunicación. El más utilizado es el teléfono, porque es anónimo, barato, rápido y casi siempre seguro, proporcionando a quien lo utiliza un alto grado de impunidad.

Las motivaciones que llevan a realizar una amenaza de bomba pueden ser muy distintas:

- El que llama puede pretender, si realmente ha colocado un paquete explosivo, que no se produzcan víctimas, al menos entre los pasajeros de un buque en concreto. La intención del amenazante será la de que sólo se produzcan daños materiales.
- Si no ha colocado ningún paquete, puede que le baste con la publicidad y el eco propagandístico que se generan como consecuencia de un desalojo parcial o total, el retraso en la salida de un buque, etc.
- Quien llama quiere crear una atmósfera de ansiedad y pánico, la cual conducirá posiblemente a una interrupción de las actividades normales del puerto. El propio contexto de la amenaza será, sin duda, el principal objetivo del terrorista.
- Si hay extorsión o chantaje por parte del amenazante, serán de tipo económico o político con la petición consiguiente.
- Además de todo lo expuesto hay una larga lista de personas que podrían crear malestar, como:

  - Perturbados mentales.
  - Grupos terroristas.
  - Servicios de inteligencia de Estados en conflicto.
  - Grupos mercenarios.

Como puede deducirse de este listado, la dificultad se presenta a la hora de decidir sobre la actitud que cabe tomar ante una amenaza de bomba. En este sentido, para valorar el porcentaje de verosimilitud de la amenaza hay que considerar, por ejemplo, que algunas organizaciones terroristas utilizan un determinado código de palabras.

Los datos para una evaluación relacionada con el amenazante tendrán en cuenta:

- ¿Cómo hablaba?
- ¿Cuál era su estado emocional?
- ¿Parecía conocer detalles acerca del buque o del puerto?
- ¿Dio alguna razón para colocar la bomba?
- ¿Facilitó detalles acerca del artefacto explosivo?

Otros datos para considerar, relacionados con la propia amenaza son:

- ¿El puerto ha sufrido ataques similares en los últimos tiempos?
- ¿Han existido atentados con bomba en otros lugares del mundo de características similares?
- ¿Cuál es el grado de vulnerabilidad del puerto o el buque?
- ¿Cuál es el grado de efectividad del servicio de seguridad?

Los apartados anteriores, junto a las consecuencias del pánico, a las pérdidas materiales y a la posible pérdida de vidas humanas, dictan que es imprescindible que cada una de las zonas del puerto y cada buque dispongan de un plan previo y organizado que comprenda:

- La recepción y el análisis de la amenaza.
- El plan de búsqueda.
- El plan de evacuación.

Entre las posibles respuestas ante una amenaza de bomba, incluyendo considerar la verosimilitud de la misma, cabe destacar:

- Determinar qué factores pueden decidir o no una evacuación.
- Realizar una búsqueda del artefacto sin recurrir a ninguna evacuación, dependiendo siempre del tiempo disponible.
- La evacuación y búsqueda simultánea de acuerdo con los procedimientos que se hayan establecido previamente.

La decisión debe ser tomada en función de varios parámetros. Es posible que determinadas compañías establezcan un protocolo propio, mediante el que decidan evacuar siempre las zonas de su competencia, así como aquellos buques que hayan sido amenazados. En relación con esta medida, cabe considerar:

- Credibilidad dada a la amenaza.
- Puede ser una medida temporal hasta que se disponga de más información.

– Puede estar basada solamente en la información contenida en la amenaza.

– Posibilidad de que se produzcan víctimas como consecuencia del pánico que se genere.

– Pérdida de horas de trabajo.

– Actividades afectadas dentro de cada zona:

  - Terminales navieras.
  - Zonas de carga.
  - Muelles de atraque.
  - Áreas de ocio.
  - Aparcamiento de llegadas y salidas.
  - Área de dirección portuaria, oficinas de seguridad y de prácticos, torre de control, etc.
  - Zona de contenedores.
  - Área de espera de transportistas.

– Respuesta previsible en tiempo útil de los servicios de asistencia sanitaria, los servicios públicos de extinción de incendios, las fuerzas y cuerpos de seguridad, etc.:

  - Establecer una señal de evacuación, distinta de la utilizada en caso de incendio.
  - Seguir el plan preestablecido de evacuación.
  - Advertir al personal que deje todas las ventanas y puertas abiertas en las terminales y oficinas.
  - Antes de evacuar requisar los explosivos de los puntos de seguridad y de las rutas de evacuación.
  - Evacuar en primer lugar a las personas de los pisos que se encuentren por encima de las áreas amenazadas y las limítrofes.
  - Finalizada esta situación de riesgo, la persona autorizada establecerá cuándo se puede regresar al interior de la zona amenazada.

Otras consideraciones que hay que tener en cuenta son:

– Una búsqueda efectiva puede llevar mucho tiempo.

– Zonas de seguridad donde se dirigirá el personal evacuado.

– Colaboración de los empleados para facilitar el trabajo del personal de búsqueda, decidiendo si ésta debe ser percibida por los pasajeros o trabajadores.

Para la elaboración de un plan se han de tener en cuenta las siguientes consideraciones:

– Tamaño físico de las zonas.

– Número de personas de seguridad disponibles para esta labor.

– Número de pasajeros y trabajadores. Este dato variará en función de las temporadas.

– Edificación y materiales almacenados en el puerto, atendiendo a mercancías peligrosas capaces de ampliar la amenaza.

– Número y tipo de salidas de cada zona.

– Actividad y materiales almacenados en cada una de ellas, así como en las áreas anexas que puedan verse afectadas.

Estos factores pueden influir en la decisión de evacuar parte de una zona, el puerto en toda su totalidad, así como los buques que se encuentren en él, o bien no evacuar nada antes de empezar la búsqueda de una bomba.

Además de estos factores, el plan de acción para una búsqueda también debe incluir un apartado para evaluar la amenaza de bomba en relación con la vulnerabilidad del puerto o buque y la peligrosidad de los materiales que almacena.

Una vez determinada la idea de buscar el artefacto habrá que tener en cuenta que:

- Dependiendo del tamaño de cada zona, la búsqueda puede completarse de manera muy eficiente en un corto período de tiempo o puede llevar muchas horas.
- La búsqueda debe incluir no sólo el área interior sino también el área exterior. De hecho, se debe empezar siempre de fuera hacia dentro, primero en los puntos más seguros, luego en las rutas de evacuación y, en ese momento, ya se puede evacuar a las personas, mientras se requisan los explosivos. No hacerlo así supondría evacuar a una zona que muy bien podría albergar otra bomba.

Dentro de lo que es el proceso de búsqueda, ésta pueden realizarla los empleados que trabajan en el puerto y en aquellas zonas que habitualmente ocupan. Es decir, cada empleado buscará en su propia área de trabajo un objeto sospechoso, aunque esta acción no sea viable o resulte contraproducente en algunas zonas. Este sistema tiene una serie de ventajas, como:

- La búsqueda se realiza rápidamente.
- La pérdida de tiempo de trabajo es mínima.
- Los empleados saben cuando compete a sus respectivas áreas.

Por el contrario, las desventajas son:

- Carencia de entrenamiento en técnicas de búsqueda por parte de los empleados.
- Desconocimiento de los peligros y precauciones que deben tomarse al buscar una bomba, sin contar con que ésta pudiera haber sido colocada por alguno de ellos, que abandonaría la zona momentos antes de la explosión.

Por último, debe existir personal entrenado para que la búsqueda sea muy efectiva. Las ventajas son:

- Se incrementa la seguridad de los empleados, evitando situaciones peligrosas para ellos.
- Un grupo entrenado lleva a cabo una búsqueda más completa y eficaz.
- El equipo está familiarizado con todas las zonas del edificio.
- La moral de los otros empleados no se verá afectada negativamente, porque compañeros suyos están asignados al equipo de búsqueda y, por tanto, estarán advertidos de lo que sucede.

Por otro lado, el equipo de búsqueda puede ir preparando las rutas de evacuación así como las zonas de recepción, lo que acortará el tiempo de evacuación si ésta se produce.

Entre las desventajas está el mayor tiempo en la búsqueda, por lo que se pierden más horas de trabajo. Incluso algunas de las operaciones de seguridad, como los controles de acceso de algunas áreas, quedarán canceladas al no disponer de personal suficiente.

Se ha de insistir en que la función de un equipo de búsqueda es localizar e identificar un objeto que pueda ser un artefacto explosivo. Su función no es examinar, neutralizar o desactivar el artefacto; esta responsabilidad corresponde a los técnicos especialistas de los cuerpos y fuerzas de seguridad del Estado.

Para finalizar, no debe olvidarse el empleo del coche bomba, uno de los procedimientos más mortíferos utilizados por las bandas terroristas, debido a la gran cantidad de explosivo que puede utilizarse y a los efectos de la metralla que proyecta. Asimismo, ello permite al terrorista una gran versatilidad y un alto grado de impunidad. Su colocación se debe tener en cuenta, así como la posibilidad de que sea utilizado mediante un conductor suicida, un vehículo a modo de misil contra una zona portuaria o un buque atracado en el muelle.

4.3 Filtros de seguridad para la protección de artefactos explosivos en áreas sensibles

Los protocolos preventivos para evitar acciones terroristas con explosivos en una instalación portuaria se basan en establecer una serie de filtros de protección en torno a las áreas sensibles.

En la tabla 4.1 se relacionan situaciones de identificación de las áreas de un puerto que puede ser escenario de una acción terrorista, así como los efectos que podrían darse sobre las personas y las instalaciones, considerando límites aceptables en la cantidad y la calidad de los explosivos utilizados, la técnica o procedimiento que el terrorista haya seguido y la propia peligrosidad de la instalación, por un lado, y la ocupación de personas, por otro, aunque dada la identificación de cada una de las áreas, la desviación que podría alcanzarse no sería significativa.

Áreas	*Probabilidad*	*Efecto*
Terminales de pasajeros	5	Gran número de víctimas Daños estructurales reducidos
Aparcamientos	5	Número de víctimas reducido Daños estructurales reducidos
Controles de acceso	4	Número de víctimas reducido Daños estructurales reducidos
Depósitos de hidrocarburos	3	Número de víctimas reducido Grandes daños estructurales
Depósitos de productos químicos	3	Posible nube tóxica que afecte a la ciudad Número de víctimas imprevisible Grandes daños estructurales
Vías de comunicación (distintos grados de daño y probabilidad, según carretera o ferrocarril)	3	Número de víctimas reducido Grandes daños estructurales
Transportes públicos	4	Gran número de víctimas Daños estructurales reducidos
Entrada de energía eléctrica	3	Víctimas improbables Grandes daños estructurales
Puesto de mando y control	2	Número de víctimas reducido Falta de dirección de emergencias en un ataque simultáneo

Tabla 4.1.

4.4 Círculos de seguridad

Tomando como ejemplo una terminal de pasajeros estableceremos los fundamentos de los círculos de seguridad. Las recomendaciones que se detallan a continuación están desarrolladas en función del nivel 3 de alerta y frente a la realidad terrorista actual.

4.4.1 Exterior del puerto

Zona externa de seguridad que protege la instalación portuaria de ataques con artefactos explosivos lanzados desde las inmediaciones. Deben estar protegidos los lugares elevados cercanos al puerto que sean susceptibles de ser utilizados como plataforma de lanzamiento de proyectiles dirigidos o no. El perímetro de seguridad abarcará 1.000 m respecto a las áreas sensibles relacionadas en la tabla 4.1. Más allá de esta distancia la eficacia de este tipo de ataques se reduce mucho, y disminuye sensiblemente la probabilidad de que se lleven a cabo.

4.4.2 Perímetro

Debe ser impermeable; cuanto menor sea el número de accesos mucho mejor.

Contará con las medidas adecuadas de seguridad que permitan conocer la entrada no autorizada de personas o vehículos. Se eliminarán o vigilarán todos los espacios que puedan ocultar artefactos explosivos cerca de las vías de comunicación, especialmente por las que transiten trasportes colectivos de personas.

Cada área contará con contenedores antibomba o zonas de seguridad donde se puedan depositar los objetos sospechosos, siguiendo los protocolos de actuación frente a un ataque con artefactos explosivos.

Se ofrece un posible esquema del perímetro en la figura 4.1.

El personal adscrito al servicio de control perimetral debe poseer la formación y los medios técnicos necesarios para su misión.

Los niveles para el control de personas, vehículos y mercancías, son:

- *Nivel 1*

  - Control de documentación aleatorio, según perfiles marcados.
  - Utilización de vídeo y estudio de personas sospechosas de forma encubierta mediante técnicas de detección de sospechosos.
  - Chequeo del equipaje de mano de forma aleatoria.
  - Señalización de todo el perímetro como zona restringida, menos los controles de acceso.
  - Identificación de la mercancía mediante comunicación con la empresa concesionaria o consignataria.
  - Todo vehículo que deba embarcar estará asociado a una persona debidamente identificada.
  - En caso de localizar una carga no identificada deberá trasladarse a un área controlada, alejada de zonas sensibles.

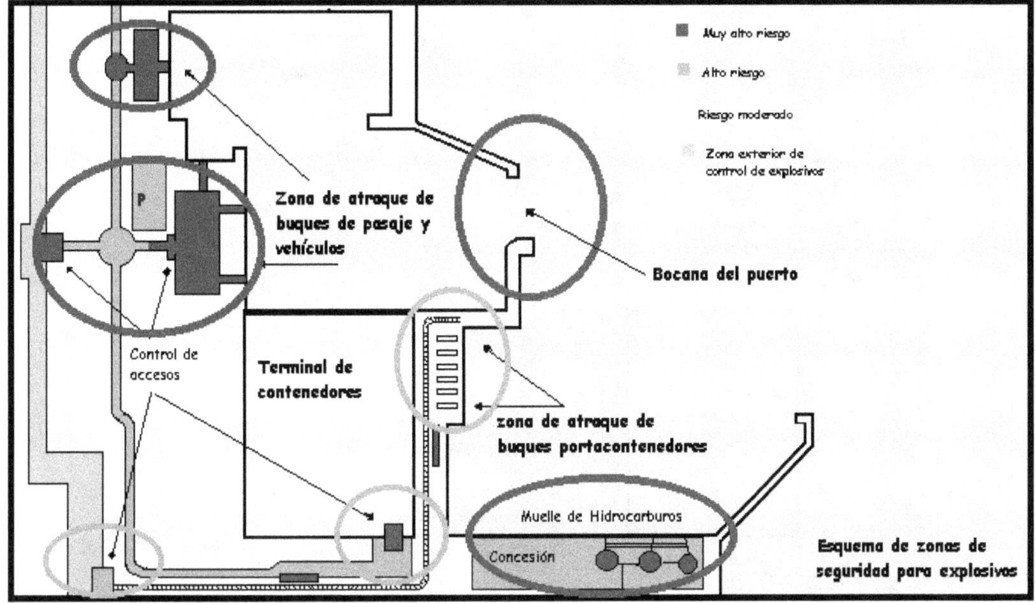

Figura 4.1.

- *Nivel 2*

  - Control de la documentación general y gestión informática de los usuarios mediante una base de datos cruzada.
  - Utilización de vídeo y estudio de personas sospechosas de forma encubierta mediante técnicas de detección de sospechosos.
  - Chequeo del equipaje de mano de forma sistemática y global.
  - Señalización de todo el perímetro como zona restringida, menos los controles de acceso. Se identificará a las personas que deambulen por las inmediaciones de estas áreas.
  - Todo vehículo a embarcar estará asociado a una persona debidamente identificada, que se mantendrá en presencia de los agentes de seguridad en el momento de su revisión.
  - Control de la mercancía mediante comunicación con la empresa concesionaria o consignataria.
  - En caso de localizar una carga no identificada deberá trasladarse a un área controlada, alejada de zonas sensibles.

- *Nivel 3*

  - Control de la documentación general y gestión informática de los usuarios mediante una base de datos cruzada.
  - Utilización de vídeo y estudio de personas sospechosas de forma activa mediante técnicas directas de detección de sospechosos.

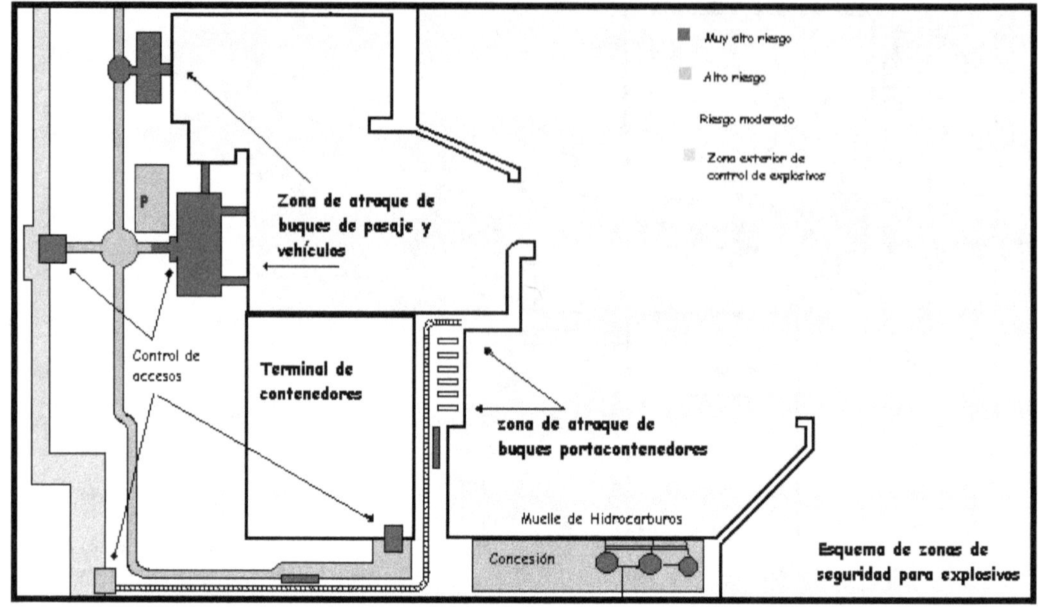

Figura 4.2.

– Chequeo del equipaje de mano de forma sistemática y global.

– Señalización de todo el perímetro como zona restringida, menos los controles de acceso. Se identificará a las personas que deambulen por las inmediaciones de estas áreas.

– Control de la mercancía mediante comunicación con la empresa concesionaria o consignataria.

– En caso de localizar una carga no identificada deberá trasladarse a un área controlada, alejada de zonas sensibles.

– Todo vehículo que deba embarcar estará asociado a una persona debidamente identificada, que se mantendrá en la zona de inspección de vehículos.

– La zona de inspección de vehículos contará con los medios adecuados para la revisión y precintado de éstos. Deberá estar alejada de cualquier área sensible.

4.5 Zonas portuarias y sus niveles de riesgo

En la identificación de las zonas, las áreas e instalaciones de importancia estratégica en el esquema operativo de una instalación portuaria, pueden realizarse esquemas de rápida visualización que evidencien el nivel de riesgo que se les asigna. La figura 4.2 servirá como ejemplo.

4.6 Medios preventivos frente a artefactos explosivos

● *Medios activos*

– Escáner de rayos X para paquetería (detectan el circuito eléctrico asociado al explosivo).

- Escáner de rayos X para inspección de vehículos.
- Escáner de espectrometría de masas.
- Dispositivo de inspección de bajos de vehículos: espejo, cámara y linterna.
- Guía y perro detector de explosivos.
- Olfateador de explosivos: detecta el explosivo y analiza los vapores que emanan de él, tomando muestras del aire circundante.

- *Medios pasivos*

  - Muros antibomba.
  - Pilotes antivehículos.
  - Manta antiexplosión.
  - Cestón antiexplosión.
  - Acristalamiento resistente a las explosiones.

4.7 Técnicas de investigación de amenazas con artefactos explosivos

En el proceso de investigación de la amenaza pueden distinguirse las siguientes fases:

- Análisis de la situación.
- Valoración del aviso.
- Solicitud y consulta de información.
- Consecución de los apoyos necesarios.
- Actuación.

1. *Análisis de la situación. Factores que cabe estudiar*

   - Objetivo: ¿a quién va dirigido el artefacto? ¿Es un objetivo terrorista?
   - Oportunidad: ¿existe la posibilidad de realizarlo? Posibilidades de acceso.
   - Medios: ¿con qué medios cuenta el posible autor de la amenaza?
   - Formas de actuación: ¿técnicas empleadas por el posible autor?
   - Motivación: ¿por qué?

2. *Valoración del aviso*

   - *Formas de recepción*

     - Llamada telefónica anónima al objetivo.
     - Llamada telefónica anónima a un tercero comunicando la acción y el objetivo.
     - Aviso al objetivo comunicando la existencia de un objeto sospechoso.
     - A través de correo postal, por carta o mensaje en cinta, vídeo o soporte informático.
     - Por mensajería.

- *Actuaciones previas*

  – Identificación del comunicante.

  – Comprobación de la llamada.

  – Revisión de grabaciones y ficha de recepción de la llamada, en la que el receptor de la misma deberá intentar obtener del comunicante los siguientes datos:

    - Identificación y situación del autor del aviso.
    - Localización exacta del supuesto artefacto.
    - Hora exacta de activación.
    - Sistema de confección del artefacto.
    - Motivación y objetivo que persigue.
    - Posibilidades de conciliación.

  – Conclusiones previas.

3. *Solicitud de información*

  – Localización exacta del incidente.

  – Localización y descripción del objeto sospecho (peso, volumen, etc.).

  – Medidas adoptadas en el primer momento: acordonamiento previo, etc.

  – Identificación y entrevista de los testigos.

  – Consulta de la información básica: temporal, territorial y por objetivo.

  – Conclusiones operativas.

4. *Consecución de apoyos*

  – Aviso a las fuerzas de seguridad del Estado competentes.

  – Establecer un punto de cita en las proximidades del incidente.

  – Solicitar el personal y los medios auxiliares necesarios: vigilantes, bomberos, mantenimiento, asistencia sanitaria, etc.

5. *Actuación* (dirigida por especialistas de las fuerzas de seguridad del Estado)

  – Acordonamiento.
  – Evacuación.
  – Búsqueda: abierta o encubierta.
  – Localización.
  – Desactivación.

4.8 Distancias de seguridad para acordonamiento

1. Cálculo aproximado del *peso del explosivo* (véase la tabla 4.2)

  – Determinar la forma geométrica del supuesto artefacto y sus dimensiones.

– Aplicar la fórmula adecuada para calcular su volumen.

– Calcular el peso con la formula P (kg) = V (dm³) × 1,25.

– El cálculo se realiza sobre la base del explosivo TNT (trilita militar). En el caso de detectarse otro explosivo habría que realizar la conversión correspondiente, utilizando la siguiente tabla:

Nombre del explosivo	*Poder rompedor relativo*
Trilita	1
Amonal	0,40
Dinamita	1,10
Dinamita-goma	1,40
Exógeno	1,90
Plásticos (C-4, etc.)	1,30
Pentrita	1,50
Pólvoras	0,50

Tabla 4.2.

2. Determinar la distancia de seguridad para las personas de acuerdo con el peso del explosivo calculado, según la tabla 4.3.

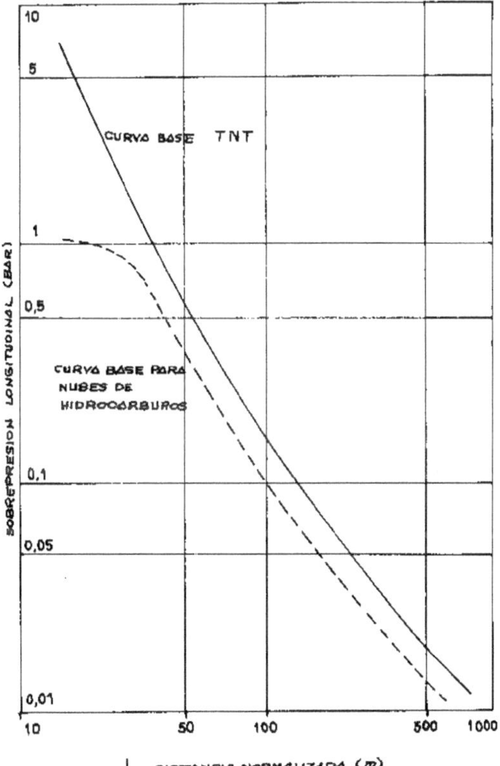

Figura 4.3.

Kilos de explosivo	*Distancia para personal al descubierto (m)*	*Distancia para personal a cubierto (m)*	*Distancia de seguridad para metralla y vehículos bomba (m)*
0 - 5	125 – 215	25	250
5 - 10	215 – 270	25	500
10 - 20	270 – 340	25 – 35	700
20 - 50	340 – 460	35 – 40	1000
50 – 100	460 – 580	40 – 55	1200
100 – 200	580 – 740	55 – 70	1400
200 – 400	740 – 1000	70 – 85	1400

Tabla 4.3.

En el caso de hidrocarburos, los efectos de 1 kg de producto equivalen a 10 kg de TNT. Como la cantidad de gas/vapor que interviene en la explosión es del 2 al 3 % del total, la cantidad de TNT equivalente se obtiene de:

$$Q^{TNT} = 0{,}20\ Q^{N}.$$

Conocida la masa de TNT equivalente se determina la distancia normalizada (d^{N}), o la relación entre la distancia en metros desde el epicentro de la explosión (d) y la raíz cúbica de la masa de TNT equivalente, expresada en toneladas (véase la figura 4.3).

4.9 Investigación de vehículos

1.   *Indicios de vehículo bomba*

   − Aviso con amenaza de bomba.
   − Robo de un vehículo a punta de pistola y posterior localización.
   − Aviso de la posible víctima o tercera persona de la localización de un objeto sospechoso en un vehículo.
   − Estacionamiento irregular en proximidades de un objetivo.
   − Abandono precipitado de un vehículo en las proximidades de un objetivo.
   − Denuncia anónima de localización de un vehículo abandonado o robado.

2.   *Posibilidades de manipulación.*

Factores que cabe considerar:

   − Tiempo que el vehículo ha permanecido sin control.
   − Oportunidad de su situación: ¿qué tipo de manipulación ha permitido?

3.   *Proceso de investigación*

   − Iniciar el proceso de investigación para artefactos explosivos aplicando lo indicado en el apartado 4.1.

– Comprobar si está descrito en las bases de datos de los cuerpos de seguridad del Estado.
– Localización del propietario e interrogatorio para determinar:

- ¿Cuándo empleó el vehículo por última vez?
- ¿Cómo lo dejó y cómo apareció?
- ¿Estaba abierto o cerrado?
- ¿Se ha movido, cuántos kilómetros, o ha arrancado?
- Cantidad de gasolina en el depósito.
- ¿Mantiene un horario rutinario de utilización?

– Reconocimiento en zona próxima:

- Trampas.
- Huellas: pisadas o rodadas.
- Materiales: cinta aislante, cables, envoltorios de pila de explosivos, etc.

– Reconocimiento exterior:

- Cerraduras.
- Observar bajos.
- Observar ruedas y su paso.
- Observar interior desde todos los ángulos y bajo los asientos.
- Puertas, maleteros, capó y rendijas.

– Reconocimiento interior (según análisis de la situación: apertura a distancia):

- Habitáculo viajeros.
- Guantera, asientos, reposacabezas, etc.
- Maletero.
- Motor.

4.10 Efectos de las explosiones. Prevención e investigación posterior

1.   Productos de las explosiones

– Detonación, hasta el efecto sonoro.
– Incendio: calor y, en ocasiones, llamas, humos y gases.
– Proyecciones: de metralla, de escombros, trozos de explosivo sin detonar, material de confección de artefactos (pila, cables), etc.
– Formación de cráter en el terreno.
– Efecto sísmico en el terreno.
– Contaminación pasajera por gases tóxicos (máximo peligro en lugares cerrados).

2. *Daños físicos sobre las personas por onda de presión*

   – *Primarios.* Onda de choque que incide sobre el cuerpo. Lesiones en órganos internos; podría ser letal.
   – *Secundarios.* Causados por la acción indirecta de la onda de choque. Provocados por proyecciones de metralla, escombros, cristales, etc. Causa daños diversos y podría ser letal.
   – *Terciarios.* Producidos cuando el cuerpo humano es lanzado por efecto de la onda de presión. Los daños dependen de los objetos contra los que impacte y la velocidad que adquiera el cuerpo durante la proyección.

3. *Onda de presión*

   – Masa explosiva - Onda explosiva.
   – Aire - Onda de presión - Onda sonora.

Valor criterio	*Presión generada (bars)*
Límite expansión	100
Daños graves	100 – 0,7
Daños medios	0,7 – 0,07
Daños ligeros	0,07 – 0,001
Peligro para la vida	0,07 – 0,48
Fenómeno sonoro	En cualquier caso

Tabla 4.4.

Criterio de daño	*Sobrepresión soportada (bars)*
Destrucción total	0,80
Daños irrecuperables	0,40
Daños graves reparables	0,15
Cristales rotos en el 90 %	0,04
Cristales rotos en el 50 %	0,01

Tabla 4.5.

4. *Daños sobre estructuras*

   – *Daños graves.* Hacen inhabitables o inservibles los locales y construcciones sobre los que actúa, afectando a los cimientos, muros de carga, muros exteriores, vigas de apoyo, soportes interiores, tejados o reforzamientos de suelos.
   – *Daños medios.* Afectan a partes importantes de las instalaciones pero pueden restaurarse fácilmente tejados, cubiertas, puertas y ventanas.
   – *Daños ligeros.* Daños poco importantes: rotura de tejas, cristales y otros materiales poco resistentes.

Efecto sobre las personas en porcentaje de accidentados	Presión soportada (bars)
0	< 0,07
10	0,07 – 0,20
25	0,20 – 0,34
70	0,34 – 0,48
95	> 0,48

Tabla 4.6.

5. *Fórmulas para calcular radios de acción en función del peso del explosivo* (véase la tabla 4.7)

También es preciso aplicar la formula del poder rompedor relativo según la tabla recogida en el apartado 4.8, «Distancias de seguridad para acordonamiento».

Radio/Efecto (m)	Cálculo (P = kg/explosivo)	Factor
Embudo	$f \cdot P^{1/3}$	f = 0,5
Daños graves	$f \cdot P1/2$	f = 5
Daños medios	$f \cdot P1/2$	f = 10
Daños ligeros	$f \cdot P1/2$	f = 20
Supervivencia al 50 %	$f \cdot P1/3$	f = 1,6

Tabla 4.7.

4.11 Búsqueda

1. *Objeto*

Confirmar en primer lugar la existencia de un objeto sospechoso. La determinación de que es un artefacto explosivo corresponde a los *tedax* (siglas de «técnico especialista en desactivación de artefactos explosivos») de las fuerzas de seguridad del Estado.

2. *Clases*

– Encubierta:

- Poca fiabilidad de la amenaza.
- No se evacua.
- La realiza personal de seguridad y auxiliar de la IP.
- Evita el pánico y la interrupción de la actividad.

– Abierta:

- Fiabilidad media o alta de la amenaza, aparición de un objeto sospechoso.
- Evacuación previa.
- La evacuación la realizan las fuerzas de seguridad del Estado con personal de seguridad y auxiliar de la instalación portuaria.

3. Prioridad de búsqueda

- Lugares de fácil acceso y uso común como, por ejemplo, los servicios.
- Objeto señalado en la amenaza.
- Objetivo terrorista: los señalados en el plan permanente de inteligencia o el indicado en la amenaza.
- Objetivos básicos: depósitos de combustible, instalaciones de gas, agua, electricidad y comunicaciones.

4. Normas de ejecución

- Acordonar la zona, si es búsqueda abierta.
- Evacuación previa, cuando la búsqueda sea abierta.
- Reparto de la zona entre los equipos por el jefe de incidencia de las fuerzas de seguridad del Estado.
- Equipo de dos hombres, uno de la fuerza de seguridad del Estado y otro del servicio de seguridad o auxiliar de la instalación portuaria.
- Disponer de planos del área.
- Escuchar y mirar, no tocar.
- Dejar las luces como estén.
- Evitar las búsquedas nocturnas o sin luz. No emplear linternas por el posible empleo de sistema de célula fotoeléctrica para activar el artefacto.
- Desconfiar de objetos llamativos o fuera de lugar.
- Atención a pasos obligados.
- Control de curiosos por el personal de acordonamiento.
- Empleo por terroristas de un mando a distancia para activar los artefactos al paso del personal de búsqueda.
- Señalizar las zonas registradas.
- Abandonar la búsqueda un tiempo antes y después de la hora señalada (indicado por el jefe de incidente de acuerdo con el plan permanente de inteligencia).
- Mantener el control de los equipos para asignar una nueva zona de búsqueda.
- No pasar por zonas no registradas para dirigirse a la asignada.

4.12 Evacuación

1. Autorización

La evacuación debe ser autorizada por el responsable de la instalación portuaria o buque, a propuesta del jefe de incidencia de las fuerzas de seguridad del Estado.

2. *Valoración de la evacuación*

- Paraliza la actividad de la instalación portuaria o buque.
- El objetivo queda sin protección.
- Posible comisión de delitos durante la misma: robos, daños, etc.
- En ocasiones puede ser inviable en el tiempo señalado para la explosión.
- Mal controlada genera pánico.
- Tiene que estar planificada de antemano en el plan de evacuación: puede utilizarse, adaptado, el plan de evacuación de incendios.

3. *Normas generales*

- Cierre de válvulas de fluidos y gases, salvo hidratantes antiincendios.
- Cortar corriente eléctrica; atención a la búsqueda y al servicio telefónico.
- Detención de los procesos técnicos e industriales peligrosos.
- No emplear los ascensores y bajarlos a la planta baja.
- Parar las escaleras mecánicas.
- Dejar puertas y ventanas abiertas; atención a intrusiones.
- Asegurar los valores y documentación reservada, cajas fuertes y cámaras acorazadas.
- Parar el sistema de aire acondicionado.
- Clausura de estancias subterráneas, aparcamiento, etc.
- Avisar al personal que hay que evacuar de que retire sus objetos personales.
- Señalar las rutas de evacuación.
- Empezar por zonas afectadas y críticas.
- Valorar y señalar la zona de recepción del personal evacuado.

4.13 Localización

- *Objeto sospechoso*

  - No tocar, ni mover, ni manipular.
  - Preguntar si ha sido movido.
  - Recordar detalles y situación para informar a los *tedax*.
  - Desplegar un cordón de seguridad u orientar el ya desplegado a la distancia precisa.
  - Evacuación, si no se ha realizado.
  - Comprobar si hay materiales combustibles cerca.
  - Posibilidad de otros artefactos-trampas.
  - Aviso a bomberos y asistencia sanitaria.
  - Atención al público, posible empleo de mando a distancia por terrorista infiltrado.

4.14 Desactivación

No se trata este tema porque corresponde a las fuerzas de seguridad del Estado actuar en la instalación portuaria y en los buques situados en el mar territorial. En caso de estar ante una amenaza creíble habría que embarcar especialistas *tedax* en los buques que están en situación de riesgo.

4.15 Conclusiones

De todo lo expuesto se pueden obtener las siguientes conclusiones:

- Establecer niveles de autoridad para decidir las tareas que cabe realizar. Debe existir una persona investida con toda la autoridad para ordenar y dirigir la evacuación, búsqueda, cierre del puerto, reentrada y otras actuaciones de emergencia.

- Todos los empleados, incluidos los de tiempo parcial y eventuales (contratos de verano, temporales, etc.), y contratistas, deben estar familiarizados con los procedimientos que les concierne de forma exclusiva, siendo el resto información confidencial.

- Es sumamente importante la decisión de si se va a evacuar una zona o por el contrario se realizará la búsqueda sin evacuación.

- Ser responsable de la decisión tomada.

- Tener siempre presente la responsabilidad sobre la vida de las personas que se encuentran en la instalación portuaria, así como de los ciudadanos que viven en las cercanías.

- Dificultar el acceso a lugares escondidos o impedir el conocimiento de su existencia (dentro y fuera del puerto o buque).

- Eliminar los posibles lugares escondidos para colocar explosivos.

- Desarrollar y mantener un procedimiento para inspeccionar las mercancías que entran en la instalación portuaria.

- Tener un control efectivo de las llaves que se utilizan en la instalación portuaria.

- Mantener permanentemente las salidas sin obstruir.

- Establecer una adecuada iluminación interior-exterior y de emergencia.

- Considerar el posible uso de vigilancia electrónica.

Capítulo 5
Protección de los contenedores

En la mayoría de los casos el problema no estaría relacionado con la interfaz buque-puerto sino con el PPP. No obstante, por la intermodalidad del transporte y la elevada influencia de los contenedores en incidentes dentro del apartado de protección, es necesario aportar criterios y alternativas de mejora en su control e identificación.

Si bien este aspecto puede tratarse bajo el prisma de la operativa y la eficacia de la terminal, el conjunto de medidas tienen una relación estrecha y directa con la seguridad. Por este motivo, el análisis se hará en los siguientes aspectos:[1]

- Incidencias en el control y la identificación de los contenedores en los accesos.
- Consecuencias de la formación de colas en la obstrucción de los accesos.

5.1 Operaciones de entrada/salida

Aunque el manejo de la información en una terminal esta informatizado, aún se sigue utilizando mucha información manual. Las bases de datos manuales se empleaban en las primeras terminales, pero han vuelto a surgir para compensar situaciones en las que los sistemas informáticos no son capaces de dar lo deseado o presentan fallos.

Las operaciones de puerta son importantes debido a que se trata del punto de partida para los contenedores de exportación y de llegada para los de importación. El tiempo de recepción o entrega de los contenedores en la puerta, de importancia en las operaciones de la terminal para evitar las horas punta, no suele estar bajo el control de sus operadores sino que suelen ser los agentes y embarcadores los que ajustan este horario a su conveniencia. Por este motivo suelen haber grandes colas de camiones en las puertas de acceso en horas punta.

La localización de contenedores en cualquier terminal impone la organización de los contenedores a su llegada para facilitar su búsqueda a su salida. Esto conlleva dos necesidades en los sistemas de información:

- *Un sistema de seguimiento para cada unidad.* Se consigue registrando unas coordenadas en las que se encontrará organizada la explanada. Por ejemplo, bloque, calle, posición en calle y altura.

---

[1] Silvia Arilla Tomás (2002). *Organización y gestión optimizada de una terminal de contenedores para aumentar su productividad*, Facultad de Náutica, Barcelona.

- *Una información sobre las características principales de cada unidad.* La línea a la que pertenece, si es de importación o de exportación, y si tiene alguna característica especial (temperatura, carga peligrosa, sobredimensión, etc.).

5.1.1 Análisis de las operaciones de puerta

Hay dos maneras de formar colas de espera en las puertas (véase la figura 5.1):

- *Estilo común:* consiste en tener varios carriles de entrada en la puerta pero una sola cola, de tal modo que el primero de la cola accede a la primera entrada que queda libre.
- *Estilo separado:* consiste en formar una cola separada para cada entrada.

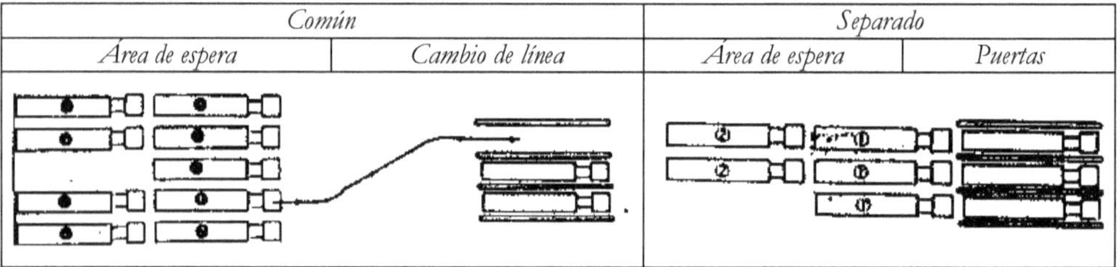

Figura 5.1.

Los vehículos que pasan a través de las puertas se pueden clasificar del siguiente modo:

A. Entrada

A1. Camiones vacíos que van a recoger contenedores vacíos

En este caso, el número de reserva *(booking number)* es la clave de todo el procedimiento de la puerta. El conductor entrega un documento al operador de puerta con datos que incluyen el número de reserva; mediante ellos, el centro de control designa cuál es el contenedor vacío que se le debe entregar e informa al operador de puerta del lugar de la explanada en que se producirá la entrega. Finalmente, el operador de puerta le da un tique que indica dónde debe ir a buscarlo. Este proceso alcanza desde 1 a 6 minutos de duración.

A2. Camiones vacíos que vienen a recoger contenedores llenos

El camión llega a la puerta con los números del contenedor y del conocimiento de embarque. Basándose en los datos del «entréguese» dado por el conductor, el centro de control informa al operador de la puerta de dónde debe situarse el camión. El operario le entrega un papel con la situación y un «entréguese». Su duración va desde 1,5 a 8 minutos.

A3. Camiones que traen contenedores de exportación llenos

En este caso, los números de reserva y del contenedor son la clave en todos los procedimientos de la puerta. El contenedor es pesado por las básculas del carril de la puerta y el peso queda registrado. El operador de puerta toma el «admítase» y realiza una confirmación visual del número de contenedor, al mismo tiempo otra persona hace una comprobación visual de su estado, de su precinto y de su número. El operario entrega al conductor el EIR[2] de entrada y el esquema de situación, la cual le ha sido indicada por el controlador de la explanada. Esta operación tiene un tiempo de duración entre 1,5 y 8 minutos.

A4. Camiones que traen contenedores de exportación vacíos

En este caso, el número de contenedor es la clave del procedimiento. El operador de puerta recibe el «admítase» y el EIR del conductor y hace una inspección visual del número del contenedor al tiempo que otros operarios chequean visualmente el estado de éste. Por último, el operador informa al conductor de su destino en la explanada, dándole el EIR de entrada y un esquema de situación. El tiempo medio de duración va desde 1 a 5 minutos.

B. Salida

B1. Camión que sale con contenedor vacío

Cuando el camión llega a la puerta de salida, el conductor del camión le devuelve el tique al operador de puerta. En este caso, la comprobación visual del estado del contenedor no se lleva a cabo en la puerta sino que, en la mayoría de las terminales, ya se realizó antes de la entrega. No obstante, el operador de terminal sí realiza una confirmación del número de serie y da al conductor el EIR de salida. La duración media de estas operaciones suele ser de 1,5 a 5 minutos.

B2. Camión que sale con contenedor lleno

El conductor le devuelve el «entréguese». El portero hace una confirmación visual del contenedor al mismo tiempo que otra persona chequea que el precinto y el contenedor estén en buenas condiciones. Se entrega al conductor el EIR de salida y/o el levante (documento que facilita la aduana). Esto dura entre 1,5 y 5 minutos de media.

B3. Camión que sale vacío porque entró con contenedor lleno

El camión atraviesa la puerta sin ningún tipo de procedimiento.

B4. Camión que sale vacío porque entró con contenedor vacío

El camión atraviesa la puerta sin ningún tipo de procedimiento.

---

2 EIR: es el documento que registra la visita, con los tiempos de la operación y otros datos.

5.1.2 Automatización de las puertas

El apartado anterior ofrecía una visión general de las operaciones de puerta que se deben realizar. Trataremos ahora de dar una visión más tecnológica de su realización.

5.1.2.1 Recogida de datos

Los contenedores que llegan por carretera pasan un primer control. En este punto se toman los datos del contenedor, como identificación, contenido, peso, características, destino, etc.

En la mayoría de terminales estos datos pasan directamente al sistema informático. La información avanzada de un contenedor se introduce en el sistema cuando éste llegue a la entrada. El número del contenedor se transmite desde la puerta a un operario del control. Si la información fue previamente introducida, en la puerta sólo se acabarán de rellenar los datos. Si no se tuviese ninguna información previa, ésta se introducirá por completo. La exactitud es decisiva en este punto, ya que la identificación incorrecta de los datos del contenedor en el momento de su entrada puede ocasionar la pérdida temporal del mismo. Reduciendo las veces que se introducen datos se disminuyen los errores.

Las partes involucradas en la cadena de transporte trabajan habitualmente de modo independiente, a pesar de que existe una urgente necesidad de integración entre los distintos flujos de información y los sistemas de planificación. Lógicamente, la colaboración optimiza el proceso global del transporte.

Actualmente existe el desafío prioritario de mejorar los modos de intercambio de información a todos los niveles, tanto internamente (terminal) como externamente (con todas las partes incluidas en el proceso). En las terminales, la puerta es una interfaz significativa en la cadena de transporte, donde todas las partes (consignatarios, navieras, compañías de transportes, aduanas, etc.) tienen un papel específico en la gestión del flujo de información.

La distribución de la carga a los diferentes sistemas encargados de su transporte al interior determina la infraestructura necesaria para realizar el despacho de contenedores. El transporte por carretera sigue siendo el principal modo de transporte utilizado, por lo que se trata de conseguir que el tiempo de estancia del camión en la terminal sea lo más corto posible.

5.1.2.2 Objetivos

- Mejorar el nivel de productividad en los procedimientos de puerta mediante tecnologías de la información, consiguiendo que el servicio interno y externo esté más orientado al cliente.

- La homogeneización y mejora de los tiempos de estancia de los camiones durante el proceso.

- La integración de todos los grupos de actividad (internos y externos) en el proceso de intercambio de datos.

5.1.3 Cuellos de botella (saturación)

El principal problema se produce entre la terminal y la compañía de transporte. Así, en general, las situaciones de saturación básicas se deben a:

- El uso del equipo en la terminal.
- El tiempo de espera en la puerta.
- Las informaciones incompletas.

Como consecuencia, ambas partes se enfrentan a problemas a la hora de planificar. Por un lado, si el operador portuario no dispone de una información precisa del tráfico estimado, no puede planificar eficientemente el uso del equipo. Por otro, la planificación de las compañías de transporte tampoco es óptima, ya que puede verse afectada por factores externos, como tiempos de espera en las puertas, problemas con la documentación, etc.

La planificación de los VC se realiza a partir de la experiencia detectada en situaciones anteriores y del tráfico esperado. No obstante, ésta no es una situación ideal, ya que los camiones esperados pueden sufrir retrasos debido a diferentes causas.

Por todo ello, lo importante para el operador de la terminal es disponer de la información más detallada del tráfico. Para mejorar esta situación, debería implantarse un sistema de intercambio de información de modo que:

- Permita a las empresas de transporte informarse de las llegadas de los buques y del tráfico rodado previsto, de modo que puedan planificar la mejor hora de llegada al puerto.

- Se realice el envío por medios electrónicos de avisos de llegada por parte de las consignatarias.

- Por lo mismo, el envío de avisos de llegada por parte de la compañía de transporte que permitan informar a la terminal sobre la planificación de llegada de camiones y la previsión de retrasos.

5.2 Procesos constituyentes en las operaciones de puerta

Debido a que estamos contemplando el flujo completo de contenedores, consideraremos los siguientes procesos:

5.2.1 Aviso de llegada del contenedor

Una organización no puede ser productiva cuando no dispone de información adecuada y a tiempo. La falta de información es sinónimo de falta de planificación, lo cual genera errores en el subsiguiente proceso operacional.

Desde hace algún tiempo, tanto en el ámbito local como el internacional se han diseñado mensajes electrónicos para intercambiar información entre las diferentes partes que intervienen. Si nos centramos en el flujo de contenedores hacia el interior, podemos distinguir:

5.2.1.1 Instrucciones de anuncio de llegada

Este mensaje, enviado por el agente a la terminal, puede usarse tanto para contenedores de importación como de exportación y para la recogida de contenedores vacíos. Contiene toda la información necesaria para la operación de entrega de los contenedores llenos o la recogida de vacíos. La clave de este mensaje es la «reserva de espacio» en la terminal.

5.2.1.2 Instrucciones de recogida

Este mensaje es consecuencia de un procedimiento que se lleva a cabo en el puerto de Amberes, donde los contenedores de importación sólo pueden entregarse a la persona que está en posesión de un código PIN en combinación con el número del contenedor.

En este caso se agiliza el proceso de entrega evitando en lo posible la transferencia de documentos, al tiempo que se proporciona protección contra el fraude. Para poder realizar esta comunicación se llega a un acuerdo entre la naviera y la terminal. Este acuerdo expone qué medio se usará para el intercambio de datos. También se acuerda el mensaje cifrado para el código PIN, de modo que no pueda ser leído por otro. Una vez recibido este mensaje, el código PIN es descifrado por el programa de ordenador. Esta aplicación está totalmente protegida del resto de usuarios del sistema.

Cuando la persona correcta, en este caso el transportista, entra en la terminal desde el punto de control, le basta con introducir el número del contenedor, prefijo, dígito de control junto con el número de PIN (tres intentos), para recoger el contenedor. Después de tres intentos erróneos, sólo una persona autorizada de la terminal puede hacerlo y será entregado al transportista en cuestión, tras las comprobaciones de rigor.

5.2.1.3 Aviso de llegada (visita) de camiones

En la cadena de transporte, el tiempo de duración del mismo y, por tanto, los costes que se derivan son muy importantes.

En una terminal, la mayor cantidad de «visitas» se genera por la entrega o recogida de contenedores por camión. Por ello se estima necesario poner en marcha un sistema de comunicación entre las empresas de transporte y la terminal.

Un alto porcentaje de transportistas aún se encuentra con uno u otro problema durante su visita, lo cual eleva los tiempos de *throughput*, por encima de la media.

En una primera fase, las compañías de transporte tienen la posibilidad de consultar el sistema de la terminal (sitio web.contraseña). Posteriormente se pretende que dichas compañías tengan la posibilidad de llevar a cabo gestiones administrativas directamente en el sistema de la terminal, con el claro propósito de reducir tiempos.

5.2.1.4 Declaración administrativa

Ya hemos comentado que para asegurar la rapidez y optimización del tiempo de estancia es importante anunciar anticipadamente las operaciones, tanto por parte del agente como del transportista.

Este mismo procedimiento podría ampliarse a los trámites aduaneros, los cuales se omitirían del mismo modo que para las instrucciones de entrega/recogida. No obstante, debido a que la terminal es un punto de control aduanero, el transportista aún tiene que informar al encargado de aduana, a no ser que se trate de un puerto franco, donde el control de aduana está situado a la entrada del recinto portuario.

Si esa serie de avisos preparatorios pueden ser llevados a cabo por la compañía de transportes, se reduce el número de errores y, en consecuencia, el tiempo de estancia. Cuando este procedimiento de preaviso se lleva a cabo con éxito, al camión se le asigna un número de referencia y el transportista puede dirigirse directamente a la aduana y completar el trámite. Por el contrario, si este proceso no se aplica, se precisa un chequeo de datos del camión para poder imprimir una autorización de salida.

5.2.1.5 Establecimiento de la aduana

En un puerto que no tiene la característica de puerto franco, la oficina de aduana está situada en cada terminal. En consecuencia, el registro de aduana es esencial para el transportista que pasa a la terminal.

Para asegurar un registro optimizado, las funciones de aduana se integran en la red de ordenadores de la terminal. Tanto para contenedores de importación como de exportación, los transportistas deben informar al oficial de la aduana o a su agente de aduanas. Dependiendo de la naturaleza de la carga, la autorización de entrada o salida entregada por la aduana consistiría en un sello electrónico, sin el cual el camión no tendría la autorización de paso por la puerta.

5.2.1.6 Inspección técnica

La inspección técnica que se lleva a cabo en la puerta todavía es una actividad que consume tiempo. Algunas terminales han decidido eliminarla, con un ahorro de tiempo considerable, y asumir los riesgos a cambio del incremento de la productividad. Estas inspecciones podrían realizarse de modo más eficiente para los contenedores estándar de carga seca (un 75 % del total aproximadamente), dejando aparte los vacíos, los frigoríficos y los de materias peligrosas, en los que dicha inspección lleva más tiempo.

Las diferentes actividades que se llevan a cabo en la puerta consisten en:

- Identificación del vehículo.
- Valoración de daños en el contenedor.
- Inspección de precintos (colocación/reemplazo).
- Número de contenedor (ISO...).
- Inspección de etiquetas, en caso de mercancías peligrosas.
- En contenedores frigoríficos, inspección de la unidad y la temperatura.

Así, para poder reducir al máximo el tiempo de paso a través de los puntos de inspección resulta conveniente:

5.2.1.7 División de las calles de entrada

Para conseguir un paso más fluido a través de las puertas, es importante hacer una preselección de los carriles de entrada. Una posible distribución sería:

- Calles separadas con barrera y una terminal de entrada para el movimiento de contenedores que, como hemos comentado, están en posesión del número de referencia correcto (despachado de aduana).
- Calles específicas para los contenedores que precisan de controles adicionales, como es el caso de los frigoríficos, los vacíos y los de cargas peligrosas.
- Calles usadas para el resto.

5.2.1.8 Uso de terminales portátiles

Uso de terminales que permiten la introducción de datos en el sistema, a la vez que una mayor autonomía y movilidad.

5.2.1.9 Reducción del tiempo de control

Gracias a las observaciones de las actividades de puerta realizadas en el puerto de Amberes, podemos hacernos una idea del tiempo necesario para la revisión de un contenedor. Los tiempos medios son:

- Vacíos: 190 seg.
- 20/40' llenos: 230 seg.
- 2 × 20' (llenos/vacíos):   300 seg.

Para mejorar estos tiempos parece necesario llevar a cabo la identificación del contenedor y la valoración de daños mediante sistemas de cámara de vídeo (OCR), con las siguientes ventajas:

- Reducción de mano de obra en las puertas.
- Reducción de los tiempos de espera.
- Mejora de la productividad en la puerta.
- Incremento del flujo de vehículos.

No obstante, todavía deben realizarse manualmente una serie de actividades, tales como:

– Control de precintos.[3]

– Control de la temperatura de los contenedores frigoríficos.

– Etiquetado de mercancías peligrosas.

– Inspección de interiores.

– Detección de exceso de altura, peso y longitud.

Resultando así los tiempos siguientes:

– Vacíos:	50 seg. (sin inspección de interior).
– 20/40' llenos:	70 seg. (identificación de camión, numero de referencia).
– 2 × 20' (llenos/vacíos):	115 seg.
– No estándar:	300 seg.

La introducción de la detección mediante cámaras reduce el tiempo en aproximadamente un 33 %, lo que supone una ganancia en tiempo de unos 2,5 minutos por camión.

5.2.1.10 *Zona de trasbordo*

Tan pronto el transportista entra en esta zona introduce su código en un terminal, activándose el sistema para ejecutar la gestión. Ésta depende del tiempo y considera el momento en que se hace la entrada para seleccionar el equipo que cabe utilizar. El sistema informa al VC de a qué zona de transbordo tiene que ir y qué contenedor debe tomar.

Un aspecto importante para la eficiencia de la terminal es el control y la gestión de los VC y, más específicamente, de los medios de comunicación que se gestionan con ellos.

Cada VC va equipado con una unidad de pantalla y un teclado conectado al ordenador principal mediante un enlace digital; al mismo tiempo el control de los VC es llevado a cabo por un sobordista[4] a través del propio programa informático.

El sobordista usa una pantalla con una lista actualizada de los camiones. El sistema aplica diferentes colores para indicar el estado de éstos (azul: está siendo atendido; verde: listo para ser atendido; negro: camiones no listos).

El ordenador genera las instrucciones de movimiento tan pronto como los datos del camión son introducidos en el sistema dentro de la zona de transbordo.

Para generar los movimientos del VC el ordenador considera:

– El momento de creación de la tarea.

– La distancia del VC a la siguiente tarea.

– La longitud del contenedor.

– El modo de carga.

– El tiempo de estancia total del transportista.

---

[3] La ISO intentó estandarizar un sistema remoto de control de precintos (ISO/TC 104) sin éxito.

[4] Personal dedicado a indicar la localización de los contenedores vía radio a los operarios que manejan la maquinaria de la terminal.

5.2.1.11 *Actividad de salida*

Después de su carga o descarga, el conductor procede a la salida. En este punto, las actividades se relacionan con el completado de la «visita».

Para la salida, el personal de la terminal codifica el número de visita y el del contenedor o contenedores cargados en el camión, el sistema comprueba si todos los datos concuerdan y, si es así, automáticamente se imprime el *interchange,* firmado por terminal y conductor.

5.2.1.12 *Conclusiones*

Considerando los diferentes puntos álgidos durante la llegada a inspección de los contenedores que entran o salen por camión, se deduce que uno de los primeros requisitos para un adecuado procedimiento en las actividades de la terminal es un correcto flujo de la información. Esto permite realizar una buena planificación e informar claramente al personal. Es necesario que exista una comunicación entre las compañías de transporte y la terminal, lo que hace posible la planificación previa por las partes. Las compañías de transporte deben tener la posibilidad de consultar el sistema de la terminal para informarse sobre la llegada de contenedores, retrasos en la llegada de los buques, densidad del tráfico rodado, etc. Esto permitirá planificar el transporte, evitando horas punta y esperas. Por otro lado, la terminal también debería tener información de las previsiones de llegada de camiones.

Los tiempos de espera para realizar las gestiones aduaneras no pueden ser eliminados, pero sí apreciablemente reducidos mediante su integración en el flujo de información. El flujo de vehículos a través de las puertas y puntos de inspección también se puede mejorar mediante el empleo de cámaras de detección e identificación.

Todavía han de conseguirse mejoras significativas en todo lo relacionado con la seguridad de los datos informáticos para agilizar los trámites administrativos.

5.3 Elementos tecnológicos en las puertas

La primera meta en el diseño de una puerta es incrementar la eficiencia de las operaciones. Esto implica dos acercamientos:

a) la simplificación del proceso de la puerta, y
b) la aplicación de nuevas tecnologías para acelerar los procesos de la misma y reducir la cantidad de personal requerido.

La tecnología incrementa la precisión de las operaciones y reduce la interacción humana para no dejar espacio al error.

Las configuraciones de la puerta dependerán de la localización de la terminal, del tráfico y de las regulaciones locales, y ésta tendrá desde una a varias entradas y salidas generales y específicas (para contenedores con sobredimensión, frigoríficos, etc.). La siguiente descripción abarca los elementos tecnológicos desarrollados para la mejora de la puerta.

5.3.1 EDI (Intercambio electrónico de datos)

El EDI permite el trasvase de información entre los clientes de la terminal, los transportistas y las otras partes. Los clientes pueden usar el EDI para informar a la terminal de *bookings*, autorizar la salida de vacíos, aceptar carga, recibir autorizaciones IMO, transmitir autorizaciones de importación, así como cualquier información pertinente. La terminal puede usar el EDI para informar a sus clientes de contenedores que salen y entran junto a *bookings* u otras autorizaciones.

Los despachantes presentan la información necesaria para procesar sus unidades a través de la puerta antes de su llegada a la terminal. La información es recogida y guardada en un fichero de la base de datos. Cuando una unidad llega a la terminal se accederá a estos datos a través de la red de ordenadores de la misma, y serán vinculados electrónicamente a las transacciones de la puerta.

El EDI lo utiliza de forma habitual toda la industria, de modo que su uso continuará expandiéndose con más usuarios y tipos adicionales de transacciones.

5.3.2 TOS (Sistema operativo de terminal)

Las terminales medianas y grandes usan sistemas informáticos TOS como soporte de sus operaciones. Este sistema tiene un componente de las operaciones de la puerta para los procesos de entradas y salidas (véase la figura 5.3).

El TOS proporciona en pantalla al personal de la puerta los datos entrados y captura la información sobre cada movimiento en las salidas y entradas. El programa informático usa estos datos para verificar la validez de los movimientos junto con los *bookings*, asignando y recuperando la localización en la explanada de los contenedores entregados o recogidos, actualiza la actividad de la base de datos de la puerta e imprime los formularios apropiados.

Figura 5.3.

Figura 5.4.

La mayoría de paquetes del programa puede recuperar automáticamente la información capturada durante los procesos de la puerta. Estos datos permiten verificar que el equipo de la explanada recoge el contenedor autorizado. Algunos paquetes del programa TOS conectan con otros procesos para facilitar a los datos de la puerta la captura desde otros recursos, tales como el OCR, las etiquetas RFID o las cartas ID.

5.3.3 Sistemas de vídeo

Las cámaras de vídeo de que dispone el personal de puerta se usan para visualizar los chasis de los contenedores y generar la identificación de su número y de la matrícula del camión. Este sistema permite verificar que los camiones abandonan la terminal con el contenedor correcto y disminuyen los errores humanos en la entrada de datos. También se usa para comprobar las averías de los contenedores que entran, grabando los daños si los hubiese.

5.3.4 OCR *(Reconocimiento óptico de caracteres)*

El OCR se usa para capturar electrónicamente el número de los contenedores y las matrículas de los camiones, y para conectar automáticamente con las transacciones de la puerta y la base de datos (véase la figura 5.4).

El sistema incluye componentes de equipos y programas informáticos para ser instalados en los equipos de manipulación de contenedores, así como cámaras de alto rendimiento montadas sobre la estructura de la grúa. La configuración de la cámara captura imágenes de diferentes combinaciones y tamaños de contenedores cuando están siendo manejados por la grúa.

Mientras el contenedor es descargado por la grúa pórtico, un grupo de cámaras graba a la grúa desde distintos ángulos. El programa OCR analiza las imágenes, determina y verifica la identificación registrando una imagen y enviando los resultados al ordenador central de la terminal. Esta información se usa para el seguimiento de los números del contenedor a través de varias situaciones en la terminal.

Los principales beneficios del sistema son:

- Capacidad de automatizar inventarios de contenedores.
- Incremento de la eficiencia y del tráfico de la terminal.
- Proporcionar tiempo real al procesamiento de datos.
- Aumento de las ventajas del seguimiento y dirección a la terminal.

Las características del sistema consisten en:

- Manejo de todos los contenedores estándar.
- Lectura del código ISO y comprobación del dígito de control.
- Uso de tiempo real en el seguimiento de contenedores manipulados por la grúa.
- Lectura de los números de los contenedores desde ambos lados.
- Configuración simple.
- Equipo mínimo.
- Bajo mantenimiento.
- Precisión en la lectura.

Como los datos son capturados con precisión y los costes de la instalación se reducen paulatinamente, se está expandiendo el uso de esta tecnología.

5.3.5 RFID *(Sistema de identificación de radiofrecuencia)*

Los mecanismos de identificación de radiofrecuencia proporcionan la captura de las características y los números de identificación del equipo. Mediante antenas de radio y lectores montados en el propio equipo usado en la terminal, interrogan a los transpondedores de radio o etiquetas montados en los contenedores.

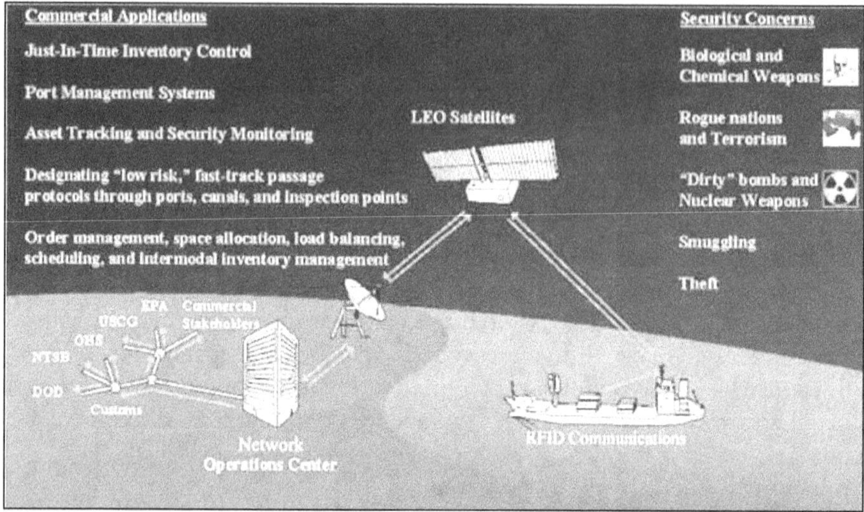

Figura 5.5.

El uso del RFID para capturar el número del contenedor no ha crecido dentro del mercado internacional. Actualmente, el RFID ve limitada su aplicación internacional y la mayoría de líneas marítimas y compañías fletadoras no tienen planificado etiquetar sus contenedores. La gran inversión de capital requerida para etiquetar y gestionar la continua base de datos presenta un gran obstáculo para el desarrollo de esta tecnología.

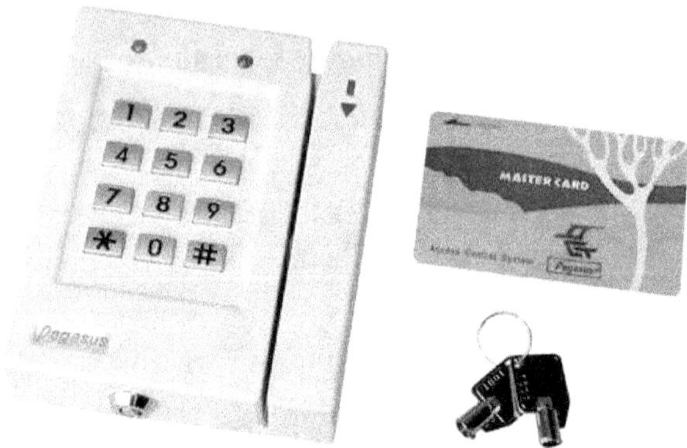

Figura 5.6.

5.3.6 MIDC (Tarjetas de identificación magnética)

La tarjeta de identificación magnética se suele usar para proporcionar una identificación de las salidas y entradas de los conductores de camiones en la terminal (véase la figura 5.6). Unida a un archivo previo, esta tecnología permite la mejora de las operaciones de la puerta. Las tarjetas contienen una banda magnética o *Smati cards* y se pueden usar para grabar la información sobre el equipo entregado y permitir la automatización del proceso de recogida de datos. El uso de la tecnología MIDC se incrementa en la industria marítima; las autoridades portuarias expiden tarjetas electrónicas y, por ello, su coste tiende a reducirse.

5.3.7 Señal de puente electrónico

Las señales de puente están montadas habitualmente cruzando la línea de entrada o salida, con el fin de que los transportistas visualicen mensajes en su acceso o salida de la terminal (véase la figura 5.7). Las señales electrónicas permiten escribir los mensajes deseados y cambiarlos según lo que requiera el operador de terminal.

Figura 5.7.

Las señales escritas directamente para cada línea se usan según el tipo de transacción o equipo e indican también las líneas de la puerta que están abiertas y cerradas, para contenedores específicos, etc. Es decir, las señales son útiles tanto para indicar permisos como restricciones en las operaciones.

El uso de la tecnología de señales de puente se aplica en las terminales con líneas reversibles y con puntas de tráfico que requieren esta flexibilidad del control de tráfico de la puerta.

5.3.8 Interfono

El interfono proporciona la comunicación verbal entre los conductores de camiones y los operadores de la puerta. Los interfonos se pueden localizar dentro y fuera de la terminal, en las diversas entradas y salidas de la puerta (véase la figura 5.8).

La información recogida a través de estos equipos puede conducir a errores debido al intenso ruido de fondo y a las diferencias idiomáticas. Esta tecnología puede ser fácilmente integrada con cualquier otra, como la MIDC, para proporcionar soluciones globales en los procesos de la puerta. Se puede usar como un sistema complementario de otros más precisos.

El uso de está tecnología probablemente se incrementará como consecuencia de la tendencia a reducir el número de personal localizado en la puerta.

Figura 5.8.

5.3.9 Tecnología electrónica de báscula

Las básculas electrónicas proporcionan una conexión automática entre la entrada de la báscula y la zona de transacciones de la puerta. El peso de la unidad que se obtiene en la báscula es transmitido automáticamente al sistema TOS. Con los datos de la tara del camión o chasis, transmitidos verbalmente o por tecnología EDI o RFID, el TOS calculará el peso bruto del contenedor y entrará la información en la base de datos del sistema (véase la figura 5.9).

Figura 5.9.

5.3.10 MDT (Terminal de datos portátil)

Las terminales de datos portátiles se usan en las puertas para reemplazar el papel en la documentación (véase la figura 5.10).

Estas terminales portátiles de datos proporcionan directamente la conexión con los ordenadores de la terminal.

La MDT permite que durante la inspección el personal de puerta pueda desplazarse alrededor del equipo, comprobando el precinto y las posibles averías, e introducir los datos en tiempo real. Cuando la inspección se ha completado, puede imprimirse un informe de daños y entregarse al conductor del camión. Esta tecnología también se utiliza para registrar la información operacional.

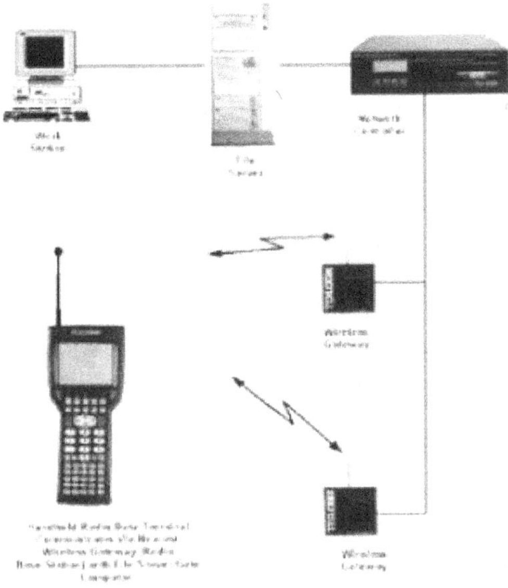

Figura 5.10.

5.3.11 Precintos electrónicos en puerta

Los precintos electrónicos en las puertas pueden reconocerse por control remoto, usando la tecnología RF para verificar su integridad. La adopción de esta tecnología contribuirá a reducir el número de personal en la puerta.

5.3.12 Modelo de simulación

El uso de un simulador en la puerta permite comparar varias opciones de diseño arquitectónico de la misma y aplicar distintos modelos teóricos. Unos gráficos simulan el movimiento de cada vehículo a través de la puerta entre la entrada y el *buffer* de la explanada. La entrada de datos primaria incluye horas de operación, patrón de llegadas a la puerta, volumen de tráfico de datos, vehículos combinados con datos y tiempos de proceso para cada tipo de transacción. La primera entrada de datos está expresada en ciclo de tiempo de vehículos, colas, etc. El volumen de la productividad, el tráfico mixto, el flujo de las entradas y salidas y las funciones pueden modificarse a voluntad.

Los datos obtenidos a partir de estos modelos sirven para medir cada variación y evaluar diferentes diseños físicos, es decir, para medir el tiempo de proceso, el trabajo del personal, las colas, los costes y otros factores que ayudan a determinar posibles soluciones.

Estos datos son traducidos a soluciones físicas expresadas en número de entradas y salidas, número de estaciones de inspección y decisiones que afectarán a la tecnología que puede ser incorporada en el diseño de la puerta.

5.3.13 *Sistema automático de lectura del código del contenedor*

Una de las soluciones a los errores de la entrada manual del número del contenedor en la puerta es un sistema de reconocimiento automático de este código y de la matrícula de los camiones que los transportan. Este sistema realiza un proceso de captación de imágenes con un programa para el reconocimiento de caracteres y dígitos.

El primer trabajo en algunas de las aplicaciones del sistema es capturar una imagen de cada vehículo que pasa a través de cada acceso, extrayendo las características de la matrícula y del contenedor, reconociéndolas y comunicando el resultado a un ordenador *host* al que se puede acceder posteriormente. Cada unidad de control tiene varias cámaras de vídeo, controladas simultáneamente mientras los camiones y los contenedores están en movimiento. El sistema usa múltiples cámaras para observar los diferentes lados del contenedor y para capturar y analizar la matricula del camión.

Las ventajas del sistema frente a la entrada manual de datos son:

- Proceso automático completo.
- Incremento del procesamiento del tráfico de contenedores y camiones en las puertas congestionadas.
- El sistema de datos recoge el histórico del tráfico.
- Identificación simultánea de contenedor y camión al ser manipulado.
- Proporciona vistas en directo del tráfico de la puerta.

Este sistema también tiene las siguientes ventajas sobre otras soluciones automáticas:

- Configuración simple (pocas cámaras).
- Cubre todo tipo de contenedores (20', 40' y combinaciones).
- Lleva a cabo reconocimientos mientras existe movimiento (el contenedor no necesita detenerse).
- Integración simple del ordenador en los recursos existentes en la instalación portuaria.
- Posee un alto índice de reconocimiento (2-3 vistas redundantes de cada contenedor).
- Un uso operacional sencillo.
- Seguridad en el sistema.
- Operacional las 24 horas.
- Rápida respuesta (del orden de segundos).
- Solución de bajo coste.

El mayor propósito del programa del sistema de reconocimiento es tomar imágenes de los contenedores, extraer los dígitos alfanuméricos de la imagen (por procesamiento de imagen), verificar su exactitud (usando el dígito de control del contenedor para chequearlo como un análisis final de comprobación), transmitir la identificación y, opcionalmente, los ficheros de imágenes.

El programa del sistema lleva a cabo una enorme reducción en la cantidad de información. Transforma una fotografía 512 x 512 píxeles en una cadena de caracteres ASCII (un total de 10 bytes, excluyendo el dígito de control).

El factor de reducción total desde la imagen bruta (sin procesar) a la cadena extraída es 1:262,144. Así, el sistema ahorra en transmisión y procesado posterior al enviar simplemente la cadena en lugar de la fotografía entera.

Además, el sistema envía sólo la cadena identificada cuando detecta las caras del contenedor. De este modo reduce la necesidad de enviar múltiples imágenes de las diferentes marcas y posiciones, las propias transmisiones y el almacenaje de las imágenes brutas. Ésta es la esencia del sistema. Un sistema puede estar combinado con un paquete de reconocimiento similar para las matrículas de los camiones. Con él se logra una gran reducción y automatización del proceso registrado del tráfico, que habitualmente se lleva a cabo de forma manual, incrementando así la velocidad de procesado en la puerta.

5.3.13.1 Funcionamiento

Cuando un vehículo pasa a través de una de las entradas de la puerta de la terminal se corta un haz de luz invisible entre dos sensores. Cada entrada tiene dos grupos de sensores: un grupo anterior y otro posterior.

El grupo anterior es el primer grupo de sensores que rompe el haz de luz y el primero que queda restablecido. En el instante en que el haz de luz trasero se restablece, se conoce la posición precisa del vehículo y se inicia la adquisición de la imagen. Al igual que en la identificación del vehículo, los sensores de luz tienen un papel fundamental en la precisión de la localización exacta del contenedor dentro de una línea CCR. El sistema captura las imágenes laterales y de la parte trasera cuando el contenedor rompe y restablece un grupo específico de haces de luz de los sensores. Dependiendo de los requerimientos, también pueden captarse imágenes de la puerta trasera del contenedor, del lateral izquierdo y del frontal, del número de código del chasis y del número de la matrícula mientras el vehículo pasa a través de la línea. Múltiples unidades de imagen se situarán estratégicamente para asegurar que la información deseada esté dentro del campo de visión del sistema de reconocimiento.

Una vez que una imagen ha sido capturada, el primer paso es encontrar el área de la característica del blanco dentro de una gran cantidad de objetos similares que envuelven a «la imagen». Del mismo modo, un elevado número de códigos y matrículas pueden estar gravemente dañados, borrados o cubiertos de suciedad. El sistema consta de unos algoritmos desarrollados para captar rasgos básicos de tamaño, proporción y características atribuidas para distinguir el área del blanco entre los demás objetos de la imagen.

La primera tarea en lectura es localizar, aislar e identificar cada uno de los campos citados anteriormente. Una vez localizado uno de los campos, se aumentará la imagen en esa área usando un algoritmo de contraste de aumento y las características serán separadas del fondo.

La compañía marítima consta de cuatro letras asignadas por el ICB en París. Por tanto, las características leídas en este campo pueden ser verificadas frente a una lista de códigos predeterminados. Además, son llevados a cabo más tipos de controles como, por ejemplo, los códigos del tamaño y el tipo pueden ser controlados al igual que los del código del propietario gracias a un listado estándar del código ISO. Las posibles verificaciones que se realicen dependerán sólo de la información previa disponible de los contenedores de las diferentes compañías marítimas implicadas. El código del propietario y el número de serie son utilizados a la vez para calcular el dígito de control. Si la lectura y el cálculo del dígito coinciden se tendrá un alto grado de confianza en que la lectura es correcta.

Sin embargo, si hay un desacuerdo esto no siempre significa que haya un error, ya que hay compañías que compran contenedores y cambian el código del propietario sin cambiar el dígito de control. Además, el código se leerá al menos en dos imágenes diferentes. Combinando los resultados de estas múltiples lecturas se incrementará el grado de confianza en los resultados.

5.3.13.2 *Verificación de los resultados*

Las imágenes del contenedor y de la matrícula del camión junto con la cadena de texto ASCII generada son enviadas al ordenador de control de la explanada.

La unión de los datos la determinará el personal de explanada, con claro entendimiento de la información que exista en el sistema, como las bases de datos en línea que se podrán usar para la comprobación de la lectura del código y otras posibles transacciones; por ejemplo:

- Cuando se descarga un contenedor del buque, el operador de terminal obtendrá automáticamente los números de los contenedores en su sistema. Por comparación con la lista de carga, el cuadre del barco se realizará con mayor exactitud y rapidez, proporcionando al propietario del contenedor un seguimiento más preciso de sus contenedores.

- Cuando los contenedores son embarcados en un buque o tren, el sistema leerá el número y creará una lista de carga automáticamente con menos errores y más rápido que el cuadre manual que se realizaría sin el sistema.

- En los límites interno y externo de la puerta, los operadores de la terminal pueden identificar cuándo han entrado y salido los contenedores de la misma. Esta información, combinada con la matrícula de los camiones, permite al personal de operaciones asegurar que la carga asignada ha sido transferida a la empresa de transporte correcta. Usando tiempo y datos electrónicos se podrá seguir el proceso de descarga.

El programa informático de la estación de trabajo donde se verificarán los resultados recibirá los datos desde el procesador de imágenes y su visualizador. Los sistemas llevados a cabo se medirán por el número de matrículas y códigos de contenedores leídos correctamente junto con la detección de algunos errores en la lectura. El operador estará alerta cuando el sistema determine que una lectura no se ha realizado correctamente. El operador tiene la oportunidad de corregir la lectura del código del contenedor para la transmisión. Cuando el informe de datos se ha enviado al sistema de control de la explanada, el original y los datos corregidos se pueden salvar junto con la imagen.

Una aplicación toma también los datos del mensaje y los anota en un fichero de texto. Las aplicaciones adicionales usarían también la información del mensaje para otros propósitos. Un producto de redes diseñado especialmente puede extender el mensaje a través de la red hacia los procesadores centrales y las bases de datos.

El principal visualizador es una ventana con un acuerdo predefinido que es visualizado en la pantalla y que se opera como una consola. El usuario no necesita seleccionar ninguna subventana y puede ver que el sistema está funcionando, así como los resultados de reconocimiento junto con el estado y el histórico.

El sistema de visualización principal está compuesto de varias subventanas:

- Sistema menú: contiene varias opciones que puede seleccionar el usuario.
- Imágenes visualizadas: la cámara muestra las imágenes del contenedor, el camión y el chasis/vagón.
- Ventana de histórico: muestra la historia del contenedor identificado.
- Estado: muestra el estado.

El sistema de reconocimiento del código del contenedor demuestra que la tecnología de reconocimiento de caracteres ha sido integrada en un sistema de reconocimiento, que ha demostrado ya a los operadores de terminal una triplicación de la productividad, un uso más eficiente del personal y una habilidad para dirigir la gestión de la compañía y disminuir el ciclo de tiempo.

5.3.14 Ferrocarril

En las terminales con ferrocarril se dan problemas adicionales de datos. El problema principal con los embarques procedentes de ferrocarril es normalmente la espera de los datos. Excepto en el caso de trenes que llevan exclusivamente carga de una sola línea marítima, es difícil conseguir que la compañía ferroviaria avance información sobre los contenedores y éstos pueden llegar sin información. Del mismo modo, la confirmación telefónica de destinos tampoco se puede conseguir de inmediato. Por contra, los sistemas utilizados para manipular los contenedores no se pueden usar hasta no tener la información de los contenedores que llegaron en el tren.

Pueden producirse problemas similares en los contenedores que llegan en barco. Estos problemas son menos críticos por dos razones:

- La mayoría de líneas se preocupan de proporcionar todos los manifiestos con antelación a la llegada del buque, de tal modo que los datos estén introducidos en ese momento.
- Los contenedores de importación no necesitan tanto seguimiento como los de exportación, ya que la responsabilidad es del receptor.

De todos modos, una información tan básica como es el número de contenedores que se deben descargar o cargar no está a menudo disponible, debido a decisiones de último momento por parte de la línea marítima y de cambios en la carga del último puerto. Aunque no siempre, estos contenedores-sorpresa pueden estar vacíos, y entonces se tratan de forma diferente a los llenos (ya que el valor de su carga es nulo). Si la terminal tiene gran nivel de ocupación puede ocurrir que estos contenedores vacíos no tengan espacio para ser descargados. Incluso en las terminales más modernas los sistemas de control pierden su efectividad si los datos clave no llegan a tiempo.

Para hacer frente a este problema deben existir suficientes enlaces entre los sistemas de información de la terminal, de las navieras y de los consignatarios.

5.4 Conclusiones

- No hay una solución óptima para el diseño de la puerta. Hay numerosos acuerdos que pueden ser investigados, muchas variaciones que pueden probarse en los diferentes procesos y abundantes tecnologías que pueden ser empleadas. Encontrar la combinación idónea de cada terminal requiere una buena comprensión y evaluación de los factores que cabe examinar. Usando un modelo de simulación se podrá diseñar un proceso a medida para la producción racional de la puerta de una terminal determinada.

- En cualesquiera de los casos, los procedimientos, métodos y medios (infraestructura) utilizados por las terminales de contenedores, obedecen a criterios operativos y de gestión en la fluidez de la manipulación y la estiba en los patios.

- Pero, muy especialmente, también obedecen a funciones de identificación de los contenedores, con propósitos de protección, que permiten sospechar de los mismos al saber su procedencia y contenidos. Ello permite neutralizar en gran medida la amenaza que un contenedor representa para una instalación portuaria o el buque al cual está destinado, evitando un riesgo para el siguiente puerto de escala.

- Salvando los aspectos positivos que reporta la veraz e instantánea identificación de una unidad, la única verificación que excluye el riesgo y la amenaza es la inspección de su contenido. Esta inspección se está desarrollando mediante equipos que emplean tecnologías penetrantes (rayos X o gamma), que incrementarán el control de mercancías ilícitas de cualquier tipo, incluso la utilización de los contenedores para la inmigración ilegal.

- Aunque a este capítulo cabría añadir información sobre estos equipos especializados, sus fabricantes ya se encargan de difundirla y no creemos necesario abundar en ella, una vez reconocida su eficacia, independientemente de la crítica que podría conllevar el procedimiento aleatorio utilizado en el muestreo de contenedores.

Capítulo 6
Aspectos del personal

6.1 Personal de seguridad

El buen funcionamiento, la eficacia y la efectividad de un sistema integral de seguridad, es producto de la utilización de una política adecuada, desarrollada por personas suficientemente cualificadas.

Es de suma importancia que las personas que ejecuten los procedimientos de seguridad marcados en el PBIP sean las realmente idóneas. Nunca deben ser seleccionadas al azar, como si se tratase de cualquier otro servicio de seguridad.

Deben conocer las instalaciones y los buques para moverse con soltura en un medio desconocido para la mayoría de las personas no relacionadas con la mar.

El personal de seguridad de un puerto debe ser seleccionado para que pueda realizar las misiones que tendrá encomendadas, ya que de la forma más o menos correcta con que lleve a cabo su trabajo dependerá en gran medida el éxito o fracaso de las medidas de seguridad. No debe ser considerado como un servicio disuasorio, sino como un servicio activo con una gran capacidad de intervención.

El personal cualificado existe pero no en abundancia y el número de quienes conocen el medio es mínimo.

Las empresas privadas dedicadas a la seguridad, motivadas por múltiples razones, emplean un tiempo insuficiente en la formación de su personal en cuanto a seguridad global se refiere. Por tanto, su capacitación tiende a ser superficial. Esto lleva a considerar la conveniencia de una mayor capacitación mediante cursos de adaptación al entorno y a los procedimientos, homologados para aumentar el nivel de formación de estos agentes.

6.2 Personal propio de seguridad

Por la naturaleza de los riesgos de un puerto, su singularidad y la complejidad de funciones que tiene que llevar a cabo el personal de seguridad, se impone por necesidad, efectividad y rentabilidad que éstos estén integrados laboralmente en una plantilla estable. De esta forma actuarán en el organigrama de una manera directa. La figura de guardamuelles o policía portuaria debe ser reglamentada, marcando muy bien sus competencias y otorgándoles un mismo patrón en todos los puertos. Consideramos que otorgar el carácter de agente de la autoridad es fundamental para el ejercicio de las funciones que éste deberá desempeñar.

El servicio de seguridad de un puerto debe concebirse como un servicio al cliente, que atienda y resuelva de inmediato cada problema en el momento en que se presente. Debe tener la absoluta confianza del equipo de dirección del puerto, dado que una persona de seguridad tiene acceso a todos los sectores del recinto portuario.

6.3 Selección del personal

Es preferible que el personal proceda del ámbito de la seguridad. Debe poseer una formación general en este campo, con capacidad suficiente para cambiar, adaptar, suprimir o improvisar, una vez conocidos los riesgos, el sistema adecuado para cada zona operativa.

En cuanto a su número, se tendrán en cuenta las proporciones, la clientela, la plantilla de trabajadores, la configuración, etc., de cada puerto o buque.

En definitiva, los criterios de selección deben ser los siguientes:

- Personalidad
  - Propia.
  - Firmes convicciones.
  - Resistencia ante situaciones incómodas.
  - Sin afán de protagonismo.
  - Entusiasta.
  - Resistencia al comentario fácil.
  - Discreción.

- Imagen
  - Buena presencia.
  - Desenvoltura constante.
  - Minucioso cuidado personal.

- Comportamiento
  - Educación.
  - Trato agradable (sin amiguismos).
  - Seriedad.
  - Diplomacia.
  - Incorruptibilidad.
  - Facilidad de expresión.
  - Agudeza mental.
  - Retentiva.
  - Objetividad.

- Actuaciones
  - Serenidad en situaciones críticas.
  - Control de sí mismo.
  - Prudencia.
  - Firmeza.
  - Capacidad de reacción.
  - No dejarse llevar por impresiones del momento.
  - Plena creencia en su cometido.

6.4 Estructura de los recursos humanos

El perfil profesional de quienes constituirán el entramado humano para la protección de la interfaz buque-puerto será:

- Oficial de protección de instalaciones portuarias (OPIP).
- Técnicos de seguridad.
- Oficiales de las compañías para la protección marítima (OCPM).
- Oficiales de protección del buque (OPB).
- Fuerzas de seguridad.
- Policías portuarios.
- Vigilantes de seguridad.
- Bomberos.
- Técnicos de mantenimiento de sistemas.
- Personal de apoyo.

6.4.1 El perfil humano y profesional del OPIP

Perfil profesional: debe estar en una franja de edad de 30 a 50 años y tener la acreditación legal de director de seguridad; haber superado el curso específico de seguridad portuaria en las materias recogidas en el artículo 18, parte B, del Código PBIP; contar con una experiencia de diez años en el sector de la seguridad pública o privada o en unidades operativas de las fuerzas de seguridad del Estado, y tener un elevado nivel de lengua inglesa.

Dependerá exclusivamente del director de la autoridad portuaria.

Sus funciones: director de seguridad, considerando además que este cargo debe llevar aparejado el de jefe de la policía portuaria.

Sus cometidos: los recogidos en el artículo 17, parte A, del Código PBIB, si bien se deben tener muy presentes los siguientes:

- Proponer a la dirección del puerto las líneas maestras de su sistema de seguridad, compatibles y subordinadas a las líneas de actuación marcadas por la dirección.
- Seleccionar, formar y reciclar periódicamente a todo el personal de la instalación en tareas relacionadas con la seguridad, así como al personal contratado para prestar servicio en la misma con este fin.
- Vigilancia y control del servicio de seguridad y funcionamiento, y del mantenimiento de los medios técnicos.
- Mantener un contacto permanente con las instituciones públicas relacionadas con la seguridad y protección publica, de ámbito nacional, regional y local.
- Relaciones con las empresas de seguridad privadas, contratación de medios humanos y materiales, y oportuno seguimiento de los mismos.

6.4.2 Técnicos de seguridad

Perfil profesional: titulación y conocimientos específicos para la labor que deben desarrollar.

Cometidos: asesorar al OPIP en su especialidad durante todas las fases del plan de seguridad. Esta colaboración tendrá una duración e intensidad variables, dependiendo de la fase de implantación del plan y de la materia que se trate en cada momento. En la fase de funcionamiento normal formarán parte del equipo del OPIP.

Conocimientos:

- Seguridad física.
- Inteligencia operativa.
- Derecho marítimo.
- Intervención operativa.
- Incendios.
- Salvamento y rescate.

6.4.3 El OCPM

Perfil profesional: el señalado por la naviera, en consonancia con lo recogido en el Código PBIP.

Cometidos: los recogidos en el artículo 11, parte A, del Código PBIP, considerando que además tendrá que desempeñar los señalados para los técnicos de seguridad en el apartado anterior, dentro de los aspectos de su competencia.

Conocimientos: los recogidos en el artículo 13.1, parte B, del Código PBIP, complementados con los que se consideren necesarios según las situaciones y circunstancias de cada momento y lugar.

En la definición de los distintos tipos de interfaz que se crean en función de las características operacionales y distributivas de las instalaciones portuarias, se identifican ciertos aspectos que precisan ser interpretados.

Las figuras representadas por el OPB y el OPIP no necesitan interpretaciones adicionales, ya que su presencia es una política de relación de recursos humanos establecidos por la naviera o por el puerto interesado.

Sin embargo, con la figura del OCPM sí se presentan algunas dudas, al considerar la interfaz en que se encuentra el buque (véase esquema 6.1):

- Cuando el buque dispone de su propia terminal en el puerto, la compañía se encuentra presente en todo momento y su disponibilidad es inmediata, cubriendo las necesidades puntuales de protección en un buen número de probabilidades de la interfaz.
- Cuando el buque está en una terminal de servicios de otra titularidad, si la compañía dispone de delegación en el puerto también es de fácil y cómoda designación una persona de su organigrama para asumir las funciones de OCPM.
- El problema se presenta cuando el buque llega a un puerto sin delegación de la naviera, en cuyo caso se plantean dos soluciones:
  a)   La figura del consignatario adquiere dicha condición.
  b)   La instalación portuaria designa una persona por delegación de la compañía del buque a través del consignatario.

Con el supuesto previsto en el punto *a)*, la figura del consignatario ocupa otra dimensión en la representación del armador. Independientemente del grado de aceptación, no muestra contradicciones en el papel de funciones clásicas, al ser una asistencia más que hace posible el buen fin de los objetivos comerciales del transporte marítimo.

Mientras, la propuesta del punto *b)* sería la misma anterior pero a partir de la utilización de expertos bajo una determinada relación contractual. Sin embargo, presenta numerosos aspectos negativos al no ser plenamente independiente, según cuál sea la instalación portuaria y el hecho de poderse ver condicionada por ello.

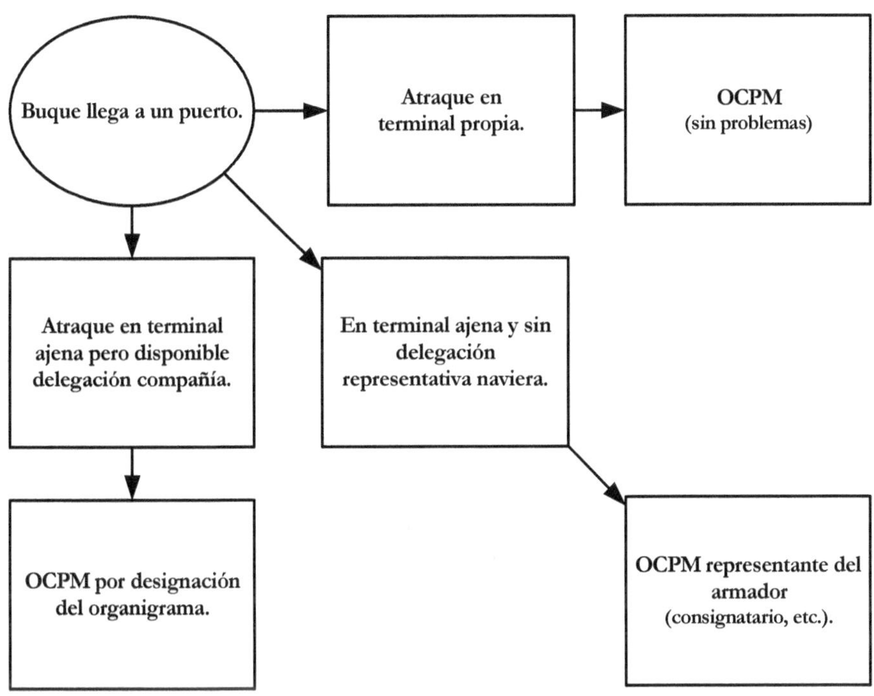

Esquema 6.1.

6.4.4 Perfil profesional de los oficiales de protección dentro del PBIP

6.4.4.1 Reflexiones comunes a los OCPM y OPIP

La formación del responsable de la seguridad de cualquier entidad con riesgos múltiples, como las complejas instalaciones portuarias del siglo XXI, requiere aglutinar los más diversos conocimientos. Mas aún cuando hablamos de una infraestructura altamente estratégica.

La vulnerabilidad de la sociedad frente a las agresiones indiscriminadas es enorme y la variedad de objetivos y medios de ataque pueden ser ilimitados. Esto exige estar a la altura de las circunstancias y adoptar sistemas de gestión más eficaces y flexibles en la protección de objetivos potenciales, menos rígidos en la intervención sobre los acontecimientos desencadenados tras la agresión. Si bien la prevención es sumamente difícil, una respuesta eficaz para mitigar los daños también debe ser uno de los objetivos prioritarios de los responsables de seguridad.

Esta respuesta no debe estar sujeta a estereotipos ni a rígidos manuales de intervención genéricos. Un lamentable ejemplo fueron los protocolos de intervención del cuerpo de bomberos de Nueva York antes de los atentados del 11 de septiembre. Éstos situaban invariablemente el puesto de mando en las primeras plantas de un rascacielos con sus plantas superiores incendiadas. El resultado fue el caos tras el derrumbe de las torres del World Trade Center al quedar sepultado el puesto de control. Si a dicha situación añadimos la perdida de las comunicaciones, al encontrarse en una de las torres las antenas de enlace de los servicios de emergencia, podemos imaginar la impotencia de los servicios. Sin mandos, incomunicados con el exterior de la «zona cero», solamente el alto nivel profesional de los efectivos que sobrevivieron salvó en parte la situación, generando multitud de pequeños grupos enlazados por equipos portátiles de comunicaciones de onda media coordinados por líderes naturales que se sobrepusieron a la situación y aglutinaron a su alrededor pequeñas fuerzas de rescate. De esa forma se pudo paliar una desgracia que pudo costar muchas más víctimas de las que causó.

La primera dificultad que encontramos es la búsqueda de la persona que deba reunir el conocimiento y la experiencia necesarias para estar al frente de la seguridad en los puestos requeridos dentro de la aplicación del Código PBIP.

Cada país cuenta en mayor o menor medida con buenos profesionales de la seguridad pero que desconocen el mundo marítimo, con su lenguaje específico y sus necesidades de funcionamiento. Las navieras, los astilleros y las instalaciones portuarias cuentan con expertos en sus operaciones, pero desconocen los secretos de la lucha antiterrorista y los protocolos de seguridad, sin mencionar la tecnología que se debe aplicar. Cualquier intento de situar como oficial de protección a uno de estos dos perfiles, aisladamente, tiene altas posibilidades de alcanzar sólo objetivos parciales, con elevados niveles de fracaso si no amplía sus conocimientos mediante una formación específica y homologada por las instituciones oportunas.

Por estos motivos, el experto en seguridad debe estar preparado en:

- Terminología marítima.
- Conocimiento general de las instalaciones portuarias.
- Tipos de buques y sus características desde los diferentes puntos de interés.
- Personal específico de la instalación, concesiones y estaciones marítimas.
- Conocimientos sobre la gestión de mercancías peligrosas en el puerto.
- Procedimientos de carga y descarga de contenedores.
- Gestión del embarque de pasaje y sus equipajes.
- Estudio profundo de la interfaz entre el buque y el puerto.
- Medios de inspección de instalaciones portuarias y buques.
- Características de las diferentes láminas de agua.
- Peligros específicos de las zonas portuarias.
- Protocolos de evacuación parcial y total de la instalación portuaria.
- Procedimientos para apoyar la evacuación de buques en el área de influencia del puerto.
- Conocimiento del marco jurídico de actuación.

Por otro lado, el experto en instalaciones portuarias deberá dominar:

- Tratamiento de la información.

- Gestión de recursos humanos en rutina y en emergencia.
- Elaboración, implantación y gestión de planes de seguridad.
- Desarrollo de reglamentos para el personal operativo que está a su cargo.
- Disposición de controles de accesos.
- Seguridad perimetral.
- Medios de extinción de incendios.
- Coordinación de fuerzas de emergencia.
- Desarrollo de los planes de intervención.
- Ejecución de los simulacros reglamentarios y su posterior análisis.
- Medios de inspección de sistemas de protección.
- Conocimiento del marco jurídico aplicado a la seguridad ciudadana.
- Trabajo en equipo y liderazgo bajo presión en situaciones de crisis.
- Conocimientos sobre las formas de actuar de los diferentes grupos terroristas y sus sistemas de ataque.
- Sistemas de ataque NBQR y los medios de protección adecuados.
- Artefactos explosivos.
- Medios técnicos de protección.
- Protocolos de evacuación parcial y total de la instalación portuaria.
- Procedimientos para apoyar la evacuación de buques en el área de influencia del puerto.
- Métodos de coordinación con las fuerzas de seguridad del Estado.

La acreditación de oficial de protección se otorgará basándose en las pruebas determinadas por la institución oportuna; así, existe una homologación y unificación de criterios y se mantiene el nivel profesional dentro de un estándar adecuado.

Certificaciones necesarias:

- Oficial de protección de la instalación portuaria.
- Oficial de la compañía para la protección marítima.
- Oficial de protección del buque.

Aunque la amplitud de cometidos del responsable de la instalación portuaria es mucho más extensa, el responsable de la compañía (OCPM) que sirve de apoyo y enlace entre el OPB y el OPIP en el área del puerto que se determine, debería poseer unos conocimientos parecidos, sin que sea necesario llegar a la fase operativa.

Por otro lado no debemos olvidar al oficial de protección del PPB que desempeña a bordo las funciones de seguridad y que también debe ser formado en las materias de su competencia. La tendencia de las compañías de sobrecargar con esta función a uno de los oficiales de a bordo es un grave error. Este oficial desconoce la gestión de la seguridad desde el punto de vista que exige el plan de protección de buques. Es un experto marino pero ignora el alcance de las amenazas terroristas, sus formas de operar y los medios de protección contra ellas. La formación le aportará conocimientos, pero nunca llegará a ser operativo en el grado que exigen las situaciones de protección.

6.4.4.2 Características comunes de los oficiales de protección del PBIP

Las características comunes a todo oficial de protección se deben tener muy en cuenta, independientemente que éste proceda del mundo marítimo o de la seguridad pública o privada. Por la experiencia acumulada en la gestión de emergencias en diferentes entornos y situaciones, debe buscarse el perfil de una persona generalista, especializada en la gestión de recursos humanos, y que sea un líder al frente de su equipo en la emergencia.

La gestión de una crisis es variable y oculta amenazas que en un primer momento son muy difíciles de descubrir. El gerente responsable debe tener una visión muy amplia de la situación. Debe anticiparse a los acontecimientos que generará la crisis. Su resistencia a la presión no debe alterar el adecuado proceso de su toma de decisiones. Debe tener conocimientos multidisciplinares para una precisa valoración. Tiene que poseer una gran capacidad para anular mensajes afectivos como la compasión, el odio, etc., que pueden poner en peligro la toma de decisiones o retrasar órdenes cruciales que deben tomarse en un tiempo y lugar precisos y que pueden influir sobre la vida o la muerte de seres humanos. Y, por supuesto, una gran capacidad de negociación, liderazgo y trabajo en equipo.

Las características comunes a los diferentes oficiales de protección del PBIP, son:

- Visión amplia y flexible.
- Capacidad de anticipación al desarrollo de la emergencia.
- Resistencia a la presión generada por los acontecimientos.
- Conocimientos multidisciplinares.
- Gran capacidad para neutralizar mensajes afectivos.
- Capacidad negociadora.
- Liderazgo.
- Facilidad para el trabajo en equipo.

Este perfil no es fácil de encontrar y la formación que debe recibir es larga y costosa. Pero sin la existencia de este tipo de profesional la cadena de mando se alarga en exceso o simplemente se rompe, lo que en la realidad supone el caos y la descoordinación de los servicios de intervención adscritos en el plan de emergencia. Así, además, se aumenta el número de pérdidas humanas y económicas.

6.4.4.3 Labor inspectora ejecutada por los oficiales del PBIP

En cualquier sistema de seguridad debe implantarse una serie de procedimientos de inspección que garantice la correcta ejecución y alerte de los posibles fallos e imperfecciones.

El oficial de protección del buque (OPB) realizará una constante inspección sobre los medios de seguridad del mismo, corrigiendo los que sean de su competencia. Asimismo, estudiará la interfaz con el puerto, informando al oficial de protección de la instalación portuaria para que implante las medidas o los procedimientos que no se ajusten al Código PBIP, o recibiéndolas del puerto para igualar la eficacia de unos y otros.

El oficial de la compañía para la protección marítima (OCPM) servirá de enlace con el puerto, coordinando la implantación del plan de protección del buque junto al OPIP. Defenderá los intereses de la compañía y los hará compatibles con los del puerto, asegurando la protección de los buques, especialmente en su tiempo de permanencia en puerto. Se apoyará en una consultora independiente para la inspección de los planes de protección de forma totalmente oculta, aleatoria y por sorpresa. Ésta es la única forma de verificar que tanto el plan de protección de buques como el de la instalación portuaria y, más concretamente, el de la terminal marítima o concesión que utiliza la compañía, son correctos.

El oficial de protección de la instalación portuaria (OPIP) debe cuidar de establecer unos perímetros totalmente estancos en el puerto. La implantación de un sistema de inspecciones ejecutadas por una consultora externa es una buena solución; así se mantiene la imparcialidad y se reducen los costes económicos y de tiempo. Por otro lado, es el medio más eficaz para que no se deterioren los procedimientos establecidos, perdiendo con ello eficacia y aumentando la vulnerabilidad de la instalación, las concesiones y los buques.

6.4.5 El OPB

Perfil profesional: el señalado por la naviera en consonancia con lo recogido en el Código PBIP.

Cometidos: los recogidos en el artículo 12, parte A, del Código PBIP.

Conocimientos: los recogidos en los artículos 13.1 y 13.2, parte B, del Código PBIP, complementados con los que se consideren necesarios según las situaciones y circunstancias de cada momento y lugar.

6.4.6 Fuerzas de seguridad del Estado

Perfil profesional: el señalado por su reglamentación específica.

Cometidos: actuar en el campo de sus competencias atribuidas por la Ley 2/86 de 13 de marzo en los artículos 11 y 12 de la misma.

Conocimientos: los señalados por el cuerpo correspondiente, además de la formación que en materia del Código PBIP pueda impartirse, tanto en el ámbito de cada institución como por parte de la seguridad portuaria.

6.4.7 Policía portuaria

Perfil profesional: titulación legal que se determine, con una edad de entre 20 y 30 años para el ingreso en el servicio.

Cometidos: prestar el servicio de seguridad en las zonas de uso general y dependencias oficiales del puerto.

Conocimientos: como mínimo, los exigibles para la titulación de seguridad privada, más una fase específica del ámbito portuario.

Conocimientos especiales: se precisa formar al menos tres tipos de agentes para cubrir los siguientes subsistemas:

— Centro de control de seguridad:
- Medios electrónicos e informativos.
- Manejo de situaciones de crisis.
- Transmisiones y comunicaciones.

— Control de accesos:	- Manejo de medios electrónicos de detección.
	- Explosivos y artefactos terroristas.
	- Lenguaje del cuerpo y entrevistas de seguridad.
— Unidad de intervención:	- Conducción de vehículos.
	- Técnicas de lucha con y sin armas.
	- Control de masas.

6.4.8 Vigilantes de seguridad

Perfil profesional: titulación legal en vigor para la prestación de servicios y, dependiendo del tipo de servicio que cubra, superar el curso específico necesario.

Cometidos: los designados por el OPIP en las zonas de uso general y dependencias oficiales del puerto, según la forma con que se cubra el servicio de seguridad, sólo mediante policía portuaria, de una manera combinada, o sólo con vigilancia privada.

Conocimientos: según lo expuesto, similar a la policía portuaria.

6.4.9 Bomberos

Perfil profesional: titulación legal en vigor para la prestación del servicio.

Cometidos: los designados por el OPIP en el subsistema de emergencias industriales, pudiendo asignarse también tareas de salvamento y rescate. Tendrán el apoyo de los equipos de primera intervención constituidos por personal laboral del puerto. En el caso de que la instalación no cuente con servicio de bomberos, se constituirán equipos de segunda intervención.

Conocimientos: extinción de incendios, salvamento y rescate terrestre y salvamento y rescate marítimo.

6.4.10 Técnicos de mantenimiento de sistemas

Perfil profesional: titulación legal específica en vigor para la prestación del servicio.

Cometidos: los derivados de las necesidades de mantenimiento del sistema de seguridad. En su caso, podrán pertenecer a la plantilla del servicio o subcontratarse.

Conocimientos: mantenimiento de sistemas electrónicos, contraincendios y de vehículos.

6.4.11 Personal de apoyo

Todo el personal que trabaja en el puerto debe estar implicado en las tareas de seguridad del mismo. Esta implicación pasa por la labor de concienciación de los empleados mediante cursos y simulacros periódicos. Evidentemente, los cometidos variarán según el puesto de trabajo desempeñado, teniendo en cuenta que parte del personal estará incluido en los equipos de primera intervención y parte en los de segunda.

Capítulo 7
Procedimientos y medios de protección

7.1 Sistemas de protección de la interfaz puerto/buque

El sistema de protección de puertos y buques debe formar parte de su estructura organizativa, de la misma forma que el sistema de tráfico, el de almacenaje o el de estiba.

Sin embargo, es frecuente que la planificación y el diseño del sistema de protección sean delegados a especialistas, con poca visión del negocio y poco informados acerca del planteamiento competitivo de su instalación. O peor aún, se dejen en manos de contratas externas cuya implicación en los intereses estratégicos del negocio sea casi nula.

El resultado de lo anterior es evidente:

- Sistemas de protección poco útiles o incluso disfuncionales.
- Inversiones cuantiosas en tecnología de protección que no protege a nadie ni a nada, con muchos huecos que no son cubiertos.
- Gastos en personal de protección, con resultados pocos más que ornamentales, con poca formación específica del medio y sin capacidad operativa.
- Problemas que subsisten a pesar de todo, con elevados costes.
- Fracasos que acaban responsabilizando y desprestigiando arbitrariamente a los especialistas, las tecnologías y los proveedores.
- Aplicaciones incompletas de las normativas internacionales que provocan la pérdida de contratos o la elección de otros destinos más seguros.
- Reacciones poco meditadas de recorte de presupuestos que devuelven el problema a su punto de partida.

Es preciso plantearse la planificación, el diseño y la gestión del sistema de protección de la interfaz buque/puerto desde una perspectiva global, más próxima a los planteamientos del negocio y, por tanto, más involucrada en la estrategia general.

Si el sistema de protección es adecuado logrará:

- Integrar las actividades de protección en la gestión estratégica del puerto.
- Desarrollar completamente los aspectos organizativos, humanos, tecnológicos y financieros del sistema de protección.

Es decir, conseguirá una protección integrada de las personas, los bienes, la información, el medio ambiente y la imagen de marca, obteniendo así una óptima relación coste-resultados.

7.2 Ventajas competitivas en los costes

Un correcto sistema de protección evita pérdidas a través de:

- Ausencia de daños.
- Actividad no interrumpida.
- Disminución en las diferencias de inventarios.
- Indemnizaciones no pagadas.

Para ello se requieren inversiones en:

- Personal cualificado.
- Dispositivos técnicos de protección.
- Medidas organizativas que integren ambos.

El resultado es la obtención de ventajas competitivas en costes porque:

- Se liberan recursos financieros.
- No hay deterioro y desvaloración del patrimonio.
- Disminuyen los accidentes y el absentismo laboral.
- Se evitan reclamaciones de clientes.
- El empleado que se siente protegido se integra mejor en la organización.
- Se obtiene un valor añadido atrayendo a nuevos clientes que dejan otras instalaciones menos seguras, o en las que la seguridad les ocasiona trastornos.

7.3 Integración del sistema de protección en la planificación estratégica

Es esencial que el sistema de protección se integre en la planificación estratégica de las instalaciones portuarias, ya que:

- Los riesgos deben prevenirse tanto como sea posible.
- La reacción a las amenazas debe ser instantánea y correcta.
- En protección no debe improvisarse.

1. Planificación a largo plazo (5-10 años):

- Los objetivos estratégicos de la instalación portuaria determinan los del sistema de protección.
- Los objetivos del sistema de protección:

  - Pueden modificar las actividades futuras.
  - Modifican el diseño de las instalaciones.
  - Determinan los controles internos y externos.

- El responsable del sistema de protección debe participar desde el primer momento en la planificación estratégica.

2. Planificación a corto plazo (1-2 años):

- Determina los presupuestos del sistema de protección.
- Define las necesidades de personas y materiales.
- Establece la respuesta a las emergencias.

3. Revisión de resultados:

- Requiere la revisión del sistema de protección.
- Es necesaria, dado que el sistema de protección debe ser flexible y adaptable.

Un proceso de planificación estratégica referido al sistema de protección debe incluir las siguientes etapas:

- Establecer el compromiso de la dirección del puerto así como de todas las empresas públicas y privadas, es decir, la comunidad logística, implicadas en la seguridad del mismo.
- Enunciar y comunicar los objetivos de protección a todo el personal.
- Organizar los medios para el proceso de planificación.
- Definir cuáles son los responsables y los recursos.
- Establecer el calendario del proceso y el programa de trabajo para la implantación de los procedimientos marcados por las directrices internacionales.

7.4 Sistema de seguridad e identificación de subsistemas

La eficacia de un sistema de seguridad se basa en la conjunción armónica de los medios humanos, materiales, organizativos y normativos. El sistema se encuentra centralizado en la denominada «sala» o «central de control», y debe englobar los siguientes subsistemas:

- Subsistema de centralización y gestión de datos.
- Subsistema coordinado de información.
- Subsistemas primarios:

  - Subsistema de control de accesos y permanencia.
  - Subsistema de protección contraintrusión.
  - Subsistema contraincendios.
  - Subsistema contra robo y hurto.
  - Subsistema integrado de protección de buques.

- Subsistemas secundarios:

- Subsistema de protección de personas.
- Subsistema de protección de la información.
- Subsistema de prevención de daños y actos vandálicos.

— Subsistema de apoyo:

- Subsistema de iluminación.
- Subsistema de energía de emergencia.

El sistema de seguridad deberá considerar los planes especiales que existan en el PPP para el ámbito del dominio público portuario, con los acuerdos necesarios con las autoridades y administraciones de la seguridad. Destacan, principalmente:

— Plan de autoprotección.
— Plan antiartefactos terroristas en tierra y en el buque.
— Plan antidesórdenes públicos en tierra y en el buque.
— Plan antitoma de rehenes en tierra y en el buque.
— Plan de visita VIP en tierra o en el buque.
— Plan antiamenaza y agresión NRBQ.

7.4.1 Subsistema de centralización, gestión y transmisión de datos

- *Objeto*
  Recibir los datos de los demás subsistemas para procesar, elaborar y difundir la información generada. También recibirá información del exterior que afecte a la instalación portuaria a través del OPIP o directamente de las fuerzas de seguridad del Estado, del servicio de bomberos y demás servicios de emergencia.

- *Características*
  - Estará debidamente protegido y situado en el centro de control de seguridad.
  - Contará permanentemente con la gestión de un operador.
  - Tendrá un sistema de comunicación duplicado, con diferentes sistemas, que garantice el enlace con el OPIP, las fuerzas de seguridad del Estado y demás servicios de emergencia.

- *Centro de control de seguridad*

- *Medios de protección*
  - Puerta exterior blindada con cerradura de seguridad y contactos magnéticos.
  - CCTV para control de accesos con su correspondiente pantalla.
  - Detectores volumétricos en las dependencias anexas.
  - Protección de las líneas telefónicas y eléctricas mediante acometida canalizada y protección del tendido de cables desde la entrada, así como la red del subsistema de energía de emergencia.

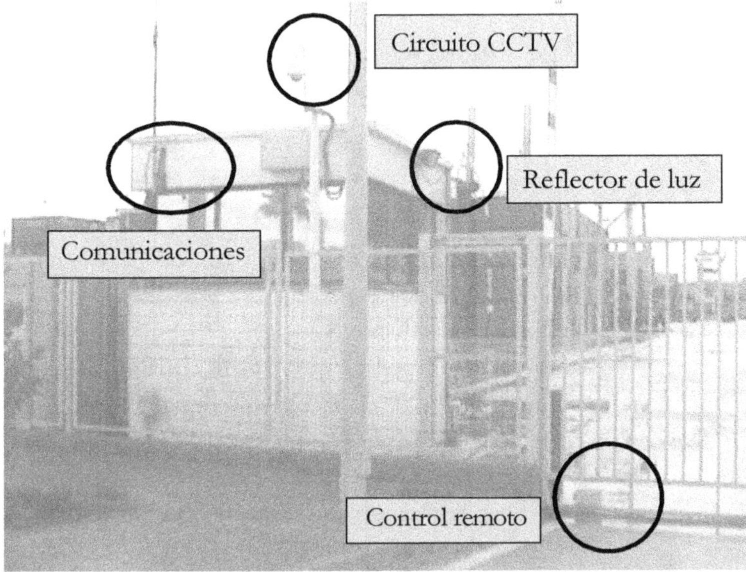

Figura 7.1.

— Protección en paredes y acristalamientos, nivel A-30.

— Armario protegido con duplicado de llaves de la instalación.

— Caja fuerte-armero en las condiciones que recoge el reglamento de seguridad privada.

- *Medios de gestión*
    — Central de detección de incendios.

    — Equipo transmisor y grabador de vídeo.

    — Monitores de televisión.

    — Central procesadora bidireccional.

    — Sistema de alarma general.

    — Sistema de megafonía.

    — Sistema de interfonía con control de accesos.

    — Central de radio con secrafonía.

    — Dos líneas telefónicas convencionales y dos de telefonía móvil.

- *Documentación*
    — Plan de protección de las instalaciones portuarias.

    — Organigrama de personal de la instalación portuaria.

    — Manual de operaciones del servicio con:

    - Procedimiento de rutina.
    - Procedimiento de incidencia.
    - Procedimiento de prueba.
    - Procedimiento de mantenimiento.

– Planes especiales.

– Libro registro de retirada de llaves y listado de distribución habitual.

7.4.2 Misiones del operador del centro de control de seguridad

– Dependerá del OPIP, del que recibirá instrucciones.

– Gestionará los subsistemas desde su central, para lo que deberá tener un perfecto conocimiento de los mismos.

– Dirigirá la actuación de los equipos de intervención.

– Mantendrá en todo momento informado al OPIP de las incidencias que se produzcan.

– Será responsable de la comunicación de las incidencias urgentes a los servicios externos.

– En caso necesario y si no se puede enlazar con el OPIP, activará los planes especiales y cumplirá los cometidos que tenga encomendados en ellos.

– Cuando se haga cargo de la central comprobará el perfecto funcionamiento de la misma.

7.4.3 Subsistema coordinado de información

- *Objeto*

  Recoger la información relativa a la protección de las instalaciones portuarias que generen el resto de los sistemas nacionales e internacionales, en un período de tiempo adecuado para la toma de decisiones. Asimismo, generará la información que recoja y elabore su propio sistema para transmitirla a los demás corresponsales; por tanto es importante la comunicación en ambos sentidos y con la autoridad nacional de la que dependa la instalación portuaria.

- *Características*

  – Dependerá directamente del OPIP, auxiliado por el personal del servicio que éste determine.

  – Estará ubicado en una dependencia protegida con:

    - Puerta exterior blindada con cerradura de seguridad y contacto magnético.
    - CCTV para control de accesos con su correspondiente pantalla.
    - Detectores volumétricos en dependencia y anexas.
    - Protección de las líneas telefónicas y eléctricas.
    - Protección de paredes y acristalamiento, nivel A-30.
    - Sistema de interfonía en el control de accesos.

  – Contará con los sistemas de protección de la información que se enumeran en el correspondiente subsistema.

  – Tendrá los necesarios medios informativos y de transmisión de datos para cumplir su función, con los sistemas de protección precisos.

  – Durante el tiempo que no esté atendido el subsistema por personal propio será gestionado por la central de control de seguridad.

7.4.4 Subsistema de control de accesos y permanencia

* *Objeto*
  - Primario: identificar, impedir.
  - Secundario: recabar información.

* *Estructura física*
  - Puestos de control de accesos fijos, en tierra.
  - Embarcaciones de control de accesos para buques, en mar.
  - Zonas: toda el área terrestre y marítima de la instalación portuaria estará dividida en las siguientes zonas tipo:

    - *Restringida.* La zona terrestre y marítima de la instalación portuaria.
    - *Reservada.* Zona exclusiva para trabajadores de la instalación portuaria.
    - *Prohibida.* Acceso restringido, sólo para el personal que desempeña su función en ese lugar, incluyendo a los de:

      * Central de control de seguridad.
      * Destacamentos de las fuerzas de seguridad del Estado.
      * Buques.
      * Instalaciones de seguridad, etc.

  - Zona de fondeo. Zona marítima para inspección de seguridad.
  - Fronteras. Entre las diferentes zonas se instaurarán las correspondientes barreras y señalizaciones para materializarlas. Esto se controlará con personal de servicio de patrulla o, en su caso, estableciendo puestos fijos.
  - Itinerarios. Como complemento de las fronteras se formalizarán itinerarios para:

    - Empleados.
    - Tripulaciones.
    - Transportes.
    - Visitas.

* *Cometidos del subsistema*
  - Control de entrada.
  - Control de permanencia.
  - Control de circulación.
  - Control de salidas.

* *Dirigido a*
  - Personas: empleados, tripulaciones, visitas, trabajadores eventuales, etc.
  - Objetos: portados por personas, entregados, correo postal, etc.
  - Carga: tanto la transportada como el equipamiento.
  - Vehículos: particulares, proveedores, etc.

7.4.4.1 Control de pasajeros y revisión de equipajes

Es imprescindible disponer de una lista de pasajeros y cotejar los datos del pasaje con el documento nacional de identidad o el pasaporte. El empleado de la compañía completará los datos que sean necesarios para etiquetar el equipaje del pasajero antes de su revisión.

El impreso o cuestionario para la aceptación de pasajeros que llevan consigo equipajes de mano o para ser facturados, podría ser como el que se ofrece en la tabla 7.1.

La revisión del equipaje se realizará en una zona reservada, en presencia del pasajero. Estas revisiones serán aleatorias, siguiendo indicaciones del personal de control del área común de la terminal de pasajeros, que mediante las técnicas de detección de sospechosos anteriormente expuestas indicará los pasajeros que deban ser controlados.

Debido a la peculiaridad del transporte marítimo, aquí los procedimientos seguidos en la aviación civil carecen de eficacia, ya que es muy frecuente el embarque de pasajeros que portan bultos muy voluminosos y gran número de maletas que por su tamaño dificultan la revisión automática. Esto obliga a habilitar una línea de revisión paralela que ejecute la inspección de forma manual. La velocidad de inspección dependerá de la especialización del personal de seguridad y de los medios técnicos disponibles.

Núm. 000000000	Control de pasajeros (datos del buque)	Fecha: 00/00/00
		Observaciones
Nombre		
1.er apellido		
2.º apellido		
Sexo		
Edad		
Nacionalidad		
DNI o pasaporte		
Equipaje	**Etiquetado de seguridad. Observaciones**	
1.º	Nº XXXXXX/YYYY	*Descripción*
2.º		
3.º		
4.º		
5.º		

Tabla 7.1.

7.4.4.2 Zona de control de billetes y revisión de equipajes

Una vez entregada la tarjeta de embarque, todo el equipaje del pasajero entrará en la zona de preembarque (véase la figura 7.2) por el control de acceso, siguiendo los protocolos de seguridad oportunos. Dentro de la zona segura le será entregado su equipaje.

El refuerzo de las medias de seguridad de los niveles 2 y 3 estarán marcadas por la revisión sistemática de todo el equipaje, incluso procediendo a la entrega del mismo en destino en las travesías inferiores a cuatro horas.

El interrogatorio del pasaje por expertos en la detección de sospechosos y la revisión manual del equipaje, es muy eficaz como complemento a las medidas recomendadas en el nivel 1. En cualquier caso, deberá valorarse el nivel de riesgo general y también concreto de cada tipo de buque, y éste podrá experimentar variaciones.

7.4.4.3 Control de accesos

Los controles de acceso se diferenciarán en función de su nivel de filtración. Para su valoración se tendrá en cuenta el nivel marcado de 0 a 5, el número de barreras que debe rebasar el agresor, el nivel de seguridad de la zona a la que da paso, el nivel de riesgo sobre el control de acceso como objetivo y los medios que están a disposición del personal que realiza el control.

Veamos algunos ejemplos de zonas y controles de acceso:

- Nivel 0. Área limítrofe al puerto alejada de cualquier zona sensible.
- Nivel 1. Zonas portuarias sin interés estratégico, como tinglados y almacenes.
- Nivel 2. Áreas de servicios generales del puerto, como oficina de prácticos.
- Nivel 3. Zonas de preembarque y pasarelas de acceso al buque.
- Nivel 4. Centros de control marítimo y de emergencias.
- Nivel 5. Áreas de almacenaje de productos químicos o radiológicos.

El registro de dichos datos se presenta en la tabla 7.2.

Todos estos niveles variarán en función de las características del puerto, tanto de las constructivas como de las operativas. Indicar parámetros estándar sin tener esto en cuenta llevará a un deterioro sensible del funcionamiento del puerto, sin que exista un claro beneficio de seguridad.

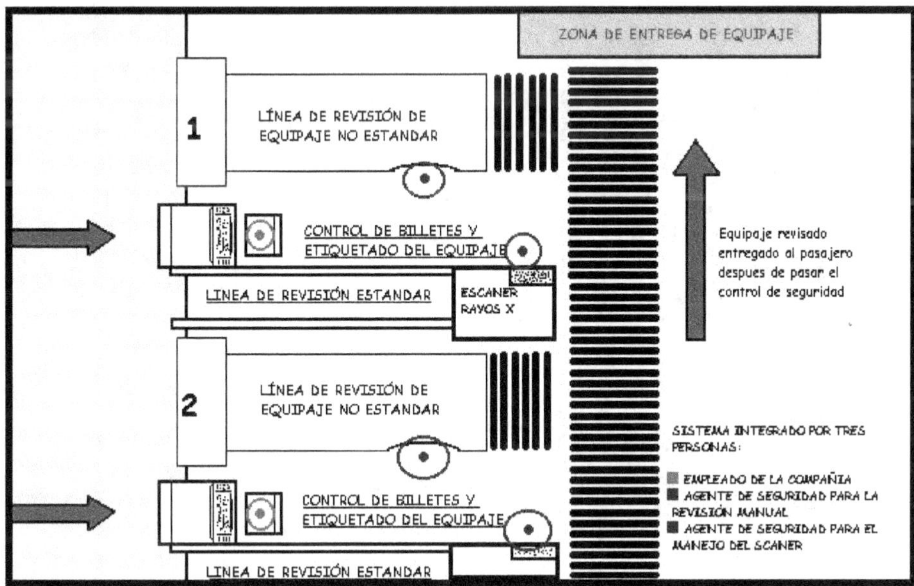

Figura 7.2.

El estudio de adaptación de las medidas de control, así como la aplicación de esquemas de funcionamiento, compensarán los niveles de alerta con el nivel de riesgo y vulnerabilidad de las áreas que separan los controles de acceso.

Nivel	Acceso zona	Nivel de riesgo	Observaciones
0	Libre tránsito	1	Normalmente salidas y áreas sin interés estratégico
1	Libre tránsito con detección de sospechosos	2	Áreas sin interés estratégico pero próximas a zonas sensibles
2	Restringida	3	Servicios generales, oficinas del práctico y servicios médicos del puerto
3	Restringida de alto riesgo	4	Zonas de preembarque y áreas de concentración de público
4	Prohibida	4	Daños sobre infraestructuras y centros de control de emergencias
5	Prohibida de alto riesgo	5	Daños sobre infraestructuras y elevadas pérdidas en vidas humanas

Tabla 7.2.

Los controles de acceso bidireccionales deben cruzar datos procesando la información en tiempo real. El apoyo de los medios descritos en el proyecto es una contribución al factor humano, aunque no garantiza la impermeabilidad de un acceso. La formación del personal de seguridad es la única garantía de funcionamiento.

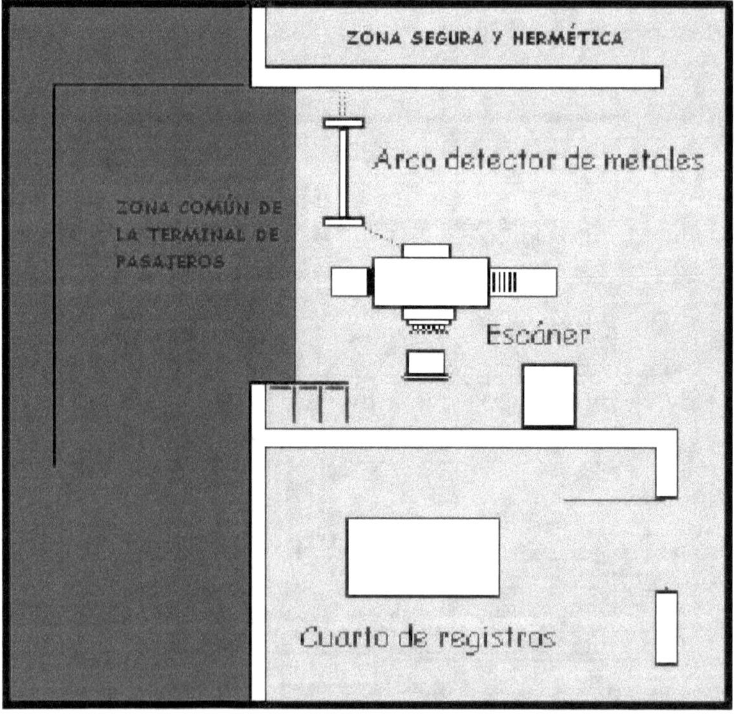

Figura 7.3.

7.4.4.4 Estructura de un control de accesos de pasajeros

Este acceso da paso a un área restringida de alto riesgo (véase la figura 7.3). Asimismo, la zona de libre tránsito con detección de sospechosos es un área con un significativo nivel de riesgo por su concentración de público.

Lamentablemente, no se puede establecer un control de acceso para la entrada en esta área. El sistema de control debe ser mixto, una parte visible con agentes de seguridad uniformados y otra parte oculta, con agentes de seguridad mezclados entre los clientes para la detección de sospechosos.

7.5 Medidas de protección frente a riesgos específicos

El nivel de seguridad óptimo no es el de la inexistencia de riesgos para la instalación portuaria, sino el que cubre los riesgos evaluados, consiguiendo la disminución máxima del riesgo y considerando en todo momento la ecuación costo-efectividad.

La selección de técnicas y procedimientos de protección se realiza dando preferencia a los que cubren mejor las necesidades, eligiendo los más eficaces en relación con sus costos, pero dejando abierta la posibilidad a futuros perfeccionamientos.

Por estos motivos, es preciso definir previamente los siguientes aspectos:

- *Recursos humanos.* Número, formación, aptitud, equipo individual, etc.
- *Recursos técnicos.* Cantidad, requerimientos, características, efectividad, etc.
- *Recursos organizativos.* Que coordinen los anteriores, estableciendo la correspondiente cadena de mando y control.
- *Recursos normativos.* Que recojan los anteriores en el correspondiente soporte documental, además de la normativa legal vigente.

Todo ello deberá ir siempre en consonancia con los principios generales de seguridad y protección, quedando claro que éstos constituirán un todo indisoluble dentro de:

- La prevención.
- La disuasión.
- La reacción.

7.6 La prevención

Podemos cifrar la importancia de este principio en un 90 % del trabajo en seguridad, íntimamente ligado a los conceptos de «información» y «secreto».

La información debe entenderse como inteligencia, es decir, información elaborada. Es un elemento esencial de todo sistema de seguridad, pues si ésta falla, entonces se aplicarían los restantes principios.

La información puede adquirirse tanto de elementos humanos, como de elementos materiales activos, que proporcionan imágenes, señales, etc.; por tanto conlleva un proceso de obtención, elaboración y difusión de la misma.

Por otra parte, además de la información básica que permite actuar en el momento, se debe contar con información genérica en archivos y bases de datos, y entre ambas llegar a la información estimativa que permite la toma de decisiones más adecuada posible.

En cuanto al secreto, lo explicamos como la ocultación de información sobre el sistema de seguridad a toda persona no relacionada con el mismo, con la finalidad de evitar una acción sobre la instalación portuaria, que obviamente exige una información previa sobre la misma y sobre su sistema de seguridad.

Otro aspecto de la prevención que no debe olvidarse es el referente a los elementos de protección, individual y colectiva, para defender a las personas y materiales de la acción de riesgo, como pueden ser: chalecos antibala, máscaras antigás, trajes ignífugos, etc.

7.6.1 Medios de prevención e información

Es difícil relacionar cada tipo de medio con el correspondiente riesgo pues, salvo casos puntuales, lo que tratará generalmente el PPIP es aplicar los principios de seguridad enunciados sobre las personas y los materiales en la zona de la instalación portuaria y las limítrofes, desde las que se pueda actuar sobre ella. Se intentará conseguir información previa sobre las personas, embarcaciones, vehículos y material que se aproximen a la instalación portuaria, con una primera identificación y conocimiento de sus intenciones. Una vez en el límite de la misma, se debe detectar si se produce el acceso por un punto no autorizado, una intrusión, o bien, en el caso de que la entrada se produzca por un punto de control, garantizar la identificación efectiva de las personas y los materiales, determinando su verdadera naturaleza y destino en el interior, extremos que se controlarán durante su permanencia con el establecimiento de rutas y controles interiores, y hasta la salida.

Por otra parte se realizará una detección en el interior de la instalación portuaria, dirigida a puntos sensibles, de importancia desde el punto de vista de seguridad o de elevado valor económico.

Todo ello se llevará a cabo con el uso de los medios y los procedimientos que se detallan en los apartados siguientes.

7.6.1.1 Sobre personas, vehículos, embarcaciones y emisiones de radio

- Medios de detección lejana:
  - Radar de superficie.
  - Sistema integrado de vigilancia con visor térmico.
  - Escáner de radiofrecuencias con goniómetro.

- Medios de detección próxima:
  - Hidrófono submarino.
  - Circuito cerrado de televisión.

- Medios de detección inmediata en línea (configuración «Y», al menos dos de ellos):

– Sensores en vallas.
– Barreras electrónicas.
– Detectores de presión en suelo.

● Medios de detección inmediata puntual:
  – Contactos magnéticos.
  – Detector volumétrico en interiores.
  – Detector microfónico

Uno de los efectos que se deben considerar es cómo la vigilancia pueda molestar al personal de plantilla, o a tripulaciones que en otros puertos no pasan ningún control en sus permisos de tierra, y que ahora pueden reaccionar negativamente ante los sistemas de protección.

Todo el personal de una instalación portuaria o buque debe asumir desde el principio que a veces la seguridad es incómoda. Incluso algunos pasajeros no acostumbrados a estos protocolos se pueden molestar –los menos–, y no es fácil mantener el conjunto buque/puerto en unas condiciones óptimas de seguridad si no se toman medidas que pueden resultar impopulares.

A pesar de todo, tales medidas son necesarias y, aunque al principio no sean bien acogidas, al cabo de un tiempo se verá que las acciones emprendidas han dado un resultado positivo y hacen que el entorno sea más seguro.

7.6.1.2 Sobre accesos de personas, vehículos y materiales

● Medios de detección sobre personas:
  – Arco detector de metales.
  – Detector de metales manual.

● Medios de detección sobre materiales y vehículos:
  – Escáner de rayos X para paquetería.
  – Escáner de rayos X para vehículos pesados.
  – Canes adiestrados para detección de explosivos.
  – Canes adiestrados para detección de psicotrópicos.
  – Dispositivo de revisión de bajos de vehículos y lugares difíciles.
  – Radiómetro.

● Medios de identificación:
  – Cámara de fotografía digital.
  – Sistema informático.
  – Tarjetas de identificación.

● Sobre incendios:

- Detectores de humos.
- Detectores de temperatura.
- Detectores de llama.
- Detectores multisensoriales.

7.6.2 La disuasión

Este principio, cuya importancia real puede cifrarse por lo expuesto anteriormente en torno al 8 %, se relaciona con los conceptos de «presencia» y de «retardo».

La presencia es el despliegue visible de personal de seguridad y de elementos materiales pasivos, como vallas, carteles, etc., con la finalidad de disuadir de la acción a posibles agresores. Este despliegue tiene que eludir la rutina para hacer más difícil la agresión a la instalación portuaria y, además, tendrá que orientarse tanto a la prevención como a la reacción.

El retardo es el despliegue de medios, principalmente materiales aunque también participan los humanos, de una manera que sorprenda al oponente y complique la acción contraria para dar tiempo a que actúen los medios de reacción.

7.6.3 Medios de disuasión y retardo

En la enunciación de este principio se estableció que el elemento humano es el que hasta la fecha tiene el mayor efecto disuasorio. Sin embargo, no se debe olvidar que los medios físicos pasivos suponen una dificultad inicial para el oponente; le obligan a planificar su agresión, a obtener los medios para vulnerarlos y, en cualquier caso, a retrasar su actuación. Éste es el objetivo que se pretende: no impedir sino retrasar. Evidentemente, estos medios no tienen que estar aislados de los medios de detección, pues perderían su eficacia, sino que deben actuar íntimamente unidos, unos detectando y otros retrasando, en esta secuencia y manera:

7.6.3.1 Sobre personas

- Vallas metálicas.
- Muros.
- Alambradas.
- Rejas.
- Carteles de señalización.

7.6.3.2 Sobre vehículos

- Barrera accionable.
- Muro antiagresión en ariete.
- Pivote.

7.7 La reacción

Cuando han fallado los dos anteriores principios es necesario reaccionar contra la agresión, con la rapidez precisa para evitarla o limitar sus efectos. Ésta estará condicionada por el tiempo proporcionado por la acción del retardo y la llevará a cabo personal del sistema de seguridad, ya que el empleo de medios materiales o animales lesivos, no directamente controlados por personas, entra en colisión con los derechos humanos, aunque se advierta previamente de su utilización. Sí pueden emplearse de una manera automática medios inocuos o no letales, como gases lacrimógenos, etc.

7.7.1 Medios de reacción

Siguiendo el concepto expresado, se considera que los medios de reacción deben ser aplicados por personas adecuadamente equipadas. Considerando los posibles riesgos, debe definirse qué elementos y qué cantidad lleva cada persona que interviene, van instalados en el vehículo de apoyo y se han almacenado como repuesto, tanto para prácticas como para una reposición inmediata en caso de materializarse un riesgo en la instalación portuaria. Entre estos elementos, pueden citarse los que señalamos en los siguientes apartados.

7.7.1.1 Sobre personas

- Arma corta.
- Arma larga.
- Vehículo ligero con iluminación de emergencia.
- Radioteléfono ligero.
- Municiones convencionales.
- Municiones no letales.
- Defensa.
- Spray con gas lacrimógeno.
- Grilletes.
- Linterna.
- Navaja multiusos.
- Prismáticos con brújula.
- Visor térmico individual.
- Visor nocturno intensificador individual.

7.7.1.2 Sobre artefactos explosivos

- Manta antiexplosivos.
- Cestón antiexplosivos.

7.7.1.3 Sobre incendios

- Extintor portátil.
- Extintores de explosión.
- Boca de incendio equipada.
- Instalación automática de extinción.
- Vehículo de extinción de incendios.

7.7.1.4 Sobre agentes NRBQ

- Equipo de descontaminación individual.
- Estación de descontaminación colectiva.
- Carteles de señalización de agresivos NBQR.

7.7.2 Medios desplegados en situaciones especiales preventivas o de reacción

7.7.2.1 Sobre personas

- Arma larga.
- Arma larga de precisión.
- Arma corta.
- Municiones convencionales.
- Municiones especiales.
- Municiones no letales.
- Granada *stun*.
- Granada de humo.
- Granada lacrimógena.
- Bola de goma.

7.7.2.2 Sobre artefactos explosivos

- Robot de desactivación.
- Cañón dirruptor.
- Maletín de desactivación manual.
- Cuerdas y redes.
- Traje antibomba.

7.7.2.3 Medios humanos

Los medios humanos serán tratados por separado dado que sus misiones se encuadran en los tres principios, aunque el puesto de trabajo correspondiente esté orientado a alguna función específica. Por eso la formación del personal de seguridad, en cualquiera de los diferentes niveles, ha de ser generalista, pero profunda en los aspectos específicos de la función que va a desarrollar el agente. En esta línea, es necesario recalcar la necesidad de reciclajes y simulacros periódicos para la aplicación de todos los aspectos de la seguridad.

También conviene analizar los elementos de protección del personal de seguridad pues, además de la función preventiva, éstos se utilizaran muchas veces como medio de protección personal para ejecutar la reacción.

Entre el tipo de agentes necesarios se encuentran:

- Servicio permanente en la instalación portuaria
  - OPIP.
  - Inspector de servicios.
  - Policía portuaria.
  - FSE en tierra y embarcados.
  - Vigilantes de seguridad.
  - OPB.
  - Bomberos de la instalación portuaria.
  - Equipos de primera intervención de la instalación portuaria y el buque.

- En situaciones especiales de prevención o reacción
  - Equipo de desactivación de explosivos de las fuerzas de seguridad del Estado.
  - Equipo táctico de las fuerzas de seguridad del Estado.
  - Escolta de las fuerzas de seguridad del Estado.
  - Unidad de primera intervención NRBQ de las fuerzas de seguridad del Estado.
  - Unidad de reserva de las fuerzas de seguridad del Estado.
  - Helicóptero de las fuerzas de seguridad del Estado.
  - Escolta de seguridad privada.
  - Unidad naval de la armada.
  - Unidad de descontaminación NRBQ del ejército de tierra
  - Unidad municipal o provincial de bomberos.
  - Unidad sanitaria de titularidad pública o privada.

7.7.3 Medios de protección personal habituales en la instalación portuaria

7.7.3.1 Frente a agresiones y explosivos

- Chaleco antibala y anticorte.
- Guantes anticorte.

7.7.3.2 Frente a incendios

- Máscara de escape antiCO.

– Equipo de respiración autónoma.

– Casco de bombero.

– Mono ignífugo.

– Guantes ignífugos.

– Botas ignífugas.

– Traje de aproximación.

7.7.3.3 Frente a agresivos NRBQ

– Traje de protección máxima NRBQ.

– Traje de protección media NRBQ.

– Equipo de respiración autónoma.

– Máscara de protección NRBQ.

– Filtro para máscara NRBQ y agresivos industriales.

– Dosímetro individual.

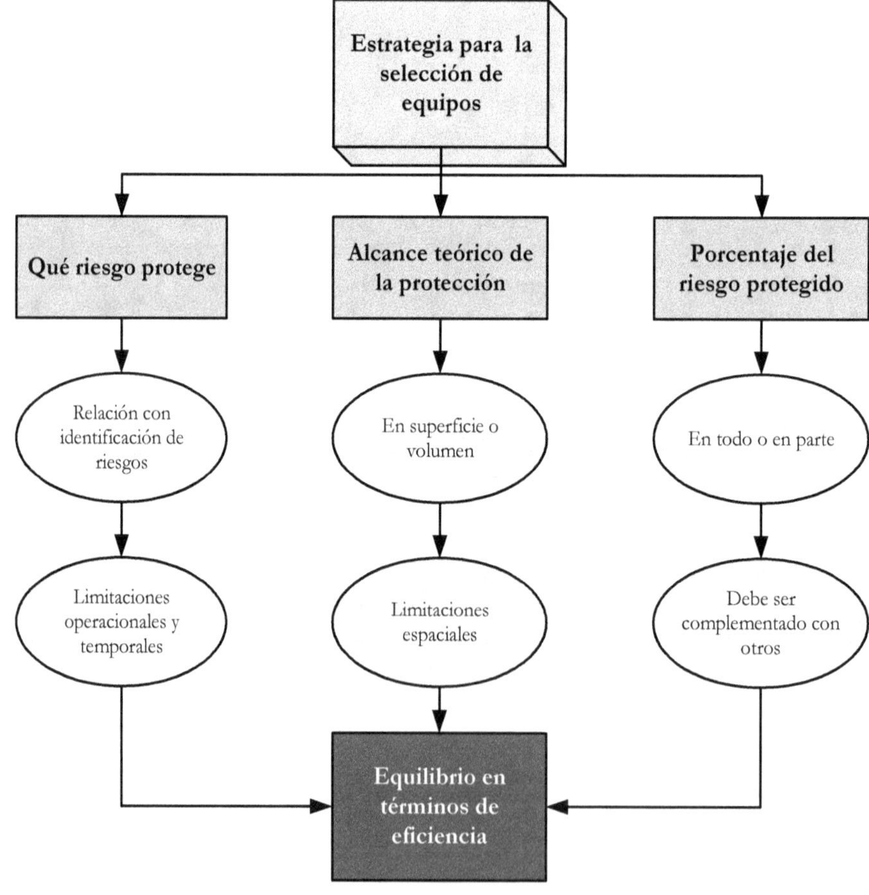

Esquema 7.1.

– Autoinyectable de atropina.

– Papel detector de agresivos químicos.

– Detector de vapores de agresivos químicos.

– Manopla de descontaminación química.

– Servilleta de descontaminación radiológica.

7.8 Selección de equipos y medios técnicos de posible instalación

El mercado de las nuevas tecnologías aplicadas a la protección ha sufrido un gran incremento en los últimos años, incluso antes de vivir hechos dramáticos de alcance internacional bien conocidos. Pueden encontrarse numerosas marcas, fabricantes y diseñadores que ofrecen la mejor solución al tipo de riesgo del que se pretende proteger.

Si esto es bien sabido, el problema surge en el criterio selectivo, ya que la máxima que cabe seguir en todo momento es que «no todo sirve para todo» como habitualmente se pretende en la relación vendedor-comprador.

Cuando se selecciona un equipo, éste no sólo debe cumplir los objetivos previsto sino que, especialmente en los equipos personales, debe ser aceptado por sus usuarios, quienes en definitiva deberán utilizarlo y estar convencidos de su valía.

Por ello son aplicables todos los criterios objetivos que se aplican en un proceso de calidad, en el que debe obtenerse respuesta a las siguientes cuestiones estratégicas, según se muestra en el esquema 7.1.

A modo de ejemplo, se citan algunas fichas técnicas de equipos de protección:

FICHA DE MATERIAL N.º 1
Radar de superficie

– *Descripción*. Equipo destinado a detectar embarcaciones en el mar.

– *Fundamento*. La detección de objetos capaces de reflejar cierta cantidad de señales de microondas, emitida y recibida por el mismo receptor, efecto Doppler. Se denominan detectores por microondas por utilizar una emisión radioeléctrica del espectro de las microondas de unos 10 GHz.

FICHA DE MATERIAL N.º 2
Sistema integrado de vigilancia con visor térmico

– *Descripción*. Sistema integrado de vigilancia día/noche para la detección visual en todo tipo de condiciones ambientales, de personas, vehículos y embarcaciones, en superficie. Proporciona imágenes térmicas y visibles, simultánea, con posibilidades de fusión de ambas, además de facilitar distancias y orientación al llevar incorporado un telémetro láser. El sistema está maritimizado para exteriores y el cabezal tiene rotación en 360° y elevación entre −80° hasta +80°, pudiéndose instalar en un vehículo o edificio. Detecta a una persona desde 500 m. Aunque éste no sea su uso específico, también dispone de sistema de grabación de imágenes en vídeo.

– *Fundamento*. El sistema se fundamenta en la captación de la energía infrarroja que emiten los objetos, distinta para cada material en función del calor específico que posee, y que permite buscar el contraste térmico entre ellos. Para facilitar la identificación se ha añadido un sistema de TV, además del telémetro orientado.

– *Ventajas*. No le afecta la luz visible ni las sombras y permite observar sin ningún tipo de luz, incluso a través de humo y niebla. Puede analizar estructuras, conducciones de agua, electricidad, vapor, etc., e incluso la presencia anterior de personas, motores que han estado en funcionamiento, etc.

– *Inconvenientes*. No proporciona el reconocimiento facial; dificulta una identificación exacta.

FICHA DE MATERIAL N.º 3
Circuito cerrado de televisión

– *Descripción*. Es un conjunto limitado de cámaras y monitores de TV, cuyas señales de vídeo se distribuyen por medio de una red cerrada de comunicación, por cable o radiofrecuencia, que permite visualizar y grabar desde una central las zonas y puntos que se consideren esenciales, con el fin de que sirva de apoyo al resto de los sistemas.

– *Fundamento*. Los de la televisión.

– *Ventajas*. La obtención de información en tiempo real y la conservación de las imágenes para su estudio, prueba judicial, etc.

– *Inconveniente*. Limitaciones técnicas de alcance y claridad. Precisa de la atención personal, que puede disminuir con el cansancio, la falta de interés, etc. Se puede provocar un exceso de información.

FICHA DE MATERIAL N.º 4
Sensor en valla

– *Descripción*. Sistema formado por cables horizontales tensados que detecta la tracción provocada por escalo, separación y corte de los cables.

– *Fundamento*. Los cables terminan en sensores, situados en los postes, que detectan la variación de la tensión mecánica.

– *Ventajas*. Es insensible a la acción del viento y muy sensible a cortes y separación de cables.

– *Inconvenientes*. No detecta intrusiones subterráneas por encima; montaje complicado; sistema muy complejo según las características del terreno.

FICHA DE MATERIAL N.º 5
Barrera electrónica

— *Descripción.* Este sistema cuenta con una serie de postes equidistantes donde se instalan emisores y receptores de rayos infrarrojos, instalados a lo largo de todo el perímetro de la instalación portuaria y zonas interiores con objeto de detectar el paso de personas y vehículos; irá conectado con el resto de los sistemas para evitar un exceso de falsas alarmas y contará con *tamper* contra sabotaje.

— *Fundamento.* Está basado en el corte de una emisión de rayos infrarrojos por una persona u objeto que atraviese el haz de los mismos.

— *Ventajas.* Concreción de la zona de detección, buena sensibilidad y difícil de anular.

— *Inconvenientes.* Falsas alarmas originadas por aves y pequeños animales; dificultad de ajuste; precisa de terreno regular con ausencia de vegetación y le afecta la niebla.

FICHA DE MATERIAL N.º 6
Detector de presión en el suelo

— *Descripción.* En el perímetro de la instalación portuaria, en combinación con el resto de sensores perimetrales, se instalará enterrado un sistema de sensores para detectar el paso de intrusos.

— *Fundamento.* Detección de la presión en el suelo mediante sensores sísmicos analógicos; sus señales son tratadas conjuntamente.

— *Ventajas.* Buena sensibilidad, invisibilidad e inmunidad a los fenómenos atmosféricos y las radiaciones.

— *Inconvenientes.* Genera falsas alarmas causadas por roedores y raíces.

FICHA DE MATERIAL N.º 7
Contactos magnéticos

— *Descripción.* Sistema de detección puntual de apertura de puertas, ventanas y retirada de objetos.

— *Fundamento.* Se detecta la separación de dos piezas, imán y contactos, ya que el primero los mantiene en una posición determinada.

— *Ventajas.* Bajo coste, no precisa alimentación eléctrica y bajo nivel de falsas alarmas.

— *Inconvenientes.* Posible sabotaje con imanes exteriores e intrusión por rotura de la puerta o ventana.

FICHA DE MATERIAL N.º 8
Detector volumétrico en interiores

– *Descripción.* Sistema que permite la detección de personas en el interior de habitaciones y demás lugares cerrados. Se instalará en los accesos y en las zonas que contengan información importante, objetos de valor y sistemas o medios de seguridad.

– *Fundamento.* Detecta el movimiento de personas analizando las variaciones de la radiación inflarroja en el ambiente. Se denomina pasivo porque no emite ningún tipo de señal. Analiza el ambiente de forma discontinua para detectar la variación brusca de la radiación presente.

– *Ventajas.* Gran sencillez de instalación.

– *Inconvenientes.* Baja sensibilidad; dependencia de la temperatura ambiental; fácil apantallamiento; falsas alarmas causadas por pequeños animales.

FICHA DE MATERIAL N.º 9
Detector microfónico

– *Descripción.* Sensor que se emplaza en cristales, puertas o incluso en paredes para detectar fracturas en las mismas.

– *Fundamento.* Detección de sonido y vibración.

FICHA DE MATERIAL N.º 10
Arco detector de metales

– *Descripción.* Sistema destinado a detectar al paso de las personas si portan algún objeto metálico de una masa predeterminada. Se empleará en el control de accesos de forma obligatoria.

Capítulo 8
Aspectos jurídicos de la protección portuaria

8.1. Autoridades de seguridad portuaria de ámbito nacional

El PBIP dispone que los gobiernos contratantes y su autoridad designada adopten una serie de medidas para dar cumplimiento a sus requisitos y disposiciones.

Dado que muchos países disponen de diversas instalaciones portuarias y grandes extensiones geográficas que deben ser materia de seguridad, se establecen disposiciones que asignan algunas tareas y responsabilidades a los ámbitos locales del país.

Es responsabilidad de la autoridad designada determinar qué medidas de ámbito nacional son necesarias para dar cumplimiento al PBIP y establecer un marco de cooperación entre los organismos gubernamentales, las administraciones locales y los sectores del transporte marítimo y portuario. También dispone que esa autoridad establezca las funciones y responsabalidades de tales entidades para garantizar la seguridad marítima nacional e internacional.[1]

Pese a establecerse un marco de cooperación entre organismos gubernamentales con funciones y responsabilidades determinadas, la dinámica del comercio marítimo y las instalaciones portuarias probablemente requiera, para ser efectiva, la asistencia e idoneidad de organizaciones no gubernamentales y del sector privado. El PBIP también dispone que la autoridad designada pueda permitir que «organizaciones de seguridad reconocidas» (OSR) desempeñen funciones relacionadas con la seguridad de las instalaciones y los servicios portuarios.

8.1.1 Naturaleza y funciones de la policía portuaria

En primer lugar, en España, la Ley Orgánica 2/1986, de 13 de marzo, de Fuerzas y Cuerpos de Seguridad, en su artículo 1, dispone que la seguridad pública es competencia exclusiva del Estado y que su mantenimiento se ejercerá por las distintas Administraciones públicas a través de las fuerzas y cuerpos de seguridad. Asimismo, en su artículo 4.2 establece que las personas y entidades que ejerzan funciones de vigilancia, seguridad o custodia referidas a bienes o servicios de utilidad pública tienen especial obligación de auxiliar o colaborar en todo momento con las fuerzas y cuerpos de seguridad. Sin embargo, no se deduce del precepto —ni siquiera implícitamente— la atribución automática a las mismas del carácter de agentes de la autoridad, sino únicamente de auxiliares o colaboradores.[2]

---

[1] Ibíd., parte A, sección 1.2.

[2] Informe sobre posibilidad de utilizar difusores de defensa personal por parte de los celadores-guardamuelles, Secretaría General Técnica del Ministerio del Interior, 14 de febrero de 2004; e Informe sobre calificación de

Por su parte, la Ley 1/1992, de 21 de febrero, sobre Protección de la Seguridad Ciudadana, en su artículo 4, establece que «en las materias sujetas a potestades administrativas de policía especial no atribuidas expresamente a órganos dependientes del Ministerio del Interior, éstos sólo podrán intervenir en la medida necesaria para asegurar la consecución de las finalidades previstas en el apartado 2 del artículo 1». Y añade: «Dichos órganos, a través de sus agentes, deberán prestar el auxilio ejecutivo necesario a cualesquiera otras autoridades públicas que lo requieran para asegurar el cumplimiento de las leyes».

La Ley 27/1992, de 24 de noviembre, de Puertos del Estado y de la Marina Mercante, modificada por la Ley 62/1997, de 26 de diciembre, y por la Ley 48/2003 sobre Régimen Económico y de Prestación de Servicios de los Puertos de Interés General, de 26 de noviembre, encomienda a las autoridades portuarias el ejercicio de las funciones de vigilancia, seguridad, policía y protección civil dentro de los recintos portuarios (sin que se mencione siquiera la figura de los celadores-guardamuelles), procediendo asimismo a modificar el régimen del personal al servicio de los puertos de interés general, al adquirir la condición de personal laboral.

El artículo 106 de la citada Ley establece que las autoridades portuarias elaborarán, con informe de la capitanía marítima, un «reglamento de servicio y policía del puerto» que regulará el funcionamiento de los diferentes servicios y operaciones y será enviado al Organismo Público Puertos del Estado para su elevación, acompañado del correspondiente informe, al Ministerio de Fomento para su aprobación.

En relación con dicho reglamento (en fase de proyecto en 2004), cabe señalar que la Ley de Régimen Económico y de Prestación de Servicios de los Puertos de Interés General, en su Disposición Adicional Duodécima, señala que las menciones que en la Ley 27/1992 se hacen al Reglamento de Servicio y Policía de los puertos se entenderán hechas al Reglamento de Explotación y Policía de los puertos.

Por su parte, la Disposición Adicional Decimotercera del citado proyecto establece lo siguiente:

1. Las funciones de policía especial, enunciadas en el artículo 4.1 de la Ley Orgánica 1/1992, de 21 de febrero, sobre Protección de la Seguridad Ciudadana, atribuidas a la autoridad portuaria por la Ley de Puertos del Estado y de la Marina Mercante, corresponden a su consejo de administración.

2. Dichas funciones serán ejercidas en la forma que determine el Reglamento de Explotación y Policía, por «los celadores-guardamuelles y demás personal de la autoridad portuaria, debidamente cualificado y adscrito al servicio de policía, a cuyo efecto tendrán la consideración de agentes de la autoridad de la administración portuaria en el ejercicio de las potestades de policía portuaria recogidas en la Ley de Puertos del Estado y de la Marina Mercante, sin perjuicio de la obligación de colaborar siempre que sea preciso con las fuerzas y cuerpos de seguridad».

Las funciones que el actual Proyecto de Reglamento de Servicios y Policía de los puertos (cuya denominación futura será la de Reglamento de Explotación y Policía de los puertos) pretende otorgar a los celadores-guardamuelles son las siguientes:

---

actividades realizadas por un particular en un bote pesquero y categoría profesional atribuible al mismo, Secretaría General Técnica del Ministerio del Interior, de 12 de febrero de 2004.

- Control, inspección y coordinación de los servicios portuarios y los de señalización marítima, prestados directamente por la autoridad portuaria o mediante gestión indirecta.
- Control, inspección y coordinación de las operaciones y actividades que requieran su autorización y concesión.
- Vigilancia del cumplimiento de las cláusulas y condiciones impuestas en el acto de otorgamiento de las concesiones y autorizaciones.
- Control e inspección de las obras, instalaciones y equipos situados en la zona portuaria en el ámbito de sus competencias.
- Control en el ámbito portuario del cumplimiento de los reglamentos de mercancías peligrosas y de seguridad y salud, así como de los sistemas de seguridad y contraincendios, sin perjuicio de las competencias que correspondan a otros órganos de la Administración.
- Control del acceso de las personas a los inmuebles, obras, instalaciones portuarias y zonas de acceso restringido o acotadas de la zona de servicio portuario.

Algunas comunidades autónomas, como Catalunya, ya han elaborado su propio reglamento de policía portuaria; en este caso, de aplicación en los puertos situados en el territorio catalán que no tengan la consideración de puertos de interés general (Decreto 206/2001, de 24 de julio, de aprobación del Reglamento de Policía Portuaria).

De acuerdo con lo anteriormente expuesto, cabe extraer las siguientes consideraciones:

1. Según se desprende de la Disposición Adicional Decimotercera del la Ley sobre Régimen Económico y de Prestación de Servicios de los Puertos de Interés General, las funciones atribuidas a la autoridad portuaria cuyo ejercicio corresponderá básicamente a los celadores-guardamuelles, son de policía especial (también conocidas como de policía de dominio público) en la zona de servicio de los puertos de interés general, cuya naturaleza no se corresponde ni con las funciones de seguridad pública, entendida como el conjunto de actuaciones encaminadas a la prevención y represión de delitos y faltas, ni con las de seguridad privada en cuanto subordinadas y complementarias de aquéllas.

2. De conformidad asimismo con la citada disposición adicional, el servicio de policía portuaria estará básicamente constituido por los celadores-guardamuelles, a los cuales se atribuye el carácter de agentes de la autoridad de la administración portuaria en el ejercicio de las potestades de policía portuaria, entendiendo la Secretaría General Técnica que tal condición no les faculta, en ningún caso, para desempeñar funciones de mantenimiento de la seguridad pública ni de policía general, aunque tengan obligación de auxiliar y colaborar con, en todo momento, las fuerzas y cuerpos de seguridad.

Esta atribución expresa pone fin a una contradictoria jurisprudencia (entre otras, S 31-7-2002, S 3-6-2002, S 23-5-2002, S 25-1-2002 y S 28-9-2000) que no llegaba a precisar con la suficiente seguridad jurídica si los celadores-guardamuelles debían ser considerados como agentes de la autoridad. Por medio de esta Disposición Adicional Decimotercera, sin ningún lugar a dudas, los celadores-guardamuelles pasan a ostentar tal consideración.

8.2 OPR (Organizaciones de protección reconocidas)

En su artículo 4.3 de la parte A, el Código PBIP dispone que la autoridad designada pueda permitir que «*organizaciones de seguridad reconocidas (OSR)*»[3,4] desempeñen ciertas funciones relacionadas con la seguridad de las instalaciones y los servicios portuarios. Es necesario considerar el tipo de funciones que podrían desempeñar estas organizaciones al evaluar su competencia para las tareas que se les destinen. Podría designarse una autoridad portuaria o un operador de las instalaciones y los servicios portuarios como organización de seguridad reconocida, siempre que posean la idoneidad en seguridad que se especifica en el Código PBIP.[5]

En este sentido, en España está en vigor el Real Decreto 90/2003 sobre reglas y estándares comunes para las organizaciones de inspección y control de buques y para las actividades correspondientes de la administración marítima,[6] que incorpora a nuestro ordenamiento jurídico la Directiva 2001/105/CE y actualiza las referencias a los convenios interncionales y sus protocolos y códigos conexos que son de aplicación, asumir varias resoluciones de la OMI, añadiendo requisitos nuevos para el reconocimiento de las organizaciones de protección reconocidas, centralizando dicho reconocimiento a través de la Comisión, así como el seguimiento de las actividades de las organizaciones y la posible suspensión de las mismas, armonizando los aspectos relativos a la responsabilidad en la que puedan incurrir las organizaciones y, finalmente, introduciendo otras novedades de menor trascendencia.

Una organización de protección reconocida (OPR) está definida como «[...]aquella organización que haya sido objeto de reconocimiento por parte de la Administración marítima española o de la de cualquier otro Estado miembro de la Unión Europea[...]»,[7] pudiendo ser una sociedad de clasificación[8] u otra entidad privada que efectúe labores de evaluación de la

---

[3] En inglés: *Recognized Security Organizations* (OSR).

[4] Sobre esta cuestión véase también: Resolución OMI A. 739 (18), anexo, apéndice 1)-(Directrices relativas a la autorización de las organizaciones que actúen en nombre de la Administración), Resolución OMI A. 789 (19) (Especificaciones relativas a las funciones de reconocimiento y certificación de las organizaciones reconocidas que actúen en nombre de la Administración) y circular MSC 1074 (Medidas para mejorar las directrices marítimas de la seguridad para la autorización de organizaciones de seguridad reconocidas que actúan en nombre de la Administración y autoridad designadas por parte de un gobierno contratante).

[5] Ibíd., parte B, secciones 4.3 y siguientes.

[6] Real Decreto 90/2003, de 24 de enero, sobre Reglas y Estándares Comunes para las Organizaciones de Inspección y Control de Buques y para las Actividades Correspondientes de la Administración Marítima, publicado en el BOE n.º 30, de 4-2-03.

[7] Ibíd., art. 2.g.

[8] La UE (Decisión de la Comisión de 14 de marzo de 2002 por la que se modifica la Decisión 96/587/CE sobre la publicación de la lista de organizaciones reconocidas que han sido notificadas por los Estados miembros en virtud de la Directiva 94/57/CE del Consejo, notificada con el número C(2002) 995 y texto pertinente a efectos del EEE: 2002/221/CE) ha reconocido las siguientes sociedades de clasificación:

- American Bureau of Shipping (ABS).
- Bureau Veritas (BV).
- China Classification Society (CSS).
- Det Norske Veritas (DNV).
- Germanischer Lloyd (GL).

seguridad marítima en nombre de un Estado miembro de la UE. En cuanto al Ministerio de Fomento habilite una OPR para realizar las inspecciones y controles previstos en el citado Real Decreto, ésta se convertirá en una organización autorizada.

Con carácter previo a la autorización por la Administración marítima de una organización no reconocida, la Subsecretaría de Fomento, a propuesta de la Dirección General de la Marina Mercante, solicitará su reconocimiento por la Comisión de las Comunidades Europeas de conformidad con lo previsto en el apartado 1 del artículo 4 de las Directiva 94/57/CE del Consejo.

Según el citado código, podrá designarse como OPR a un puerto, a una autoridad portuaria o al explotador de una instalación portuaria si poseen los conocimientos pertinentes en materia de protección,[9] entre los que se incluyen la aprobación de los planes de protección de los buques, o de enmiendas a estos planes, en nombre de la Administración; la verificación y certificación de que el buque cumple lo prescrito en el capítulo XI-2 y en la parte A del Código PBIP, la realización de las evaluaciones de la protección de las instalaciones portuarias exigidas por el gobierno contratante y el asesoramiento a las compañías o instalaciones portuarias en materia de protección, incluidas las evaluaciones de la protección de los buques y los planes de protección de las instalaciones portuaria. En el caso de que una OPR haya realizado la evaluación de un buque, no se le deberá autorizar a que apruebe el plan de protección de ese buque.

8.3 El puerto y la autoridad portuaria como OPR

El mismo código PBIP recoge expresamente en su parte B (art. 4.7) que se podrá designar como OPR a un puerto, a una autoridad portuaria o al explotador de una instalación portuaria si poseen los conocimientos pertinentes en materia de protección, que son los siguientes:

1. Conocimiento especializado de los aspectos de protección pertinentes.
2. Conocimiento adecuado de las operaciones de los buques y los puertos, que incluirá un conocimiento del proyecto y la construcción de buques, si ofrece servicios a los buques, y del proyecto y la construcción de puertos, si ofrece servicios a las instalaciones portuarias.
3. Capacidad para evaluar los riesgos más comunes en relación con la protección de las operaciones de los buques y las instalaciones portuarias, incluida la interfaz buque-puerto, y la forma de reducir al mínimo tales riesgos.

- Hellenica Register of Shipping (HRS).
- Korean Register of Shipping (KR).
- Lloyd's Register of Shipping (LR).
- Nippon Kaiji Kyokai (NK).
- Registro Italiano Navale (Rina).
- Registro Internacional Naval (Rinave).
- Russian Maritime Registry of Shipping (RS).

[9] Consideración del Código Internacional para la Protección de los Buques y de las Instalaciones Portuarias (PBIP), anexo 1, parte B, secciones 4.7 y siguientes.

4. Capacidad para actualizar y perfeccionar los conocimientos especializados de su personal.

5. Capacidad para controlar que su personal sea en todo momento de confianza.

6. Capacidad para mantener las medidas apropiadas para evitar la divulgación no autorizada de material confidencial sobre protección, o el acceso no autorizado al mismo.

7. Conocimiento de lo prescrito en el capítulo XI-2 y en la parte A del Código PBIP, así como de la legislación nacional e internacional pertinente y de las prescripciones sobre protección.

8. Conocimiento de las tendencias y amenazas actuales en relación con la protección.

9. Conocimientos sobre el reconocimiento y la detección de armas y sustancias o dispositivos peligrosos.

10. Conocimientos sobre el reconocimiento, sin carácter discriminatorio, de las características y pautas de comportamiento de las personas que puedan suponer una amenaza para la protección.

11. Conocimiento de las técnicas utilizadas para eludir las medidas de protección.

12. Conocimiento de los equipos y sistemas de protección y vigilancia, y de sus limitaciones operacionales.

8.4 Apartados del artículo 16, partes A y B del Código PBIP

Los apartados del artículo 16 del Código PBIP hacen referencia a los contenidos mínimos que deben tenerse en cuenta para la elaboración del plan de protección de la instalación portuaria. La parte A establece la necesidad de la elaboración y mantenimiento de un plan de protección, basándose en la evaluación de la protección de la instalación portuaria, que tiene que adecuarse a la interfaz buque-puerto. El plan comprenderá tres niveles de protección que se definen en esta parte del Código, teniendo en cuenta las orientaciones contenidas en la parte B, y deberá ser aprobado por el gobierno en cuyo territorio esté situada la instalación portuaria.

El plan se ocupa principalmente de determinar medidas para evitar que se introduzcan a bordo de un buque o en la instalación portuaria armas, sustancias peligrosas y dispositivos destinados a usos no autorizados, y medidas de prevención al acceso no autorizado a la instalación portuaria, a los buques amarrados en ella y a las zonas restringidas de la misma. Además, deberá contener obligatoriamente la descripción de los procedimientos necesarios para hacer frente a las amenazas para la protección de la instalación portuaria, detallando las tareas y responsabilidades del personal en relación con la protección y los procesos para garantizar la protección eficaz del personal, de los buques y de la carga, y del equipo para la manipulación de la carga en la instalación. Las disposiciones necesarias para mantener las operaciones esenciales de la instalación portuaria y los procedimientos de evacuación, así como las medidas para garantizar las revisiones periódicas y la protección de toda la información contenida en el mismo, también deberán reflejarse en el documento.

Es significativo señalar que la parte A del PPIP coincide exactamente con el texto de la propuesta de Reglamento del Parlamento Europeo y del Consejo (véase artículo 16 del «Plan de protección de la instalación portuaria», COM (2003) 229, final de 2 de mayo de 2003).

Las recomendaciones contenidas en la parte B del Código relativas al plan de protección de la instalación portuaria sugieren que sea preparado por el oficial de protección (OPIP). Y su contenido podrá variar en función de las circunstancias especiales de la instalación o instalaciones portuarias a que se aplique para, en consecuencia, tomar las medidas de protección necesarias para reducir al mínimo el riesgo de que haya un fallo de protección y las consecuencias de los posibles riesgos. El PPIP tiene que reflejar detalladamente, en cualquier caso, la estructura y organización de la protección de la instalación portuaria, las medidas básicas y adicionales de protección y salvaguardia que se hayan adoptado para los tres niveles de protección y los procesos de implantación y notificación. El Código hace una distinción entre las distintas zonas portuarias, analizando cada una de ellas en función del nivel de seguridad al que pueda estar expuesta.

8.5 La determinación de las instalaciones portuarias

Para la determinación de las instalaciones portuarias deberán diferenciarse los siguientes supuestos:

a) Terminales *en régimen de concesión o autorización.*

a1) Terminales en las que el atraque forme parte de la concesión o autorización. Se considerará instalación portuaria la terminal junto con el atraque, hasta los límites de la concesión o autorización, siendo su titular el responsable de la protección.

a2) Terminales en las que el atraque no forme parte de la concesión o autorización. Cuando el atraque sea mayoritariamente utilizado por el concesionario o autorizado, la instalación portuaria incluirá el citado atraque y el espacio concesionado o autorizado, siendo el titular de la concesión o autorización el responsable de la protección de la instalación portuaria así definida. Cuando el atraque no sea mayoritariamente utilizado por el concesionario o autorizado, será considerado como una instalación portuaria, y su protección será responsabilidad de la autoridad portuaria, distinta de la instalación portuaria constituida por la terminal concesionada o autorizada, cuya protección es responsabilidad del titular de la concesión o autorización.

b) Terminales no otorgadas en régimen de concesión o autorización. La instalación portuaria comprenderá la terminal y el atraque, siendo la autoridad portuaria responsable de su protección.

c) En la zona de agua se considerará instalación portuaria individual cada uno de los espacios de la lámina de agua en los que se desarrolle una interfaz entre el buque y el puerto, incluyéndose en este concepto zonas como fondeaderos, atracaderos de espera, acceso desde el mar o similares. Deberá distinguirse entre:

c1) Si el espacio de agua está asignado a una concesión o autorización, el responsable de su protección será el titular de la misma.

c2) Si el espacio de agua no está asignado a una concesión o autorización, el responsable de su protección será la autoridad portuaria.

d)   En los casos en que la interfaz buque-puerto se refiera a la prestación de servicios al buque, no relacionados con los citados en los epígrafes anteriores, tales como servicios de telecomunicaciones, ayudas a la navegación, sistemas de control de trafico marítimo, etc., se considerará como instalación portuaria uno de los lugares donde tiene lugar la provisión de tales servicios portuarios. La autoridad portuaria será responsable de la protección de dichas instalaciones.

8.5.1 *El acceso a la instalación portuaria*

El PPIP indicará los lugares en que se restringirá o prohibirá el acceso en cada nivel de protección. Para cada nivel de protección, el PPIP debe especificar el tipo de restricción o prohibición que se impondrá y los medios para garantizar su observancia. Los lugares de registros de personas, efectos personales y vehículos deben estar cubiertos para poder funcionar de manera continua, independientemente de las condiciones meteorológicas e indicando la frecuencia con que se aplicarán los controles de acceso, y especialmente si se aplicarán al azar, o de vez en cuando.

En el nivel de protección 1, el PPIP establecerá los puntos de control en que podrán aplicarse medidas de control y verificación de la identidad de todas las personas y vehículos que deseen entrar en la instalación portuaria, quedando todas ellas registradas. En el nivel de protección 2 se podrá destinar más personal a la vigilancia de los puntos de acceso y a patrullar las barreras del perímetro de la instalación, aumentando la frecuencia de los registros de personas y denegando el acceso a los visitantes que no puedan aportar una justificación verificable, mientras que en el nivel de protección 3, la instalación portuaria deberá cumplir las instrucciones de los encargados de hacer frente al suceso que afecte a la protección marítima o a la amenaza de éste.

8.5.2 *Las zonas restringidas de la instalación portuaria*

Las zonas restringidas tienen por objeto la protección de las personas presentes en la instalación portuaria, la instalación portuaria misma, buques que utilicen la instalación portuaria o presten servicios en ella, lugares y zonas vulnerables, así como el equipo y los sistemas de protección y vigilancia. Todas estas zonas restringidas deberán estar claramente marcadas. En el nivel de protección 1, el PPIP establecerá las medidas de protección aplicables a las zonas restringidas, tales como la instalación de barreras permanentes o temporales y los sistemas automáticos de detección de intrusos, así como la organización de patrullas y guardia. En el nivel de protección 2 se incrementará la frecuencia de la vigilancia y el control del acceso a las zonas restringidas, mientras en el nivel de protección 3 la instalación portuaria debe cumplir las instrucciones de los encargados de hacer frente al suceso que afecte a la protección marítima o a la amenaza de éste.

8.6 La manipulación de la carga

Las medidas de protección de la carga deberán tender a evitar su manipulación indebida; y evitar que se reciban y almacenen en la instalación portuaria cargas que no estén destinadas a ser transportadas. Una vez en la instalación portuaria, la carga debe poder identificarse para establecer que ha pasado los controles pertinentes y ha sido aceptada para su embarque en un buque o para almacenamiento temporal en una zona restringida antes de ser embarcada. El nivel de protección 1 prevé la inspección y la comprobación de la carga, las unidades de transporte y las zonas de almacenaje, mientras que en el nivel de protección 2 se intensificarán dichos controles mediante inspecciones pormenorizadas y aumentando la frecuencia de las comprobaciones. En el nivel de protección 3, la instalación portuaria debe cumplir las instrucciones de los encargados de hacer frente al suceso que afecte a la protección marítima o a la amenaza de éste.

8.6.1 *La entrega de las provisiones del buque*

Las medidas de protección relativas a la entrega de las provisiones del buque deben garantizar que se compruebe la integridad de los embalajes y de las provisiones del buque, evitando que se acepten sin inspección previa y con cualquier tipo de manipulación indebida.

En el caso de los buques que utilicen la instalación portuaria con regularidad, podría ser conveniente acordar procedimientos para el buque, sus proveedores y la instalación portuaria con respecto a la notificación y el momento de entrega de las provisiones y la documentación correspondiente. Siempre debe ser posible confirmar que las provisiones que se entregan van acompañadas de alguna prueba de que han sido pedidas por el buque.

En el nivel de protección 1 se realizarán inspecciones de las provisiones, así como el registro de los vehículos utilizados para la entrega.

Por el contrario, en el nivel de protección 2 se efectuarán inspecciones pormenorizadas de las provisiones de los buques aumentando la frecuencia y la minuciosidad de los registros de los vehículos utilizados para las entregas. En el nivel de protección 3 la instalación portuaria debe cumplir las instrucciones de los encargados de hacer frente al suceso que afecte a la protección marítima o a la amenaza de éste.

8.6.2 *Los equipajes no acompañados*

Se entenderá como «equipajes no acompañados» todo equipaje, incluidos los efectos personales, que no esté con el pasajero o el miembro del personal del buque en el lugar de la inspección o el registro. Éstos deberán ser identificados y sometidos a un examen adecuado, antes de su traslado desde la instalación al buque. No se prevé que tanto la instalación portuaria como el buque tengan que examinar estos equipajes, y en los casos en que ambos cuenten con el equipo adecuado, la instalación portuaria debe ser la responsable de examinarlos.

Es esencial colaborar estrechamente con el buque y hay que tomar las medidas necesarias para garantizar la seguridad de los equipajes no acompañados después de su examen. En el nivel de protección 1, el PPIP establecerá medidas de protección aplicables a los equipajes no acompañados para garantizar que todos ellos se sometan a un examen, que en el nivel de protección 2 prevé la utilización de equipo de rayos X en todos los equipajes.

En el nivel de protección 3, la instalación portuaria debe cumplir las instrucciones de los encargados para hacer frente a una situación de amenaza.

8.7 La vigilancia de la protección de la instalación portuaria

Desde la propia instalación se debe poder vigilar en todo momento, incluso en la oscuridad y con visibilidad limitada, toda la instalación portuaria, los accesos por mar y tierra, las zonas restringidas dentro de la instalación, los buques que se encuentren en ella y los alrededores de esos buques. Para tal vigilancia debe emplearse cualquier tipo de medio (alumbrado, guardia-patrullas de a pie, motorizadas y en embarcaciones, dispositivos automáticos de detección de intrusos y equipo de vigilancia).

En el nivel de protección 1, el PPIP establecerá las medidas de protección aplicables, que permitan la observación de la zona de la instalación portuaria en general, incluidos los accesos por mar y tierra. En el nivel de protección 2 se aumentará la intensidad del alumbrado y la cobertura del equipo de vigilancia, destinando más personal de protección a las tareas de observación y patrullaje. En el nivel de protección 3, la instalación portuaria debe cumplir las instrucciones de los encargados de hacer frente al suceso que afecte a la protección marítima.

El PPIP debe establecer los procedimientos y las medidas de protección que puede aplicar la instalación portuaria si su nivel de protección es inferior al de un buque y, además, indicar los procedimientos que habrán de seguirse cuando el OPIP, atendiendo a las instrucciones del gobierno contratante, solicite una declaración de protección marítima o cuando tal declaración la solicite un buque.

En cualquier caso, todo PPIP tiene que ser aprobado por cada gobierno contratante, que establecerá los procedimientos para los aspectos relacionados con presentación de los PPIP al gobierno; el examen, la aprobación, la inspección y la auditoria de los PPIP, garantizando la confidencialidad de su contenido.

Los problemas planteados sobre este apartado están intrínsecamente unidos a la concesiones reguladas por la autoridad portuaria, ya que la interfaz buque-puerto coincide, en la mayoría de los casos, con una de las mismas. La identificación de una gran mayoría de posibles interfaces se producirá en las superficies e instalaciones portuarias situadas en el marco de las empresas concesionarias por tráfico y actividad.

Antes de las prescipciones del código, las empresas concesionarias deben mantener niveles de seguridad similares a los del puerto donde están ubicadas, de tal manera que no representen por sí mismas amenazas individuales desvinculadas de su seguridad global.

El mantenimiento diario de las condiciones operativas de los planes de una instalación portuaria corresponde a la concesionaria, independientemente de sí fueron diseñados y desarrollados por ella o acordados con la autoridad portuaria correspondiente.

El caso particular del PPIP también podría pasar por cualquiera de estas dos alternativas:

1. Plan de protección planificado por la propia concesión.

2. Plan de protección acordado con la autoridad portuaria.

8.8 Apartados del artículo 17 de las partes A y B del Código PBIP

En la definición de los distintos tipos de interfaz que se crean en función de las características operacionales y distributivas de las instalaciones portuarias, se identifican ciertos aspectos que precisan ser interpretados.

8.8.1 OPIP (Oficial de protección de la instalación portuaria)

Los apartados del artículo 17 hacen referencia a los perfiles y cometidos del oficial de protección de la instalación portuaria (OPIP), que será designado para cada una de ellas. Sus responsabalidades se centrarán en llevar a cabo una evaluación inicial de la instalación, garantizando e implantando la elaboración y el mantenimiento de su plan de protección y realizando inspecciones periódicamente para asegurar que las medidas tomadas sigan siendo adecuadas, subsanando deficiencias y actualizándolo en función de los cambios que se den en la instalación. Forman además parte de sus responsabilidades la formación y actualización del personal responsable de la protección de la instalación portuaria, así como la comunicación a las autoridades de los sucesos que supongan una amenaza para la protección de la instalación portuaria.

Las disposiciones contenidas en esta parte A del Código coinciden exactamente con el texto de la propuesta de Reglamento del Parlamento Europeo y del Consejo (véase art. 17, «Plan de Protección de la Instalación Portuaria»), mientras que las previsiones de la parte B, integran las funciones del oficial de protección de la instalación portuaria, aclarando que el OPIP debe ayudar al oficial de protección del buque en los casos excepcionales en que éste último tenga dudas sobre la validez de los documentos de identidad de personas que deseen subir a bordo con fines oficiales.

Surge la pregunta de cuáles deben ser los criterios de selección para poderse convertir en OPIP. Tomando como referencia el Curso de Formación de Oficiales de Protección Marítima de la OMI, cumpliendo así con lo dispuesto en el Código PBIP, varias instituciones están organizando cursos para formar a futuros OPIP. Los participantes deben poseer un título expedido por la Dirección General de Marina Mercante, dominio del inglés y contar con el refrendo respectivo según el convenio SCTW 95, correspondiente a las siguientes categorías:

- Capitán de altura/Jefe de máquinas.
- Capitán de marina/Primer oficial de máquinas.
- Piloto o maquinista naval con más de tres años de experiencia.

Al término del período de formación, el oficial deberá conocer los conceptos de la protección marítima portuaria, con el fin de detectar las amenazas a la protección y adoptar medidas preventivas. Para ello debe comprender los métodos con que llevar a acabo las evaluaciones y los planes de protección, tanto de un buque como de una instalación portuaria. Entre los objetivos específicos cabe destacar los siguientes:

- Comprender los conceptos y principios básicos de la protección marítima.
- Demostrar conciencia sobre la protección y la necesidad de contar con una interfase entre protección portuaria-protección del buque.
- Demostrar conocimientos de los convenios, resoluciones y políticas de la OMI, de la legislación nacional y de las medidas y procedimientos actuales recomendados sobre protección portuaria y del buque.
- Demostrar aptitud para llevar a cabo una evaluación de protección de una instalación portuaria y un estudio de protección del buque.
- Demostrar conocimientos para la formación e instrucción en protección marítima.

- Comprender cómo se utilizan las evaluaciones de protección para la elaboración de planes de protección del buque y de una instalación portuaria.
- Elaborar, presentar para aprobación, implantar y mantener un plan de protección, llevando a cabo las modificaciones para corregir las deficiencias y satisfacer las necesidades de protección de cada buque.

Sólo podrán ser elegidos como oficial de protección de una instalación portuaria los oficiales de la marina mercante o personas en posesión de un título expedido por la Dirección General de Marina Mercante, con dominio del inglés y que sean designados por las empresas navieras, las Administraciones portuarias o las instalaciones portuarias.

8.8.2 OPB (Oficial de protección del buque) y OCPM (Oficial de compañía de protección marítima)

Las figuras representadas por el oficial de protección del buque (OPB) y el oficial de protección de la instalación portuaria (OPIP) no precisan, por su claridad, interpretaciones adicionales, ya que su presencia forma parte de la política de recursos humanos establecida bien por la naviera o por el puerto interesado.

El subcomité de la Flag State Implementation (FSI) de la OMI ha decidido recomendar al Maritime Safety Committee (MSC) que establezca que el capitán de un buque pueda ser designado como oficial de protección del mismo.[10] Sin embargo, con la figura del oficial de compañía de protección marítima (OCPM) sí se presentan algunas dudas, al considerar la interfaz en la que se encuentra el buque:

1. Cuando el buque dispone de su propia terminal en el puerto, la compañía se encuentra presente en todo momento y por ello es inmediata su disponibilidad, cubriendo las necesidades puntuales de protección en un buen número de probabilidades de la interfaz.
2. Cuando el buque está en una terminal de servicios de otra titularidad, si la compañía dispone de delegación en el puerto también es de fácil y cómoda designación una persona de su organigrama para asumir las funciones del OCPM.

8.9 Apartados del artículo 15 de las partes A y B del Código

El artículo 15 regula los procedimientos para una correcta evaluación de la protección de la instalación portuaria. La toma de decisiones ha de fundamentarse en el análisis de riesgo como un proceso sistemático y analítico. En él se ha de considerar la probabilidad de que una violación de la seguridad pondrá en peligro un objetivo, un individuo o una función. Por este motivo se han de identificar las acciones que reducirán la vulnerabilidad con el fin de mitigar la gravedad de una violación de la seguridad.

Una vez identificadas las posibles amenazas para los bienes e infraestructuras, calculado la probabilidad de que se materialicen, se podrán establecer las medidas de protección y el orden de prioridad de las mismas.

---

[10] Véase *Briefing* 11/2004 del Subcommittee (FSI).

8.9.1 EPIP (Evaluación de la protección de la instalación portuaria)

La EPIP establece la importancia relativa de las distintas estructuras e instalaciones para el funcionamiento de la instalación portuaria. Este proceso de identificación y evaluación es crucial, ya que sienta las bases para centrar las estrategias de atenuación de riesgos en los bienes y estructuras que más importa proteger ante un posible suceso que afecte a la protección. Este proceso tendrá en cuenta la posible pérdida de vidas, la importancia económica del puerto, su valor simbólico y la presencia de instalaciones gubernamentales, y el OPIP velará para que se efectúe dicha EPIP en la instalación portuaria de la que sea responsable. Puertos del Estado fijará los criterios para la elaboración de las evaluaciones de la protección de las instalaciones portuarias.

La instalación portuaria deberá actuar con arreglo a los niveles de protección establecidos por el Ministerio del Interior, de acuerdo con lo dispuesto en el Convenio SOLAS 1974, en su forma enmendada, y del Código PBIP.

La evaluación de la protección es un proceso que tiene que identificar los bienes e infla-estructuras que es importante proteger, seleccionando y clasificando por orden de prioridad las medidas que contrarresten las amenazas a los puntos vulnerables detectados. En la EPIP deben considerarse los aspectos de la instalación portuaria, su protección física e integridad estructural; los sistemas de protección del personal, las normas y procedimientos; los sistemas radioeléctricos y de telecomunicaciones, incluidos los sistemas y redes informáticos; las infraestructuras de transporte; los servicios públicos, y otras zonas que, al sufrir daños o ser utilizadas como punto de observación para fines ilícitos, podrían poner en peligro a las personas, los bienes o las operaciones que se realicen dentro de la instalación portuaria. La EPIP de cada instalación portuaria deberá ser aprobada por la autoridad portuaria correspondiente, elaborará un informe final de dicha evaluación y lo entregará al titular de dicha instalación para la posterior elaboración del plan de protección de la misma. Este informe se protegerá contra el acceso o la divulgación no autorizados.

La elaboración de EPIP en instalaciones no otorgadas en concesión o autorización podrá ser realizada por la autoridad portuaria o por una OPR. En instalaciones concesionadas o autorizadas la elaboración de dicha evaluación podrá realizarla a su costa el titular de la instalación cuando esté autorizado como OPR, otra OPR debidamente autorizada, o bien la autoridad portuaria, en cuyo caso el titular de la instalación deberá facilitarle toda la información requerida en la forma que ésta determine.

Con la entrada en vigor del Código PBIP, la responsabilidad directa de la protección de la instalación vuelve a estar en cada una de las empresas concesionarias, que están obligadas a gestionar el plan de protección de las instalaciones que disfrutan de régimen de concesión. Tanto los planes de seguridad anteriores con el propio PPIP actual deben ser aprobados y admitidos como adecuados y suficientes para garantizar la protección de las instalaciones, y situarse en todo momento en la misma línea de eficacia que el puerto dispone en su PPP.

Además, cada autoridad se asegurará que se elaboran los planes de protección de las instalaciones portuarias (PPIP) ubicadas en los puertos que gestione, siguiendo los criterios establecidos por Puertos del Estado, que recibirá una copia de los planes aprobados por cada autoridad portuaria. El OPIP garantizará la elaboración de dicho plan y lo podrá realizar él directamente o a través de una OPR, y se encargará de mantenerlo actualizado y operativo en todo momento, verificando su efectividad a través de los correspondientes ejercicios y prácticas que se realicen periódicamente.

8.9.2 *La Declaración de protección marítima*

Puertos del Estado determinará los casos en que se requiere una declaración de protección marítima referida a las operaciones de interfaz buque-puerto, en lo relativo a las instalaciones portuarias ubicadas en los puertos de interés general, y las condiciones en que se formalizarán y mantendrán.

El OPIP será el responsable de la formalización de esta declaración y de su cumplimiento.

8.9.3 *Control del acceso y estancia de los buques en el puerto*

El consignatario del buque o, en su defecto, la compañía naviera o el capitán del buque deberán comunicar, a través del Documento único de escala (DUE), el cumplimiento de los requisitos aplicables en materia de protección marítima establecidos por la enmiendas al anexo del Convenio SOLAS 1974, del PBIP, así como el nivel de protección en el que opera el buque. En caso de incumplimiento de tales requisitos, la autoridad portuaria deberá rechazar la admisión del buque en el puerto, sin perjuicio de las competencias de la autoridad marítima.

Cuando la autoridad portuaria tenga conocimientos fundados de que un buque situado en el puerto que gestiona incumple los requerimientos establecidos por la citada normativa, adoptará las medidas de control que considere procedentes para salvaguardar la protección del puerto, informando de ello a la capitanía marítima y a los OPIP afectados.

8.10 El artículo 132 de la LREPS

En su artículo 132, la LREPS establece un amplio y exhaustivo control por parte de la autoridad portuaria en relación con las siguientes áreas determinadas, sin perjuicio de las competencias que correspondan a otros órganos de la Administración pública y de las responsabilidades que en esta materia correspondan a los usuarios y concesionarios del puerto:

- El cumplimiento de la normativa que afecte a la admisión, manipulación y almacenamiento de mercancías peligrosas.
- El cumplimiento de las obligaciones de coordinación de actividades de prevención de riesgos laborales.[11]
- La normativa que afecta a los sistemas de seguridad, incluidos los que se refieren a la protección ante actos antisociales y terroristas.

El mencionado artículo determina un perfecto posicionamiento de la autoridad portuaria en cuanto a la implantación y vigilancia de otros planes de emergencia y seguridad, estableciendo que cada autoridad portuaria elaborará, además, un plan para la protección de los buques, los pasajeros y las mercancías contra actos antisociales y terroristas en las áreas portuarias, plan que formará parte de las ordenanzas portuarias.

De acuerdo con lo previsto en la legislación vigente sobre prevención y control de emergencias, cada autoridad portuaria elaborará un «plan de emergencia interior» (PEI) para cada

---

[11] Véanse las obligaciones establecidas en el artículo 24 de la Ley 31/1995, de 8 de noviembre.

puerto que gestiona, el cual formará parte de las ordenanzas portuarias. El PEI consiste en dotar al puerto de recursos propios y de personal capaces de llevar a cabo acciones de prevención de riesgos, así como de alarma, evacuación y socorro, extinción de incendios, rescate, salvamento y rehabilitación de servicios esenciales. Con este fin, el PEI establece labores operativas de formación y adiestramiento, no sólo del personal que interviene directamente, sino del resto de personas del entorno portuario.

Con el fin de velar por el mantenimiento y la actualización de la operatividad de los PEI se constituye un comité de implantación, formado por representantes de la autoridad portuaria, de la capitanía marítima, del resto de la comunidad portuaria y de los organismos y fuerzas de seguridad del Estado. El PEI ha de coordinarse con los planes de emergencia de todas las concesiones y poner a disposición de los usuarios del puerto sus medios e instalaciones.

El PEI se complementa con una «guía de respuesta» que indica los procedimientos de actuación para las diferentes situaciones descritas en el plan, por lo que su manejo debe ser bien conocido por los distintos grupos de acción, las personas especialmente preparadas para la intervención directa e inmediata en cada caso.

8.11 Vinculación y coherencia formal de la protección en el sistema portuario español

8.11.1 Plan de protección de cruceros y otros planes de protección

Basándose en el artículo 16.4 del Código PBIP, el plan de protección de la instalación portuaria podrá combinarse con el plan de protección del puerto o cualquier otro plan del mismo para situaciones de emergencia, o formar parte de ellos. A diferencia de las terminales de carga, y al margen de actividades terroristas, los puertos y terminales de cruceros deben tomar medidas que corresponden a la protección civil, atendiendo al número de pasajeros que transportan y que interactúan en la interfaz buque-puerto, en las áreas comerciales y administrativas de las terminales, y en las zonas visitadas desde un punto de vista turístico.

En este contexto no hay que empezar desde el principio, ya que España cuenta con los planes de contingencia, promovidos por los Ministerios de Fomento e Interior a través de la Dirección General de Protección Civil y de sus equivalentes estatales y municipales. Las compañías administradoras de instalaciones portuarias receptoras de cruceros, en colaboración con las direcciones municipales de protección civil y los prestadores de servicios en la materia, deben trabajar juntos para contar con un PPIP para cada terminal que contemple los establecimientos comerciales que los componen, los inmuebles y los puntos de atracción turística más visitados en cada municipio. Este instrumento normativo incluye la prevención de sabotaje y actos terroristas.

8.11.2 Conceptos de seguridad total

La «seguridad total» constituye un nuevo enfoque de la protección de los usuarios de las instalaciones portuarias. En él se integran los sistemas de seguridad activa y pasiva con el objetivo de alcanzar la protección óptima, mediante la reducción de la probabilidad de que suceda un accidente (tradicionalmente entendida como seguridad activa), o mediante la reducción de sus efectos en caso de que éste ocurra (tradicionalmente entendida como seguridad pasiva).

Hasta el momento se han desarrollado diferentes modelos conceptuales de seguridad integral, con una misma filosofía en todos ellos. De este modo, en un modelo integrado de seguridad se puede definir un conjunto de estados que abarcan desde una situación de ausencia de riesgo probable de accidente, hasta la fase posterior al evento perturbador. En este concepto integral de la seguridad merece especial atención la definición de la palabra «riesgo»: un riesgo es toda posibilidad de sufrir una pérdida; bien sea una pérdida pecuniaria cuantificable, una pérdida cualitativa o una pérdida física en perjuicio de la integridad de una persona.

Estos riesgos, que existen en toda actividad humana, se clasifican generalmente en dos grandes grupos: los riesgos especulativos y los riesgos puros. Los riesgos especulativos son aquellos propios del negocio; se denominan incluso así: «riesgo del negocio», y existen como contrapartida a una posibilidad de obtener ganancias. El otro tipo de riesgo, el riesgo puro, existe en toda actividad humana, sin involucrar necesariamente posibles beneficios. De por sí existen en toda actividad tres posibles clasificaciones de estos riesgos puros: los riesgos por actos intencionales, por actos accidentales y por hechos y fenómenos naturales.

Los dos primeros, por actos intencionales y accidentales, poseen una misma característica: existen factores que favorecen que ocurran y hay que poner mucha atención en ellos.

Normalmente, analizando un hecho intencional ya acaecido, como un asalto, un robo, un acto de sabotaje o un acto de terrorismo, se puede concluir que se dio o se pudo ejecutar porque hubieron fallos de alguna naturaleza en la operatividad del sistema que facilitaron que ocurriera. Lo mismo ocurre en los hechos accidentales. Los accidentes no son casualidades, sino hechos que suceden porque coincidieron una serie de factores de inseguridad: hubo descuidos o negligencias u otro tipo de circunstancias que los favorecieron.

En este tipo de riesgos por actos intencionales y por hechos accidentales hay factores que favorecen su ocurrencia. En el otro tipo de riesgo, por fenómenos naturales, no hay factores que lo favorezcan. El hecho ocurre porque la naturaleza lo produce: una tormenta, un terremoto o una inundación son fenómenos naturales. Lo que existen son factores que incrementan las pérdidas que el hecho va a producir: descuido en las estructuras, falta de medidas de prevención, falta de serenidad al ocurrir el siniestro, carencia de organización para reaccionar, etc.

No se puede impedir la ocurrencia de un fenómeno natural pero sí se pueden tomar medidas que permitan disminuir la posibilidad de pérdidas. En el contexto portuario es posible identificar y clasificar los siguientes grupos de riesgos en las instalaciones portuarias:

- Incendios, explosión: accidente, negligencia, intencionalidad.
- Pérdidas industriales: maniobra de naves, empleo del equipamiento portuario, desempeño de labores portuarias, paros.
- Robo: puntual, sistemático.
- Tráfico ilícito: personas, drogas, mercancías.
- Desastres naturales: terremoto, maremoto, inundaciones.
- Terrorismo: sabotaje, atentados masivos o selectivos, secuestros, toma de instalaciones.
- Contaminación: derrames de hidrocarburos, derrames y fugas de productos químicos peligrosos, contaminación por polvos minerales y vegetales.

El sistema de seguridad total está diseñado para minimizar los efectos y mantener bajo control y vigilancia la existencia de estos riesgos, mediante la protección de la integridad física de los trabajadores, usuarios y terceros prestadores de servicios o visitantes comerciales, la salvaguardia de sus activos y bienes y los de los usuarios y terceros prestadores de servicios o visitantes, la eliminación o minimización de las pérdidas a la carga, equipos e infraestructura durante la prestación de los servicios portuarios, y la administración de los riesgos a que se encuentran expuestos las instalaciones portuarias, sus trabajadores, sus bienes y sus procesos.

El propósito del sistema de seguridad total es contribuir a la disponibilidad permanente y eficiente del puerto y sus servicios para la actividad económica nacional y la defensa del país, cuando así sea necesario. De este modo, parece deseable que se apliquen los mismos conceptos en todos los puertos de un territorio nacional, pero de forma reducida y adaptada a las circunstancias especiales de cada localidad, caracterizadas por una apreciable menor intensidad de riesgos existentes.

8.11.3 C-PTAT *(Customs trade partnership against terrorism) y CSI (Container security initiative)*

Por otra parte, el sistema integrado de seguridad total es una imperiosa necesidad para cumplir con los requerimientos en los cuales está inmerso el puerto, dadas las exigencias de los distintos países con quienes tiene relaciones comerciales. Especialmente con el gobierno de EEUU, como es el C-TPAT *(Customs Trade Partnership Against Terrorism)*. Éste fue diseñado por el gobierno norteamericano a raíz de los acontecimientos del 11 de septiembre de 2001. En él se exigen, no sólo a las empresas que comercien con EEUU, sino a toda la cadena logística del comercio internacional, incluidos los puertos, que posean unos altos estándares de seguridad con el fin de evitar ser utilizados por grupos terroristas internacionales. Este programa consiste en que la aduana audita la cadena de suministros de los miembros que voluntariamente participan en el programa y los certifica, lo cual garantiza que sus embarques están sujetos a menores inspecciones y verificaciones.

Aparte del programa mencionado, la aduana de EEUU lanzó el programa *CSI-Container Security Initiative* con el objeto de prevenir que la carga en contenedores sea utilizada para fines terroristas. El elemento clave del CSI incluye enviar a inspectores de la aduana de EEUU a los principales puertos extranjeros para preinspeccionar la carga de contenedores antes de ser embarcados hacia este país. Este programa se inició con los veinte mayores puertos en el extranjero, desde donde parte más del 75 % de las cargas de importación de EEUU, con objeto de llevar a cabo convenios para asegurar controles más efectivos en los puertos de embarque, aliviando los controles en los puertos de descarga en destino.[12]

Los controles preventivos se basan en cuatro puntos básicos:

1. Utilizar información computarizada para identificar y detectar contenedores de «alto riesgo» *(to target high risk containers)*.
2. Controlar esos contenedores identificados como de alto riesgo antes de su llegada a los puertos de EEUU.

---

[12] El CSI está funcionando en dieciocho puertos: Rotterdam, Le Havre, Bremerhaven, Hamburgo, Amberes, Singapur, Yokohama, Hong Kong, Goteburgo, Felixstowe, Génova, La Spezia, Busan, Vancouver, Montreal, Halifax, Durban y Port Kelang. En un futuro próximo expertos aduaneros norteamericanos estarán instalados en los puertos de Algeciras, Tokyo, Nagoya, Kobe y Osaka, Shanghai y Shenzhen, Laem Chabang, Tanjung Pelepas y Colombo.

3. Usar tecnología avanzada *(pre-screening)* para controlar de forma rápida contenedores de alto riesgo.

4. Utilización de mejores contenedores con la mejora de calidad de los precintos *(seals)*.

Otras medidas en el ámbito del CSI se refieren a que el transportista marítimo o el NVCC *(Non Vessel Operating Common Carrier-Freight Forwarder,* si actúa como transportista contractual) debe presentar la declaración de carga veinticuatro horas antes del momento en que la mercancía sea embarcada en cualquier puerto extranjero con destino a EEUU (como destino final o para trasbordo), o para las mercancías que quedarán a bordo en tránsito a otros países. Además, se debe informar a la aduana de EEUU sobre catorce datos puntuales relevantes.[13]

Todos estos requerimientos adicionales son una realidad con la que tenemos que convivir. Por tanto, es necesaria la participación activa de los puertos para implantar mayores medidas de seguridad, así como de toda la cadena de suministro para facilitar el despacho de mercancías y su recepción con el menor número de retrasos.

8.12 El Código PBIP

8.12.1 Primeras consideraciones

El PBIP representa un programa completo para mejorar el perfil general de la seguridad del comercio marítimo internacional. Ofrece a los gobiernos contratantes una orientación respaldada por una metodología que se centra en la identificación del activo y la infraestructura vital para el flujo seguro e ininterrumpido de las operaciones marítimas comerciales reconociendo, al mismo tiempo, que puede haber vulnerabilidades que pongan en riesgo esos elementos críticos.

Tras identificar esas vulnerabilidades, el PBIP ofrece una orientación para la elaboración, aprobación e implantación de planes de seguridad que eliminarán o atenuarán la exposición de esas vulnerabilidades a los riesgos vinculados a amenazas conocidas o percibidas.

---

[13] Relación de los catorce datos puntuales:

1. El último puerto extranjero tocado por el buque antes de su arribo al primer puerto de EEUU.

2. El Standard Carrier Alpha Code (SCAC).

3. El número de viaje asignado al transportador.

4. Fecha programada de arribo al primer puerto de EEUU.

5. Números y cantidades de productos embarcados bajo el *Bill of lading.* La «pieza» debe detallarse en la unidad externa más pequeña (cajas en lugar de paletas).

6. Peso y descripción precisa de la carga (no son aceptadas por la aduana norteamericana descripciones generales como *FAK (Freight All Kinds), General Cargo, Said to Contain o Chemicals Foodstuffs.*

7. El primer puerto o lugar fuera de EEUU donde el transportador toma posesión de la carga.

8. Nombre completo y dirección del cargador.

9. Nombre completo y dirección del consignatario, dueño o representante del mismo.

10. Nombre, número y país de registro del buque.

11. Puerto extranjero donde la carga es tomada a bordo.

12. Reconocimiento internacional bajo el código de mercancía peligrosa (código UN) cuando ese tipo de material es embarcado.

13. Número del contenedor.

14. Números de precintos para todos los precintos fijos al contenedor.

El PBIP no debe ser considerado como una fuente única y absoluta respecto a la seguridad portuaria internacional. Debe verse como un documento que contiene una serie de normas y prácticas óptimas que ofrecen a los gobiernos contratantes o a las autoridades designadas por éstos una matriz para la formulación de sus programas y planes nacionales de seguridad portuaria, otorgándoles latitud para efectuar enmiendas y modificaciones a medida que las condiciones o las amenazas varíen con el tiempo. Este Código debe considerarse como un documento dinámico que se adaptará conforme a la naturaleza cambiante de los puertos, de sus operaciones e infraestructuras, y a la naturaleza de las amenazas a que se vean expuestos.

8.12.2 Primeras consecuencias

a) Datos

A tres semanas de la entrada en vigor del Código PBIP, el 1 de julio de 2004, según datos de la OMI, más de una quinta parte de los puertos del mundo incumplía la normativa. El 30 de junio, según la OMI, el estado de implantación del Código era el que refleja la tabla 8.1.

Los puertos españoles no se encuentran en esta lista negra. Todos los puertos de interés general cumplen con la normativa de seguridad, según fuentes del ente público Puertos del Estado. En España hay aproximadamente un centenar de buques y más de 400 instalaciones afectadas por la normativa.

En lo que respecta a las navieras, el cumplimiento de los requerimientos del Código en las 49 compañías que integran Anave (Asociación de Navieros Españoles) y sus seis compañías asociadas colaboradoras, es absoluto. De ellas, a 1 de julio de 2004, 30 habían presentado ante la Dirección General de la Marina Mercante (DGMM) un total de 127 planes de protección de buques, que fueron aprobados en su mayoría.

Por lo que respecta a los certificados, la DGMM había emitido en esa fecha un total de setenta, con lo que el grado de cumplimiento superaba los requerimientos.

En cuanto a los oficiales de protección, la formación alcanza a 5.153 personas, incluyendo todo tipo de oficiales que toman parte en la aplicación del código bajo responsabilidad de las compañías navieras.

Por lo que se refiere a los oficiales de protección de las instalaciones portuarias, un total de siete entidades formadoras solicitaron poder impartir cursos. Se considera que los puertos españoles necesitarán inicialmente 300 oficiales de protección de instalaciones portuarias.

Es importante señalar que los puertos gestionados por las comunidades autónomas, que operan con mercancías y pasajeros, también han implantado el código internacional de buques e instalaciones portuarias.

b) Circular MSC/circ.1112 de la OMI[14]

La OMI ha publicado la circular 1112, invitando a los Estados a facilitar al máximo a los tripulantes la posibilidad de bajar a tierra, ya que se han dado problemas en la aplicación del PBIP. La ratio de dicha circular es considerar a los marinos mercantes como parte del sistema en vez de como un peligro para el ámbito portuario.

---

[14] Circular MSC/circ.1112 de la OMI de 7 de junio de 2004.

BUQUE

Gobiernos (46 respuestas)

Número de buques afectados por el Código	22.539	53,2 %
Planes de seguridad del buque presentados	19.377	
Certificados de seguridad del buque concedidos	11.996	

IACS

Número de buques afectados por el código	16.784	69,3 %
Planes de seguridad del buque presentados	13.005	
Certificados de seguridad del buque concedidos	11.639	

INTERCARGO

Número de buques afectados por el Código	916	56 %
Planes de seguridad del buque presentados	769	
Certificados de seguridad del buque concedidos	513	

INTERTANKO

Número de buques afectados por el Código	2175	71 %
Planes de seguridad del buque presentados	2175	
Certificados de seguridad del buque concedidos	1547	

IPTA

Número de buques afectados por el Código	429	99,0 %
Planes de seguridad del buque presentados	425	
Certificados de seguridad del buque concedidos	425	

ICCL

Número de buques afectados por el Código.	118	100,0 %
Planes de seguridad del buque presentados.	118	
Certificados de seguridad del buque concedidos.	118	

BIMCO

Número de buques afectados por el Código	2622	18,6 %
Planes de seguridad del buque presentados	2189	
Certificados de seguridad del buque concedidos	488	

INSTALACIONES PORTUARIAS

Gobiernos (86 respuestas)

Número de instalaciones portuarias	7974	53,4 %
Planes de protección de instalaciones portuarias presentados	4688	
Planes de protección de instalaciones portuarias concedidos	4260	

Tabla 8.1.

8.13 Aspectos jurídicos de la interfaz buque-instalación portuaria

8.13.1 El dominio publico portuario

8.13.1.1 Delimitación del dominio publico portuario

El dominio público marítimo-terrestre adscrito a los puertos se denomina «dominio público portuario»[15] y comprende:

- Aguas marítimas (zona I: aguas portuarias; zona II: zonas de entrada, maniobra y fondeo con control tarifario).
- Terrenos.
- Obras o instalaciones fijas.

Se delimitará una zona de servicio a propuesta de la autoridad portuaria a través de un plan de utilización de los espacios portuarios con sus respectivos usos, que comprenderá superficies de tierra y agua para:

- la ejecución de sus actividades,
- las actividades complementarias,
- las zonas de reserva.

8.13.1.2 Urbanísticamente

La zona de servicio se califica como «sistema general portuario», desarrollado a través de un «plan especial» aplicado por la autoridad portuaria y aprobado por el ayuntamiento.

8.13.2 Contenido del dominio público portuario estatal

La propia LREPS lo define, indicando en su artículo 93 que pertenecen al dominio público portuario estatal:

a) Los terrenos, obras e instalaciones fijas portuarias de titularidad estatal afectados por el servicio de los puertos.

b) Los terrenos e instalaciones fijas que las autoridades portuarias adquieran mediante compraventa, expropiación o por cualquier otro título para el cumplimiento de sus fines, cuando sean debidamente afectados.

c) Las obras que el Estado o las autoridades portuarias realicen sobre dicho dominio.

d) Las obras construidas por los titulares de una concesión de dominio público portuario, una vez extinguida ésta.

---

[15] Según la definición en el artículo 3 de la Ley 22/1988, de 28 de julio, de Costas.

e)   Los terrenos, obras e instalaciones fijas de señalización marítima afectados a las autoridades portuarias para esta finalidad.

f)   Los espacios de agua incluidos en la zona de servicio de los puertos.

En lo que respecta a la utilización y ocupación de dicho dominio, éstas se ajustarán a lo establecido en la legislación reguladora del dominio público marítimo-terrestre estatal, la Ley de Costas y su Reglamento, con las salvedades y singularidades que se recogen en la LREPS.

8.13.2.1 Principios de utilización de dicho dominio

Si bien hay ciertas actividades y ocupaciones que podemos considerar libres, sin que sean fiscalizadas por la Administración competente (por ejemplo, pasear por la zona habilitada en el puerto), hay otra serie de utilizaciones que tienen un régimen especial.

Así pues, la utilización del dominio público portuario estatal para determinados usos requiere el otorgamiento de una autorización o concesión. Nos referimos a usos que tengan especiales circunstancias de exclusividad, intensidad, peligrosidad, rentabilidad o que requieran la ejecución de obras e instalaciones no ejecutadas por la autoridad portuaria. En estos casos se exigirá siempre el otorgamiento de la autorización o concesión administrativa correspondiente, que acreditará su canon o sus cánones, de conformidad con lo que dispone la Ley.

8.13.2.2 Actividades, instalaciones y construcciones permitidas en la zona de servicio de los puertos

Únicamente podrán llevarse a cabo actividades, instalaciones o construcciones que sean acordes con los usos portuarios y con los fines propios de las autoridades portuarias, con las siguientes prohibiciones expresas:

a)   Las ocupaciones y utilizaciones del dominio público portuario que se destinen a edificaciones para residencia o habitación. Como excepción y por razones de utilidad pública debidamente acreditadas, el Consejo de Ministros podrá autorizar instalaciones hoteleras en aquellos espacios de los puertos de interés general que estén destinados a las actividades complementarias, siempre y cuando tales usos hoteleros se acomoden al plan especial o a un instrumento equivalente. Queda prohibido que las autoridades portuarias participen directa o indirectamente en la explotación o gestión de las instalaciones hoteleras.

b)   El tendido aéreo de líneas eléctricas de alta tensión.

c)   La publicidad comercial a través de carteles o vallas, medios acústicos o audiovisuales, sin considerarse publicidad los carteles informativos y los rótulos indicadores de establecimientos o empresas autorizadas por la autoridad portuaria.

8.13.3 Supuestos fácticos necesarios para el trámite de autorización

Están sujetas a la autorización de la autoridad portuaria:[16]

---

[16] LRSP, artículo 99.

a) La utilización de instalaciones portuarias fijas por los buques, el pasaje y las mercancías, que se regirá por el Reglamento de Explotación y Policía y las correspondientes ordenanzas portuarias.

b) La ocupación del dominio público portuario con bienes muebles o instalaciones desmontables o sin ellos, por plazo no superior a tres años, que se otorgará de conformidad con lo dispuesto en la siguiente sección.

Se entenderán por instalaciones desmontables aquellas que:

- Precisen a lo sumo de obras puntuales de cimentación, que en todo caso no sobresaldrán del terreno.
- Estén constituidas por elementos de serie prefabricados, módulos, paneles o similares, sin elaboración de materiales en obra ni empleo de soldaduras.
- Se monten y desmonten mediante procesos secuenciales, pudiendo hacerse su levantamiento sin demolición y siendo el conjunto de sus elementos fácilmente transportable.

Obviamente, las autorizaciones sólo podrán otorgarse para instalaciones o actividades que no se opongan a las determinaciones establecidas en el plan especial de ordenación del espacio portuario o, en su defecto, al respectivo plan de utilización.

8.13.3.1 *Notas características*

a) El plazo de vencimiento se determinará en el título correspondiente y no podrá exceder de tres años, salvo en los casos en que esta Ley establece uno mayor.

b) Las autorizaciones se otorgarán con carácter personal e intransferible *inter vivos* y su uso no podrá ser cedido a terceros, salvo las de ocupación de dominio público que constituyan soporte de una autorización de vertidos de tierra al mar.

c) El hecho de estar autorizado por la autoridad portuaria no exime a su titular de obtener los permisos, licencias y demás autorizaciones que sean exigidos por otras disposiciones legales.

d) La autorización deberá contener, al menos, las siguientes condiciones:

- Objeto de la autorización.
- Obras e instalaciones autorizadas.
- Plazo de la autorización.
- Superficie de dominio público cuya ocupación se autoriza.
- Condiciones de protección del medio ambiente que, en su caso, procedan.
- Condiciones especiales que deban establecerse en las autorizaciones que se otorguen en los espacios afectos a las ayudas a la navegación, entre las cuales deberán figurar, al menos, aquellas que garanticen la eficacia del servicio, accesos y medidas de seguridad.
- En caso de ocupación de espacio de agua, el balizamiento que deba establecerse.
- Tasas por ocupación del dominio público y por aprovechamiento especial del dominio público en el ejercicio de actividades comerciales, industriales y de servicios.

– Garantías que se deban constituir.

– Causas de caducidad conforme a lo previsto en el artículo 123.

– Otras condiciones que sean pertinentes.

8.13.3.2 Especial mención a las actividades industriales, comerciales o de servicios al público

Como ya hemos indicado, para el desarrollo en el ámbito portuario de actividades industriales, comerciales o de servicios al público, es necesaria la correspondiente autorización de la autoridad portuaria.

Las autorizaciones se sujetarán a los pliegos de condiciones generales y, en su caso, a las condiciones concretas que determine cada autoridad portuaria para el puerto o puertos de su competencia.

Dichos pliegos de condiciones serán aprobados por Puertos del Estado y determinarán las garantías y exigencias que condicionarán el libre acceso a la prestación de servicios al público en el ámbito portuario, que deberán, en su caso, ser concretadas o particularizadas por cada una de las autoridades portuarias.

El desarrollo en el ámbito de los puertos dependientes de Puertos del Estado de las actividades de practicaje, de consignación de buques, de agencia o consignación de mercancías, de mayoristas, venta o subasta de pescado requerirán, en todo caso, la aprobación de pliegos de condiciones generales a los que se sujetarán las mismas.

8.14 El régimen concesional

8.14.1 Supuestos legales instrumentales de la institución de la concesión administrativa

a) Para la ocupación de bienes de dominio público portuario con obras o instalaciones no desmontables.

b) Para la ocupación de bienes de dominio público por un plazo superior a tres años.

8.14.2 Notas características

a) Su plazo máximo no podrá superar los treinta y cinco años.

b) El vencimiento del plazo de la concesión deberá coincidir con el de la autorización de actividad o el de la licencia de prestación del servicio, y será improrrogable salvo en los siguientes supuestos:

– Cuando en el título de otorgamiento se haya previsto expresamente la posibilidad de una o varias prórrogas, sin que el plazo inicial unido al de las prórrogas pueda superar el plazo máximo de 35 años.[17]

---

[17] En las concesiones que tengan como objeto la prestación de servicios portuarios básicos, la suma del plazo inicial previsto en la concesión y el de las prórrogas no podrá exceder del establecido en el artículo 66.1 que le sea de aplicación en aquellos supuestos en los que el número de prestadores del servicio haya sido limitado.

– Cuando en el título de otorgamiento no se haya previsto la posibilidad de prórroga, pero el concesionario lleve a cabo una inversión relevante no prevista en la concesión que, a juicio de la autoridad portuaria, sea de interés para la explotación portuaria y que, en todo caso, sea superior al 20 % del valor actualizado de la inversión prevista en el título concesional, el plazo de vencimiento podrá ser prorrogado, no pudiendo superar en total el plazo máximo de 35 años.

– Excepcionalmente, en aquellas concesiones que sean de interés estratégico o relevante para el puerto, la autoridad portuaria, previo informe vinculante de Puertos del Estado, podrá autorizar prórrogas no previstas en el título administrativo que, unidas al plazo inicial, superen en total el plazo de 35 años, siempre que el concesionario se comprometa a llevar a cabo una inversión adicional.

c) Previa autorización de la autoridad portuaria, las concesiones podrán transmitirse por actos *inter vivos* previa autorización de la autoridad portuaria, que podrá ejercer los derechos de tanteo y retracto en el plazo de tres meses (el tanteo es el derecho a adquirir la concesión por el mismo precio por el cual se pretende transmitir, en tanto el retracto permite la adquisición frente al nuevo titular por el mismo precio por la que fue transmitida). La transmisión no será eficaz hasta que no se haya producido el reconocimiento del cumplimiento de las condiciones establecidas en la concesión.

d) En caso de fallecimiento del concesionario, sus causahabientes, a título de herencia o legado, podrán subrogarse en los derechos y obligaciones de aquél.

e) La transmisión tanto en vida como por herencia no será eficaz hasta que no se haya producido el reconocimiento del cumplimiento de las condiciones de la concesión.

f) El otorgamiento de concesiones de ocupación de dominio público portuario para actividades amparadas por otra concesión administrativa otorgada por la Administración del Estado, se realizará por el procedimiento que reglamentariamente se determine.

g) Las concesiones se podrán inscribir en el registro de la propiedad, acompañadas de documento de la autoridad portuaria que acredite el cumplimiento de los requisitos exigidos.

h) Se deberá presentar fianza.

8.15 Procedimientos para la obtención de autorizaciones y concesiones

8.15.1 Requisitos para la obtención de una autorización o concesión

El procedimiento de otorgamiento por parte de la autoridad portuaria se puede iniciar a instancia del interesado y de modo libre.

No obstante, debemos indicar que la autoridad portuaria podrá convocar concursos para el otorgamiento de concesiones y autorizaciones en el dominio público. Si la convocatoria del concurso se produjese durante la tramitación de una solicitud de concesión o autorización, el interesado tendrá derecho, en caso de no resultar adjudicatario del título, al cobro de los gastos del proyecto, en la forma que se determine reglamentariamente.

El procedimiento de otorgamiento de las autorizaciones y concesiones a instancia de una persona interesada constará de las fases de solicitud, informes preceptivos, información pública y resolución, en la forma que se determine por vía reglamentaria. Con la solicitud se adjuntará el resguardo acreditativo de una fianza provisional por importe del 2 % del presupuesto de las obras y de las instalaciones.

8.15.2 Requisitos formales del interesado para ser autorizado o concesionado para la ocupación o utilización del dominio público portuario

El interesado deberá presentar ante la autoridad portuaria:

a) Acreditación de la personalidad del solicitante y de su solvencia económica, técnica y profesional para hacer frente a las obligaciones resultantes de la concesión.

b) Proyecto básico adaptado al plan especial de ordenación de la zona de servicio del puerto o, en su defecto, al plan de utilización de los espacios portuarios, que debe contener:

- La descripción de las actividades que se van a desarrollar.
- Las características de las obras e instalaciones.
- El presupuesto estimado de las obras.
- Estudio del impacto medioambiental.
- Otras especificaciones que determine la autoridad portuaria.

c) Memoria económico-financiera.
d) Cumplimiento de las condiciones específicas para el ejercicio de la actividad objeto de la concesión.
e) Garantía provisional del 2 %.

8.15.3 Procedimiento de autorización o concesión para la ocupación o utilización del dominio público portuario

El procedimiento para otorgar concesiones se sujetará a lo establecido en la LREPS. Cabe destacar el trámite de información pública, que no es obligatorio cuando la concesión se refiera a la utilización total o parcial de edificaciones existentes, sin modificación de su arquitectura exterior y para los usos autorizados en el plan especial de ordenación de la zona de servicio del puerto o, en su defecto, en los planes de utilización del espacio portuario.

Se trata de un procedimiento efectuado por la autoridad portuaria que finaliza con un acto administrativo, ya sea con un título de otorgamiento, ya denegándolo.

8.15.4 Contenido del título de otorgamiento

En todo título de otorgamiento, que tendrá carácter de público, se fijarán al menos los contenidos siguientes:

- Objeto de la concesión.

- Plazo de vigencia.
- Zona de dominio público cuya ocupación se concede.
- Proyecto básico de las obras o instalaciones autorizadas, con las prescripciones que se fijen y con inclusión, en el caso de ocupación de espacios de agua, del balizamiento que deba establecerse.
- Condiciones de protección del medio ambiente.
- Condiciones especiales que deban establecerse en las concesiones que se otorguen en espacios afectos a las ayudas a la navegación, entre las cuales deberán figurar las que garanticen la eficacia del servicio, la independencia de accesos y medidas de seguridad.
- Tasas por ocupación privativa del dominio público portuario y por aprovechamiento especial del dominio público en el ejercicio de actividades comerciales, industriales y de servicios.
- Garantía definitiva o de construcción y garantía de explotación.
- Causas de caducidad, conforme a lo previsto en el artículo 123 de esta Ley.
- Actividad o tráfico mínimo.
- Otras condiciones que la autoridad portuaria considere necesarias.

8.15.5 Causas modificativas del título

Las autorizaciones y concesiones podrán ser modificadas por las siguientes causas:

- Modificación del objeto de la concesión.
- Ampliación de la superficie de la concesión en más de un 10 % de la fijada en el acta de reconocimiento.
- Ampliación del volumen o superficie construida e inicialmente autorizada en más de un 10 %.
- Ampliación del plazo de la concesión, en los supuestos establecidos en los apartados 2 b) y 2 c) del artículo 107.
- Modificación de la ubicación de la concesión.[18]

8.15.6 Causas de extinción del título

El derecho a la ocupación del dominio público se extinguirá por:

- Vencimiento del plazo de otorgamiento.
- Revisión de oficio.
- Renuncia del titular, aceptada por la autoridad portuaria cuando no cause perjuicio a ésta o a terceros.
- Mutuo acuerdo entre la autoridad portuaria y el titular.

---

[18] En el cómputo de los límites establecidos, se tendrán en cuenta los valores acumulados de modificaciones anteriores.

– Revocación por la autoridad portuaria cuando se trate de autorizaciones.

– Disolución o extinción de la sociedad.[19]

– Revocación.

– Caducidad.

– Rescate.

– Extinción de la autorización o de la licencia de la que el título demanial sea soporte.

8.16 Irretroactividad de las leyes

Con la entrada en vigor de la Ley de régimen económico y de prestación de servicios de los puertos de interés general, de 26 de noviembre de 2003, debemos constatar la concurrencia del principio general del derecho de la irretroactividad de las leyes. Dicho principio queda reflejado en las siguientes normas:

1.a. Artículo 2.3 del Código Civil: «Las leyes no tendrán efecto retroactivo sino dispusieren lo contrario».

1.b. Artículo 9.3 de la Constitución española: «La Constitución garantiza la irretroactividad de las disposiciones sancionatorias no favorables o restrictivas de derechos individuales, la seguridad jurídica [...]».

No existe en la nueva Ley de puertos ninguna disposición que establezca de forma expresa su retroactividad. Ante este silencio y ateniéndonos al principio general del derecho antes mencionado, se aplica también a las concesiones administrativas otorgadas con anterioridad a la nueva LREPS.[20]

Por otro lado, cabe recordar que la irretroactividad no puede afectar a derechos futuros, por lo que al dilucidar los plazos de hipotéticas ampliaciones del plazo de una concesión se podrían aplicar los términos previstos en la LREPS.[21]

---

[19] Salvo en los supuestos de fusión o escisión.

[20] Véase en tal sentido la siguiente jurisprudencia:

STS de 16 de octubre de 2003: «La prohibición de retroactividad de disposiciones restrictivas de derechos sancionada por el artículo 9.3 de la Constitución –con independencia de si la misma se limita a los derechos fundamentales recogidos por la propia norma suprema– ciertamente [...] se refiere a los derechos plenamente consolidados en la esfera jurídica de los sujetos afectados[...]».
Una situación distinta se podría plantear si la nueva Ley contemplara expresamente la situación de retroactividad de sus efectos a situaciones nacidas con anterioridad a su publicación, tal como establece la STS de 18 de junio de 2001, en la que se desestimó la aplicación del precepto constitucional mencionado, ya que: «En el motivo quinto, al amparo del artículo 95.1.4º de la Ley Reguladora de la Jurisdicción Contencioso-Administrativa EDL 1998/44323, se alega, en síntesis, que en las disposiciones transitorias contempladas en la ordenanza se imponen obligaciones claramente retroactivas».

[21] Así lo corrobora la STS de 18 de noviembre de 2002: «Lo que se prohíbe en el artículo 9.3 de la Constitución es la retroactividad entendida como incidencia de la nueva Ley en los efectos jurídicos ya producidos de situaciones anteriores, de suerte que la incidencia en los derechos, en cuanto a su proyección hacia el futuro, no pertenece al campo estricto de la irretroactividad», (sentencias T.C. nºs 42/1986, de 10 de abril, 99/1987, de 11 de junio, 227/1988, de 29 de noviembre y 97 y 199/1990), así como que «El principio de irretroactividad de las leyes consagrado en el artículo 9.3 de la Constitución, concierne sólo a las sancionadoras no favorables y a las restric-

8.17 Los servicios portuarios

8.17.1 Concepto de servicios portuarios

Como definición genérica, los servicios portuarios son las actividades de prestación que tiendan a la consecución de los fines que se asignan a las autoridades portuarias por la LERPS y se desarrollan en su ámbito territorial.

Dentro de la regulación de los servicios portuarios debe destacarse que los generales del puerto se confían a las autoridades portuarias como obligación que la Ley les impone. Se caracterizan por incorporar ejercicio de autoridad o bien por ser indivisibles, remitiendo ambos supuestos a la autoridad responsable del puerto. Los servicios básicos, por su parte, se definen por su relación directa con las operaciones del tráfico portuario y se clasifican en cinco grupos: servicio de practicaje; servicios técnico-náuticos; servicios al pasaje; servicios de manipulación y transporte de mercancías y de recepción de desechos.

Se realizan por operadores privados amparados por la correspondiente licencia y en régimen de competencia; sólo en caso de insuficiencia de la iniciativa privada la Ley permite su prestación directa por las autoridades portuarias, en forma excepcional y transitoria, lo que es una obligación para las mismas cuando lo requieren las circunstancias del mercado y en tanto éstas se mantengan.

De forma especial, la Ley, en su artículo 60, define como servicios portuarios básicos los siguientes:

a)   Servicio de practicaje.
b)   Servicios técnico-náuticos:

    – Remolque portuario.
    – Amarre y desamarre de buques.

c)   Servicios al pasaje:

    – Embarque y desembarque de pasajeros.
    – Carga y descarga de equipajes y vehículos en régimen de pasaje.

d)   Servicios de manipulación y transporte de mercancías:

    – Carga, estiba, descarga, desestiba y transbordo de mercancías.
    – Depósito.
    – Transporte horizontal.

---

tivas de derechos individuales en el sentido que hemos dado a esta expresión, a saber, que la restricción de derechos individuales ha de equipararse a la idea de sanción, por lo cual el límite de dicho artículo hay que considerarlo como referido a las limitaciones introducidas en el ámbito de los derechos fundamentales y de las libertades públicas o en la esfera general de protección de la persona» (sentencia T.C. 131/2001 [pleno], de 7 de junio).

8.17.2 Régimen jurídico de prestación de los servicios portuarios

La prestación de los servicios portuarios podrá ser realizada:

a) Directamente por las autoridades portuarias, siendo éstas las prestatarias directas de diversos servicios portuarios, por los cuales cobrarán las correspondientes tarifas (precios privados).

b) Siempre que no implique ejercicio de autoridad, mediante «gestión indirecta», es decir, por cualquier procedimiento reconocido en las leyes, siendo los tres más relevantes:

- El practicaje.
- El remolque portuario.
- El amarre y desamarre.

Cuando la gestión indirecta del servicio precise el otorgamiento de autorización o concesión de ocupación del dominio público portuario, ambas relaciones serán objeto de expediente único, y su eficacia quedará vinculada recíprocamente.

Los contratos que dicte la autoridad portuaria para la prestación por gestión indirecta de los servicios portuarios estarán sujetos al ordenamiento privado. Es decir, las actividades y servicios prestados por las autoridades portuarias se regirán por las normas del derecho privado.

No obstante, existe una excepción. Todo lo referido a aspectos que garanticen la publicidad y concurrencia en la preparación y adjudicación de los contratos, se ajustará a los criterios contenidos en la legislación de contratos del Estado relativos al contrato de gestión de servicios públicos para los actos preparatorios, es decir, el derecho público-administrativo.

8.18 Consignatario

El consignatario tiene una singular importancia en la navegación. El agente consignatario de buques puede definirse como la persona física o jurídica que actúa como intermediario independiente en nombre y por cuenta de un naviero o armador, prestando servicios al buque y a la tripulación y realizando cuantas gestiones relacionadas con la estancia del buque en el puerto le sean encomendadas. Asimismo, actúa en nombre del armador como depositario de la mercancía mientras ésta se encuentra en la terminal portuaria.

8.18.1 Funciones del consignatario

El cuadro de obligaciones y derechos de un agente consignatario de buques tiene mayor o menor amplitud en función del alcance de la representación, dependiendo de si se trata de un agente de buques regulares, de buques *tramp* o un agente protector *(protecting agent)*. Y, obviamente, dependerá del contenido de las instrucciones que el agente consignatario haya recibido de su principal, instrucciones que pueden encerrar obligaciones y derechos expreso o implícitos.

Con carácter general, además de los actos administrativos relativos al despacho del buque,[22] mercancía y pasajeros, ha de ocuparse de materias tales como la publicidad y la búsqueda de clientela de los servicios ofrecidos, de la contratación del fletamento o del transporte, de expedir y firmar los conocimientos de embarque, de reclamar los fletes o precios del pasaje, de contratar las operaciones portuarias necesarias para el movimiento de cargas o pasajeros, de encargar y pagar las provisiones y reparaciones, de adelantar fondos al capitán para pagar nóminas, etc.

Bajo la óptica del derecho privado, estamos en presencia de un genuino comisionista mercantil o agente comercial encargado de los servicios encomendados por su principal, al que se encuentra unido en virtud del contrato de agencia o de comisión. Será comisionista cuando la relación con su principal tenga carácter ocasional o esporádico, lo que suele ocurrir más en la navegación irregular o *tramp*. Y será agente cuando esa duración tenga carácter estable o permanente, lo que es característico de la navegación de línea regular. Significa por ello, en defecto de pacto, que resultan aplicables al contrato de consignación de buques las normas ordinarias propias del mandato mercantil, precedidas de las más específicas de la Ley de Contrato de Agencia.

Desde el derecho público, la LREPS (aptdo. 2 del art. 73) hace directamente responsable al consignatario, en el supuesto de que exista, ante las autoridades portuarias y marítimas del pago de las liquidaciones que se establezcan por tasas u otros conceptos originados por la estancia del buque en puerto. En el supuesto de que el buque no esté consignado, el capitán es quien estará obligado a pagar dichas liquidaciones. En ambos casos, el naviero o el propietario del buque estarán obligados con carácter solidario.

La responsabilidad del consignatario en cuanto al cumplimiento de las obligaciones asumidas por el naviero para con los cargadores o receptores de las mercancías transportadas por el buque se regirá por la legislación mercantil específica (Código de Comercio y Ley de Agencia de 1992).

8.18.2 Agente *tramp*

En el caso del agente consignatario de buques *tramp* u ocasionales, la designación se lleva a cabo, generalmente, caso por caso, mediante una comunicación telefónica, cablegráfica, por telex o fax hecha por el armador, el fletante o el fletador sólo en relación con cada buque atendido en un determinado puerto.

En algunos casos, a pesar de tratarse de buques *tramp*, el agente consignatario puede ser el representante habitual de un determinado armador, fletante o fletador, y, aunque recibirá en cada caso la notificación de la llegada al puerto de un buque dado, no dejará de ser un agente ligado a los mismos, de manera que las instrucciones son, por lo común, poco extensas.

En estos casos se entiende que el agente tiene facultades implícitas para actuar y realizar cuanto sea necesario para atender al buque y a sus operaciones de forma normal, según las prácticas usuales del negocio de consignación de buques en el puerto de que se trate.

---

[22] Despacho del buque es la comprobación por la Administración marítima de que los buques y embarcaciones civiles cumplen con todos los requisitos exigidos por las normas legales para poder efectuar la navegación y tráficos que pretendan realizar, así como las correspondientes autorizaciones que dicha Administración otorga al efecto.

Esas facultades implícitas se refieren a las siguientes áreas:

- Practicaje.
- Remolque.
- Amarre.
- Despacho aduanero.
- Derechos de entrada y estancia.
- Atraque y derechos de atraque.
- Atención médica de los tripulantes.
- Seguimiento de las operaciones portuarias.

Si careciera de instrucciones precisas, el agente consignatario debe requerirlas a su principal, particularmente respecto de:

- Contratación de personal o de empresas para las operaciones de carga o descarga y de estiba o desestiba de mercancías.
- Suministro de combustible.
- Suministro de provisiones.
- Designación de inspectores o peritos.
- Contratación de personal o de empresas para reparar el buque.
- Otro tipo de gastos.
- Designación de subagentes.

Una figura afín al agente consignatario de buques *tramp* es la del agente protector *(protecting agent)*, que se diferencia del primero por su ausencia de obligaciones de índole comercial, concentrándose únicamente en las actuaciones jurídico-administrativas necesarias para el pronto despacho del buque en puerto y velando por la defensa de los intereses del naviero (resulta frecuente su intervención en los supuestos de fletamentos donde el armador designa al *protecting agent* y el fletador al agente consignatario). Por el contrario, el agente consignatario de línea regular lleva a cabo una gestión sistemática y continuada tendente no sólo a la representación del naviero sino a la captación de mercancías para su transporte en los buques de su principal.

La designación del consignatario por el fletador del buque se soluciona desde el punto de vista del juego de intereses mediante el nombramiento de un agente protector del buque por el armador, *owner's protecting agents*, con el objeto de ayudar y asesorar al capitán en aquellos aspectos en que pueda existir contraposición de intereses entre fletadores y navieros propietarios de buques. Otro caso de designación de un agente protector se da en caso de un embargo del buque, cuando éste está nombrado para velar sobre el mismo durante la estancia en la instalación portuaria.

8.18.3 *Agente de línea regular*

El sector del que se brinda el mayor espectro de obligaciones y derechos del agente consignatario de buques es el de línea regular, donde normalmente los armadores designan empresas en un determinado país o puerto, de reconocida solvencia moral y financiera, y debidamente equipadas para cumplir con su cometido en materia de tráfico, operaciones y administración.

Sin embargo, hay varias obligaciones genéricas que constituyen denominadores comunes para todo tipo de agente consignatario de buques, como son:

- El deber de emplear toda la capacidad y conocimientos que posea, además de la diligencia, el celo y la energía de que sea capaz, en beneficio de su principal, «cuidando su negocio como propio» (Código de Comercio [CC], art. 255).
- El deber de ajustarse a las condiciones del contrato con su principal, sin excederse en las facultades concedidas por éste (CC, art. 254).
- El deber de obedecer toda instrucción lícita y razonable de su principal, a quien debe consultar en caso de duda, cuando la instrucción sea ambigua o cuando estime que pueda excederse en la ejecución de las facultades contractuales (CC, art. 255).
- El deber de abstenerse de realizar ninguna operación en provecho propio o de terceros a partir del conocimiento que tenga de información de cualquier tipo, confidencial o no, de su principal.
- El deber de abstenerse de percibir comisiones confidenciales respecto de actos u operaciones correspondientes a la gestión a su cargo como agente consignatario de buques.
- El deber de mantener separados sus bienes de los de su principal.

La designación formal del agente consignatario de buques de línea regular se refleja en un «contrato de agencia» en el cual aparecen las obligaciones y los derechos, en las «instrucciones permanentes» y en las órdenes que recibe periódicamente de su principal. El papel de este agente consignatario se proyecta en un variado número de funciones y obligaciones, que comienzan antes de la llegada del buque al puerto y continúan después de su zarpada, funciones que ejecuta siempre en nombre y representación del armador o porteador.

8.18.4 *El despacho del buque*

Para regular el despacho de buques, a lo largo del tiempo se han dictado disposiciones de diversa jerarquía normativa y alcance. Hasta la entrada en vigor del Reglamento de despacho de buques,[23] éstas obligaban a cada buque a tener un consignatario en el puerto de destino, en cuanto solamente éste estaba facultado para el despacho del mismo. A partir del 2000, el mencionado Reglamento introduce el concepto de autodespacho, definiéndolo como el acto realizado por el capitán del buque para algunos supuestos establecidos en esta norma, en virtud del cual efectúa el despacho, de manera que para un buque no es obligatorio nombrar un consignatario en cada puerto.

---

[23] Orden de 18 de enero de 2000, por la que se aprueba el Reglamento sobre Despacho de Buques; publicado en el BOE de 2 de febrero de 2000.

8.19 Legislación aplicable en el Estado español

8.19.1 Legislación internacional

- Código Internacional para la Protección de los Buques y de las Instalaciones Portuarias (PBIP). Enmiendas de 2002 al Convenio SOLAS.
- Directiva 93/75 de la UE sobre las condiciones mínimas exigidas a los buques con destino a los puertos marítimos de la Comunidad o que salgan de los mismos y transporten mercancías peligrosas o contaminantes
- Directiva Europea 95/21/CE (la 98/25/CE modifica las fechas de implantación) sobre el cumplimiento de las normas internacionales de seguridad marítima, prevención de la contaminación y condiciones de vida y de trabajo a bordo, por parte de los buques que utilicen los puertos comunitarios o las instalaciones situadas en aguas bajo jurisdicción de los Estados miembros (Criterios Comunes).
- Directiva Europea 94/58/CE relativa al mínimo de formación en las profesiones marítimas.
- Convenio MARPOL 73/78 en materia de transporte marítimo de productos petrolíferos.
- Convenio Aduanero de 14 de noviembre de 1975, sobre Transporte Internacional de Mercancías al amparo de los cuadernos TIR, modificado el 27 de junio de 1997.
- Decisión marco del Consejo de 13 de junio de 2002 sobre la lucha contra el terrorismo (2002/475/JAI)
- Propuesta de Reglamento del Parlamento Europeo y del Consejo de mejora de la protección de los buques y las instalaciones portuarias (presentada por la Comisión) COM (2003) 229 final 2003/0089 (COD).

8.19.2 Legislación nacional

- Constitución española. Artículo 149.1.20
- Ley 27/1992 de Puertos del Estado y de la Marina Mercante. Ley 62/1997 de modificación de la 27/1992 de Puertos del Estado y de la Marina Mercante.
- Ley 48/2003 de 26 de noviembre de Régimen económico y de prestación de servicios de los Puertos de Interés General.
- Real Decreto 768/1999 (deroga el 1621/1997) por el que se aprueba el Reglamento para el control del cumplimiento de la normativa internacional sobre seguridad marítima, prevención de la contaminación y condiciones de vida y trabajo en los buques extranjeros que utilicen puertos o instalaciones situadas en aguas jurisdiccionales españolas.
- Real Decreto 2668/1998 sobre reglas y estándares comunes para las organizaciones de inspección y control de buques para las operaciones correspondientes a la Administración marítima.
- Real Decreto 685/1993 sobre Asistencia Jurídica al Ente Público Puertos del Estado y a las Autoridades Portuarias.
- Real Decreto 1772/1994 de Adecuación de determinados procedimientos administrati-

vos a la Ley 30/1992 de Régimen Jurídico de las Administraciones Públicas y del Procedimiento Administrativo Común.

– Real Decreto 230/98, de 16 de febrero, donde se aprueba el Reglamento de explosivos.

– Orden Ministerial FOM/3056/2002, por la que se establece el procedimiento integrado de escala de buques en los puertos de interés general.

– Orden de 18 de enero de 2000, por el que se aprueba el Reglamento sobre Despacho de Buques; publicado en el BOE de 2 de febrero de 2000.

– Organigrama estructural y funcional de política marítima y de seguridad portuaria.

8.19.3 *Regulación del transporte por carretera y ferroviario*

– Ley de Ordenación de los Transportes Terrestres (Ley 16/1987 de 30 de julio, publicada en el BOE de 31 de julio de 1987). Modificada por Ley 13/96 de 30 de diciembre; Ley 66/97 de 30 de diciembre; RDL 6/98 de 5 de junio; Ley 55/99 de 29 de diciembre; Ley 14/00 de 29 de diciembre; Ley 24/2001 de 27 de diciembre y Ley 29/2003 de 8 de octubre).

– Real Decreto 1211/1990, de 28 de septiembre por el que se aprueba el Reglamento de la Ley de Ordenación de los Transportes Terrestres (ROTT) (publicado en el BOE de 8 de octubre de 1990), modificado por RD 858/1994 de 29 de abril; RD 1136/97 de 11 de julio; RD 927/98 de 14 de mayo; RD 1830/99 de 3 de diciembre. Parcialmente derogado por la Ley 13/96 de 30 de diciembre).

– Reglamento (CEE) 881/1992 del Consejo de 26 de marzo de 1992 (publicado en el DOCE el 9 de abril de 1992, Transporte Internacional de Mercancías: Licencia Comunitaria).

– Reglamento (CEE) 684/92 del Consejo de 16 de marzo de 1992 (publicado en el DOCE de 23 de marzo de 1992, Transporte Internacional de Viajeros), modificado por el Reglamento (CE) 11/98 del Consejo de 11 de diciembre de 1997 (publicado en el DOCE de 8 de enero de 1998, Licencia Comunitaria).

– Reglamento (CE) 12/98 del Consejo de 11 de diciembre de 1998 (publicado en el DOCE de 8 de enero de 1998, Condiciones de admisión de transportistas no residentes en un Estado de la Unión Europea).

– Orden de 26 de junio de 2001, que modifica parcialmente el régimen jurídico de las autorizaciones de transporte de mercancías y viajeros por carretera (BOE del 6-7-2001).

8.19.4 *Legislación específica en materia de estiba y desestiba*

– Ley de Puertos del Estado y de la Marina Mercante, 27/1992, de 24 de noviembre, modificada por la Ley 62/1997, de 26 de diciembre.

– Ley de Costas 22/1988, de 28 de julio.

– Orden 2-8-1995 del Ministerio de Obras Públicas, Transportes y Medio Ambiente, publicada en el BOE de 16-8-1995, nº 195, por medio del cual se aprueba el Pliego de Condiciones generales para el otorgamiento de concesiones en la zona de servicio de los puertos de interés general.

- Orden 30-7-1998 del Ministerio de Fomento, publicada en el BOE de 12-8-1998, n° 192 (pág. 27448), por medio de la cual se establece el régimen de las tarifas por servicios portuarios prestados por las autoridades portuarias.
- Real Decreto-Ley 23-5-1986, 2/1986, de la Jefatura del Estado, publicado en el BOE de 27-5-1986, n° 126, sobre servicio público de estiba y desestiba de buques.
- Real Decreto 13-3-1987, 371/1987, del Ministerio de Relaciones con las Cortes y de Secretaría del Gobierno, publicado en el BOE de 16-3-1987, n° 64, por medio del cual se aprueba el Reglamento de ejecución del Real Decreto-Ley 23-5-1986, sobre el servicio público de estiba y desestiba de buques.
- Orden 15-4-1987 del Ministerio de Relaciones con las Cortes y de la Secretaría del Gobierno, publicada en el BOE de 21-4-1987, n° 95, por medio de la cual se aprueban las bases para la gestión del servicio público de estiba y desestiba de buques en los puertos de interés general.
- Ley 29-12-2000, 14/2000, de Medidas Fiscales, Administrativas y de Orden Social.
- Ley 18-5-1995, 13/1995, de la Jefatura del Estado, publicado en el BOE de 19-5-1995, n° 119, de Contratos de las Administraciones Públicas, modificada por la Ley 28-12-1999, 53/1999.

8.19.5 *Legislación en materia de transporte de mercancías peligrosas*

- ADR, acuerdo europeo sobre transporte internacional de mercancías peligrosas por carretera, publicado en el BOE de 16 de diciembre de 1998.
- Real Decreto 2115/1998 de 2 de octubre sobre transporte de mercancías peligrosas por Carretera, publicado en el BOE de 16 de octubre de 1998.
- RID, anexo I sobre el transporte internacional por ferrocarril de mercancías peligrosas que se encuentra en el COTIF (Convenio sobre Transporte Internacional por Ferrocarril), Berna (Suiza), 9 de mayo de 1980.
- Real Decreto 412/2001, de 20 de abril, por el que se regulan diversos aspectos relacionados con el transporte de mercancías peligrosas por ferrocarril (BOE n° 110, de 8 de mayo de 2001).
- IMDG, Código Marítimo Internacional de Mercancías Peligrosas.

8.19.6 *Legislación en materia de protección e inviolabilidad de datos*

- Ley Orgánica 15/1999, de 13 de diciembre, de Protección de Datos de Carácter Personal.
- Ley 32/2003, de 3 de noviembre, General de Telecomunicaciones.
- Real Decreto 994/1999, de 11 de junio, por el que se aprueba el Reglamento de Medidas de Seguridad de los ficheros automatizados que contengan datos de carácter personal.
- Real Decreto 195/2000, de 11 de febrero, por el que se establece el plazo para implantar las medidas de seguridad de los ficheros automatizados.

Capítulo 9
Formulación de objetivos y ejes estratégicos de la organización

9.1 Medidas prácticas para la integración de la planificación estratégica

El sistema de protección se debe gestionar desde el nivel más alto, a ser posible desde la dirección general, por los siguientes motivos:

- La gestión del responsable de protección se extiende a toda la organización del puerto y de las empresas consignatarias.
- Este debe participar en el planteamiento general de la organización.
- Las decisiones en situaciones de emergencia deben ser rápidas y, por tanto, tener los menos intermediarios posibles.

Se impone, pues, un decidido apoyo de la dirección general. Y si es necesario, éste se debe pedir de forma explícita.

Entre las medidas prácticas que se deben considerar para la integración de la planificación estratégica destacan:

- Deben quedar muy claras las responsabilidades del responsable de la protección.
- No se debe temer recurrir a expertos externos. El responsable de protección ha de ser un generalista, no un experto.
- Delegar y escalonar las responsabilidades para evitar estar pendiente las veinticuatro horas del día. Es decir, formar un equipo de trabajo o aplicar el mando único.
- Mantener al día las instrucciones y los procedimientos.
- Planificar, prevenir y convertir en rutina los problemas sin que generen crisis.
- Valorar los resultados con procedimientos estadísticos.
- Establecer programas de autoinspección, contando incluso con la colaboración de expertos externos que valoren la seguridad real y la disposición del personal de seguridad.
- Evitar la burocratización:

  - Centralizar las tareas administrativas.
  - Realizar informes sólo como excepción.
  - Reducir al mínimo los modelos de documentos.

- Extender la formación en seguridad a todos los empleados, especialmente a los que tengan a otros a su cargo.

9.2 Formulación de objetivos y ejes estratégicos

La preparación de un modelo de plan de protección de instalaciones portuarias, tal como la recoge el Código PBIP, presenta peculiaridades relevantes:

- Superficie que abarca, además de una zona terrestre, una marítima que representa un medio permeable a los actos delictivos, muy difícil de controlar con los medios habituales de seguridad física.
- Necesidad de controlar al buque cuando accede al puerto y se integra en el sistema de seguridad; tarea que se presenta difícil por aspectos como la extraterritorialidad.
- La variedad de personas, vehículos y mercancías que acceden a la instalación, provocando que se apliquen casi todos los recursos organizativos en el control de los accesos y la permanencia.
- La ubicación dentro del casco urbano de algunas de estas instalaciones no hacen más que complicar el problema.

Pero además de estas peculiaridades, deben considerarse los ejes estratégicos comunes a cualquier sistema de seguridad:

1. El sistema tiene que nacer y desarrollarse con una idea de dinamismo que debe mantenerse a lo largo del tiempo que esté vigente el PPIP. Esta idea supone una constante revisión y actualización del sistema de acuerdo con las circunstancias y conlleva la realización periódica de auditorías internas y externas.

2. Sin caer en el tópico, el concepto esférico nos induce a crear un espacio de seguridad en tres dimensiones, que en este caso adquiere una especial relevancia por lo ya expuesto sobre la permeabilidad del medio acuático. El concepto de esfericidad implica ejercer un esfuerzo de protección en todas las direcciones y con igual intensidad.

3. Otro concepto que posee una doble acepción física y conceptual es el de la estratificación, que se define como la teoría de los círculos concéntricos, complementaria de la anterior, y que significa el predominio de la idea de varias capas ligeras de protección frente a una sola capa fuerte o a varios puntos fuertes, pero permeable en sus internalos. Desde el punto de vista físico, este concepto se enfrenta también al reto del medio acuático.

4. Cualquier sistema de seguridad integral se debe fundamentar en la información dentro del concepto de «inteligencia», es decir, la información elaborada. Ésta, en sus diferentes formas y momentos, permitirá una adecuada toma de decisiones, tanto preventivas como de disuasión y reacción. La información la obtendremos tanto del propio sistema –que a su vez generará información al resto– como del exterior y de otros sistemas portuarios.

5. No se puede mantener un sistema operativo de seguridad sin establecer niveles de seguridad adaptados a cada situación, de tal manera que permita adecuar la acción a las vulnerabilidades y amenazas para cada período de tiempo. Este sistema de niveles impide caer en la rutina y confiere un ahorro de medios materiales y humanos, lo que propugnan los principios de eficacia y eficiencia que todo sistema debe aplicar.

6. Frente a la información que es necesario que adquiera el sistema, es vital que éste impida que entes no autorizados accedan a su estrategia durante las fases de creación, implantación, desarrollo y seguimiento del sistema de seguridad, ya que el conocimiento total o parcial del mismo por parte de cualquier oponente lo haría totalmente ineficaz.

7. Un aspecto que enlaza con el anterior es el de la formación del personal, que debe ser profunda y continua para que el sistema funcione de una manera óptima.

8. El último eje consiste en considerar siempre que la eficacia del sistema no será nunca completa y que su finalidad será tratar de alcanzar este objetivo.

Con un análisis inicial de la situación, *a priori* pueden obtenerse tres conclusiones inmediatas:

- La necesidad de un mantenimiento adecuado y constante en todas las instalaciones de seguridad.
- La obligatoriedad de disponer en algunos casos de equipos duplicados o sistemas alternativos, coordinados con el puesto de mando y éste con el mando único.
- Las consecuencias operativas que podría tener para el desarrollo de la actividad un ataque terrorista, y el alcance del daño y el tiempo que debería transcurrir para volver a la rutina de nuevo.

En este contexto se puede profundizar más y subdividir las instalaciones vitales en dos grupos principales. Uno, el formado por aquellas cuyo funcionamiento es irreemplazable durante mucho tiempo; otro, el formado por aquellas cuya interrupción durante un corto período no fuese traumática, e incluso las pudiera reemplazar circunstancialmente un servicio subcontratado o habilitando una zona dentro del puerto para ese servicio.

9.3 Conceptos fundamentales que se deben considerar

- La protección en el buque debe empezar en el perímetro del mismo, tanto si se trata de una zona de fondeo como de atraque.
- La prevención es la herramienta principal de la protección, sin olvidar que en el caso de una instalación portuaria, frente al tipo de amenazas a las que ésta se enfrenta, es obligado tener dispuesta la reacción tras el acto terrorista. El paso de rutina a emergencia debe ser extremadamente rápido.
- Prevención, protección, disuasión e intervención. En todos ellos los procedimientos, medios humanos y los técnicos instalables.

- Organización básica de la seguridad:

  - Apoyo a la dirección de seguridad.
  - Coordinación con la dirección funcional del puerto (trabajo conjunto, nunca por separado).
  - Aplicación del modelo de mando único en emergencia como sistema ideal de coordinación de efectivos.
  - Distribución de responsabilidades.
  - Canales de comunicación.
  - Selección y formación del personal.

- Coordinación del mando único con los organismos públicos (fuerzas de seguridad del Estado, bomberos, protección civil, Cruz Roja, oficinas del medio ambiente, etc.), tanto en emergencia como en rutina.
- Planes de emergencia y evacuación.
- Procedimientos operativos de seguridad.
- Protección contra incendios.
- Protección física.
- Detección de intrusión.
- Control de accesos a la instalación portuaria.
- Control de accesos a las zonas restringidas del puerto.
- Protección perimetral de las zonas de atraque de los buques.
- Inspección de entrada de objetos y mercancías en el puerto.
- Comunicaciones de seguridad, secrefonía.
- Iluminación de seguridad de las zonas marcadas.
- Centralización de alarmas en el puesto de control con sistemas alternativos para evitar el sabotaje.
- Eliminación de barreras arquitectónicas en rutina y evacuación.
- Establecimiento de zonas de seguridad para la evacuación parcial de zonas.
- Control y eliminación de residuos, vertidos mediante la actuación de equipos de descontaminación preparados para intervenciones iniciales NRBQ.

9.4 Resultados que se espera obtener

9.4.1 Garantías

- Cumplimiento de la normativa legal sobre medidas de protección de buques e instalaciones portuarias PBIP.
- Disponer de los recursos adecuados (humanos, técnicos y organizativos) para la reducción de las amenazas.
- Funcionamiento correcto de los dispositivos técnicos y la estructura organizativa ante las situaciones de emergencia.

- Reducción de los costes al menguar las pérdidas generadas por la incidencia de la delincuencia común y otros factores de menor entidad.
- Mejorar la confianza en el medio de transporte reduciendo las pérdidas posteriores a los actos terroristas.

9.4.2 Reducción de los riesgos

- Pérdida de vidas humanas.
- Destrucción o deterioro del patrimonio.
- Interrupción de la actividad portuaria.
- Deterioro o pérdida de la reputación e imagen de las compañías navieras, ocasionando pérdida de clientes.
- Reclamaciones por responsabilidad civil o penal.

9.5 Seguridad en los procesos interactivos buque-puerto

Desde el momento en que los puertos son elementos de la cadena de transporte, al producirse un intercambio multimodal de mercancías y pasajeros toda operación portuaria puede considerarse de interés para fines terroristas o de sabotaje, debido a la repercusión que estas acciones pueden tener a efectos de publicidad en las reivindicaciones de las organizaciones o individuos que pueden llevarlas a cabo.

Para el cumplimiento del punto 1.17 del Código PBIP, si se realiza un análisis de las actividades que concurren en los procedimientos portuarios y en su interacción con los buques se encuentran importantes aspectos claves en la gama de acciones que se deben cubrir:

1. *Actividades previas a la entrada del buque en puerto.* Se deben contemplar posibles abordajes en ruta. Como aspecto clave se debe considerar la procedencia del buque y la conformación de la tripulación.

2. *Maniobras dentro del recinto portuario* (entrada, atraque, carga y descarga de mercancías o pasajeros, avituallamiento del buque, etc.). Como aspectos claves se deben considerar el tránsito del buque por las instalaciones, las posibles acciones sobre los eleventos de manipulación de mercancías y la revisión de éstas o de las pertenencias del pasaje y la tripulación.

3. *Operatividad intermodal de las mercancías o pasajeros* (incluso dentro del área portuaria). Como aspecto clave se debe considerar la coordinación con el resto de estructuras del transporte, tanto de mercancías como de pasajeros, con una correcta compartimentación que asegure la hermeticidad de las zonas sensibles.
Actualmente se está implantando un sistema de módulos automáticos de abastecimiento de agua y electricidad a los buques. Ante la posibilidad de ataques biológicos o químicos se deben controlar los vertidos de las sentinas y otros en las aguas interiores del puerto o cercanas a las costas.

4. *Operaciones de buques militares al existir una zona militar en el área portuaria.* Como aspecto clave se considerará la interacción del tráfico civil con el militar, respetando la legislación vigente y tomando como prioritaria la seguridad de la flota de defensa.

5. *Integración de las infraestructuras portuarias* dentro de las localidades donde se encuentran implantadas, con las dificultades inherentes a efectos de control y uso de suelos necesarios para aumentar las condiciones de seguridad de la instalación.

6. *Comunicaciones.* Todos los procesos de comunicaciones de seguridad y administrativas para asegurar el cumplimiento del PBIP. Como aspecto clave se considerará la posible permeabilidad de los sistemas de comunicación, tanto los convencionales como los informáticos.

7. *Cumplimiento del resto de la legislación.* Aunque en la implantación del PBIP no se contemplen los buques encuadrados en las categorías de pesqueros, yates y embarcaciones de recreo, remolcadores y otros de aguas interiores portuarias, se deben considerar como potenciales focos de riesgo.

En ese mismo punto y para obtener una evaluación general del nivel de riesgo de cada aspecto, se atenderá a los siguientes parámetros:

– Determinar la amenaza percibida por las instalaciones portuarias y la infraestructura.
– Identificar los posibles puntos vulnerables.
– Calcular las consecuencias de los sucesos.

Todo ello nos hace valorar el riesgo como una combinación de la gravedad de las consecuencias de que el suceso se produzca, la amenaza o posibilidad de que éste ocurra y la vulnerabilidad de los elementos relacionados con el mismo. A su vez, la vulnerabilidad está relacionada con la disponibilidad, la accesibilidad y el nivel de protección.

Según el punto 14 del Código PBIP, las medidas que cabe aplicar deben dotar de un nivel de protección que asegure la minimización de las demoras para los pasajeros, buques, personal y visitantes de buques, mercancías o servicios. Esto hace que la optimización de los procedimientos sea obligada, de modo que un nivel de protección debe ser eficaz sin causar demoras, lo que conduce a una planificación preventiva exhaustiva y a una ardua labor de información.

Se establecen tres niveles de protección:

• **Nivel de protección 1,** en el cual *todas* las instalaciones portuarias deben cumplir unos objetivos establecidos en la actividad considerada de rutina:

– *Garantizar la ejecución de todas las tareas relacionadas con la protección de la instalación portuaria.* Debe por tanto garantizar que no sólo mantendrá la seguridad en el ámbito de esa tarea (por ejemplo, la estiba y desestiba) sino que no dará lugar a la permeabilidad que pueda afectar a otras tareas. Cada tarea debe ser hermética en materia de seguridad, y estar realizada a través de una compartimentación y control de accesos adecuados.

– *Controlar el acceso a la instalación portuaria.* Ninguna tarea puede ser un elemento clave en materia de control de accesos desde el exterior. Un óptimo control de los accesos exteriores reduce los riesgos de fallos de seguridad en tránsitos interiores.

– *Vigilar la instalación portuaria, incluidas las zonas de fondeo y atraque.* Desde el ámbito de cada tarea debe ser posible detectar las observaciones no autorizadas, incluso desde puntos exteriores a la instalación portuaria, y se deben poder observar también las zonas clave de la interacción buque-puerto, las zonas de fondeo y atraque. Debe realizarse un cuidadoso estudio de las ubicaciones de los sistemas de seguridad para cumplir este objetivo.

– *Vigilar las zonas restringidas a fin de que sólo tengan acceso a ellas personas autorizadas.*

- **Nivel de protección 2**, en el que, al aumentar el riesgo, todas o sólo algunas de las instalaciones portuarias deben cumplir unas medidas adicionales a la actividad considerada de rutina.

- **Nivel de protección 3**, en el que prácticamente todas las instalaciones portuarias han de cumplir la máxima protección hasta tener la certeza de que ha pasado la amenaza.

9.5.1 Protección de la IP en la interfaz buque-puerto

Para estudiar un sistema integral de protección de las instalaciones portuarias durante la interacción entre el buque y la propia instalación, se deben contemplar una por una las acciones que se ejecutan, tanto las previas a la entrada al puerto como las que competen a la interacción física dentro del mismo.

9.5.1.1 Actividades previas a la entrada del buque en puerto

- *Aspectos*
  - Abordajes en ruta consentidos y no consentidos.
  - Procedencia del buque y conformación de la tripulación.

- *Medidas*
  - Disponer de sistemas para la revisión sin apertura de contenedores y estancias de los buques (sensores de calor para polizones, detectores de explosivos, detectores *geiger*, detectores químicos, escáneres para personal y contenedores.
  - Contrastar con el puerto de origen las identidades de la tripulación y el pasaje (en su caso).
  - Confrontar la identidad del buque con los listados de buques de riesgo.
  - Este listado relaciona buques que han sido inmovilizados tras ser inspeccionados y que se clasifican en virtud de su riesgo.

- Estos buques deben inspeccionarse obligatoriamente antes de su entrada a puerto. Es posible consultar los resultados de las inspecciones y las medidas tomadas en cada caso.[1]

- Establecer un programa de inspecciones a bordo, previas a la entrada a puerto de buques «calientes» por su origen (posible contrabando, inmigración ilegal, terrorismo, etc.), además de la composición de la tripulación.

- Comunicar durante el procedimiento de aceptación del buque en el puerto una línea de seguridad GSM, GPRS, TETRA, TRUNKING, PMR de cualquier otro tipo, para lanzar la alerta inmediata en caso de abordaje o detección de irregularidades a bordo por cualquier tripulante de un buque.

- Aplicar íntegramente y con el mayor rigor la Orden Ministerial (OM) es decir, el *Procedimiento integrado para escala de buques en puertos de interés general*. Para ello se debe recabar la máxima información a través del DUE (documento único de escala). A pesar de la dificultad operativa que conlleva adelantar en 24 horas dicha documentación, en el nivel 3 la recepción debería realizarse a la salida del buque del puerto de origen o al menos con 36 horas de adelanto en buques «calientes».

Para poder planificar una inspección exhaustiva de los mismos, ésta se realizará a bastante distancia del puerto, a ser posible todavía en aguas internacionales.

- Según la OM del *Procedimiento integrado,* están *exentos* de presentar el DUE los buques de tráfico interior, los de recreo y los pesqueros nacionales. Como no se les exige por ley este procedimiento, podrían ser buques de riesgo. Hay buques de recreo o de tráfico interior lo suficientemente grandes como para poder dificultar la maniobrabilidad de grandes buques en un puerto. La ley permite que la autoridad portuaria obligue a cumplir el DUE, y debe estudiarse su implantación o, al menos, la recepción de datos suficientes como para poder realizar una investigación sobre el riesgo que suponen esos buques, susceptibles de ser inspeccionados.

- El sistema de transmisión electrónica del DUE (el EDI) mediante mensaje BERMAN (Berth Management) debe ser totalmente seguro. El comunicante externo al sistema de la autoridad portuaria no puede entrar en éste y, por tanto, los envíos deben controlarse por si en su contenido hubiera programas (troyanos) que permitieran la introducción en el sistema. La autoridad portuaria establecerá el procedimiento de comunicación.

- Los sistemas informáticos de recepción del DUE han de ser lo más estancos posibles —como los demás sistemas de la interfaz buque-puerto— de modo que no se puedan burlar los controles informáticos. De este modo se posibilitan controles antiintrusión en los procedimientos, a la vez que se aumenta la garantía de que la transmisión del DUE a la capitanía marítima y a Puertos del Estado será limpia y segura.

- Los códigos de identificación del buque deben tener sistemas de control que dificulten su obtención irregular. Los algoritmos de creación deben cambiarse periódicamente.

---

[1] http://europa.eu.int/comm/transport/maritime/safety/index_en.htm.

Se debe disponer de dos códigos, uno provisional hasta la inspección del buque y otro definitivo, totalmente distintos y que no se puedan confundir. La fijación del código de identificación no debe suponer que se asigna ningún número de escala, e incluso aunque se fije dicho número, ello no implica que se dé una autorización de atraque, que será confirmada al aportar un código de identificación definitivo, tras pasar favorablemente la inspección previa a la entrada en puerto. En la OM existe un modelo de documento de autorización de atraque.

— Tras la estancia en puerto y haber superado las condiciones que permitan la salida del buque del mismo, se verificará el documento de salida, que deberá ser remitido al supuesto puerto de destino. Este documento garantiza la trazabilidad del buque, y no debe permitirse en ningún caso su entrada en un puerto acogido al Convenio SOLAS si no es el de destino que figura en el documento de salida, salvo por motivo de *fuerza mayor*, o por la propia seguridad del buque. Únicamente se podrá acoger en un puerto distinto tras una exhaustiva inspección, que garantice la seguridad de la operación y registre las causas del cambio. Debe redactarse un informe con todo el procedimiento y almacenarse en la base de datos conjunta de los integrantes del Convenio. Este cambio de destino supondrá, en todo caso, que el buque será considerado *de riesgo* en sucesivos trayectos, aunque al salir del puerto de origen fuera considerado como *limpio*.

— Es conveniente que tras identificar al buque como *de riesgo*, se reforme el DUE para incorporar los datos que permitan clasificar a dicho buque como una potencial arma de ataque.

— Debe crearse una base de datos internacional. Un primer paso para lograrlo son las listas negras de la UE. Éstas, junto con los sistemas de seguimiento en ruta (en aguas internacionales), reducirían los riesgos de entrada en puerto de buques abordados o con cargas peligrosas recogidas en alta mar.

— Si llega un buque sospechoso o de riesgo, se avisará a los equipos de primera intervención, tanto los de la localidad como los de la autoridad portuaria. Se debe establecer un código de niveles de alerta con estos equipos de emergencia que ayude a la optimización de recursos.

— Restringir la salida de personal y pasaje de los buques antes de la entrada al puerto. Solicitud de bajada de tripulación y pasaje por escrito por parte de los responsables del buque, sin permitir la salida del mismo a nadie que no esté en la relación. Ésta se entregará dentro de un documento extendido (incluirá información en materia de seguridad, incluso de afecciones médicas del personal o pasaje, y se entregará en fechas inmediatas) que debe acompañar a la entrega del DUE, con los mismos plazos propuestos para ganar tiempo con objeto de recabar información de personal y pasaje, y para evitar los riesgos inherentes a la entrada del buque a puerto.

— Las cuarentenas, que han de prescribirse antes de la entrada del buque a puerto, deben cumplirse siempre en el propio buque, fuera de puerto, en zonas de fondeo que se establezcan teniendo en cuenta vientos, etc. Se establecerá un cerco de seguridad alrededor del buque en cuestión. En caso de que éste deba quedar en el interior del puerto a resguardo, ha de delimitarse una zona específica para este tipo de sucesos. Debe ser una zona sin tráfico, de fondeo, nunca de atraque.

9.5.1.2 Relación de buques objeto de medida de denegación de acceso a puertos CE (hasta 1/11/03)

Nombre del buque	Núm. OMI	Tipo de buque	Edad	Pabellón
Alexander K	7703584	Granelero	25	Líbano (Muy alto riesgo)
Belice City	7630141	Granelero	28	Camboya (Muy alto riesgo)
Carpetan Giorgis	7613105	Granelero	26	Chipre (Riesgo medio)
Mamry	7365954	Buque cisterna químicos	29	Panamá (Riesgo medio)
Mistral II	5322415	Petrolero	46	Honduras (Muy alto riesgo)
Pursat	5410860	Granelero	40	Camboya (Muy alto riesgo)
Selin (Ex Maple)	7427142	Buque cisterna químicos	28	S. Vicente y Las Granadinas (Elevado)
Sohret	7227009	Granelero	31	Turquía (Muy alto riesgo)
Star	7392880	Granelero	27	Camboya (Muy alto riesgo)
Trinity	7614965	Granelero	26	Camboya (Muy alto riesgo)

9.5.1.3 Relación de buques que se prohibirán en los puertos CE en caso de nueva inmovilización por inspección (hasta 1/11/03)

Nombre del buque	Núm. OMI	Tipo de buque	Edad	Pabellón	Pabellón
Tedi	5116464	Granelero	2	42	Albania (Riesgo muy alto)
Sétif II	8106020	Granelero	2	21	Argelia (Riesgo muy alto)
Amira	9142887	Petrolero	2	7	Argelia (Riesgo muy alto)
Hoggar	7046821	Ro-ro pasajeros	2	32	Argelia (Riesgo muy alto)
Ain Temouchent	8110447	Granelero	1	21	Argelia (Riesgo muy alto)
Ain Oussera	8220321	Granelero	1	20	Argelia (Riesgo muy alto)
Blida	7705635	Granelero	1	25	Argelia (Riesgo muy alto)
Nedroma	7708182	Granelero	1	25	Argelia (Riesgo muy alto)
Nemencha	7708194	Granelero	1	25	Argelia (Riesgo muy alto)
Sersou	8103822	Granelero	1	21	Argelia (Riesgo muy alto)
El Djazair	7116080	Ro-ro pasajeros	1	32	Argelia (Riesgo muy alto)
Zeralda	7043570	Ro-ro pasajeros	1	32	Argelia (Riesgo muy alto)
Gabrielle	6500296	Ro-ro pasajeros	4	38	Bolivia (Riesgo muy alto)
Alkyon	6510253	Ro-ro pasajeros	2	38	Bolivia (Riesgo muy alto)
Europa I	5405542	Ro-ro pasajeros	1	40	Bolivia (Riesgo muy alto)
Sandra	7336642	Cisterna químicos	1	29	Bolivia (Riesgo muy alto)
Santos C	7214363	Cisterna químicos	1	31	Bolivia (Riesgo muy alto)
Ald I	6409208	Petrolero	1	41	Bolivia (Riesgo muy alto)
Trinity	7614965	Granelero	3	26	Camboya (Riesgo muy alto)
Banam	6404442	Granelero	2	40	Camboya (Riesgo muy alto)
Belize City	7630141	Granelero	2	27	Camboya (Riesgo muy alto)
Corton	7519024	Granelero	2	26	Camboya (Riesgo muy alto)
Laila Queen	7525865	Granelero	2	26	Camboya (Riesgo muy alto)
Pursat	5410860	Granelero	2	40	Camboya (Riesgo muy alto)
Star	7892880	Granelero	2	28	Camboya (Riesgo muy alto)
Belmopan	7361568	Granelero	1	27	Camboya (Riesgo muy alto)

Fort George	7630139	Granelero	1	28	Camboya (Riesgo muy alto)
Handy Ocean	7533056	Granelero	1	26	Camboya (Riesgo muy alto)
Legend I	7223132	Granelero	1	31	Camboya (Riesgo muy alto)
Med Bulker	7433323	Granelero	1	25	Camboya (Riesgo muy alto)
Med General IV	7108681	Granelero	1	31	Camboya (Riesgo muy alto)
Nicolo Elisa	7341934	Granelero	1	28	Camboya (Riesgo muy alto)
Ronga	7223144	Granelero	1	31	Camboya (Riesgo muy alto)
Cem Trader	7614147	Granelero	2	28	Georgia (Riesgo muy alto)
Oruba	7403055	Petrolero	2	28	Georgia (Riesgo muy alto)
Al Khaled	7405481	Granelero	1	28	Georgia (Riesgo muy alto)
Iuliana T	7358092	Granelero	1	29	Georgia (Riesgo muy alto)
Meltem G	7009988	Granelero	1	33	Georgia (Riesgo muy alto)
Agios Dimitiros	7409097	Granelero	2	28	Honduras (Riesgo muy alto)
Mistral II	5322415	Petrolero	2	46	Honduras (Riesgo muy alto)
Archon	7012480	Petrolero	1	33	Honduras (Riesgo muy alto)
Blue Sea	7526534	Granelero	1	26	R.D. Korea (Riesgo muy alto)
Alexander K	7703584	Granelero	2	25	Líbano (Riesgo muy alto)
María K	7511204	Granelero	1	27	Líbano (Riesgo muy alto)
Frina	7392660	Granelero	2	30	Rumanía (Riesgo muy alto)
Valeria	7512090	Granelero	2	27	Rumanía (Riesgo muy alto)
Histria Topaz	8501189	Granelero	1	19	Rumanía (Riesgo muy alto)
Sabina	7806893	Granelero	1	25	Rumanía (Riesgo muy alto)
Talia S	7806908	Granelero	1	25	Rumanía (Riesgo muy alto)
Tigra	7734674	Granelero	1	26	Rumanía (Riesgo muy alto)
Captain Yamak	7371367	Granelero	1	29	Siria (Riesgo muy alto)
Hasan S	7501857	Granelero	1	27	Siria (Riesgo muy alto)
Mai-S	7501807	Granelero	1	27	Siria (Riesgo muy alto)
Samali S	7501871	Granelero	1	27	Siria (Riesgo muy alto)
Stara Grad	6704397	Petrolero	2	36	Tonga (Riesgo muy alto)
Slunj	8943533	Petrolero	1	43	Tonga (Riesgo muy alto)
Salih C	7314589	Granelero	3	30	Turquía (Riesgo muy alto)
Berrak N	7632541	Granelero	2	25	Turquía (Riesgo muy alto)
Gokhan Kiran	7433696	Granelero	2	18	Turquía (Riesgo muy alto)
Gulluk	8009557	Granelero	2	23	Turquía (Riesgo muy alto)
Hereke 4	7404633	Granelero	2	27	Turquía (Riesgo muy alto)
Hilal I	7405819	Granelero	2	26	Turquía (Riesgo muy alto)
Odin Bey	7916727	Granelero	2	24	Turquía (Riesgo muy alto)
Sapanca	7416777	Granelero	2	28	Turquía (Riesgo muy alto)
Sohret	7227009	Granelero	2	31	Turquía (Riesgo muy alto)
Goleen S	7000243	Cisterna químicos	2	33	Turquía (Riesgo muy alto)
Metin Ka	7383592	Cisterna químicos	2	29	Turquía (Riesgo muy alto)
Alemdar I	8836983	Petrolero	2	13	Turquía (Riesgo muy alto)
Alfa Star	8312629	Granelero	1	20	Turquía (Riesgo muy alto)
Barbaros Kiran	7433684	Granelero	1	21	Turquía (Riesgo muy alto)
Bolkar	8014382	Granelero	1	22	Turquía (Riesgo muy alto)
Bolu	7389833	Granelero	1	20	Turquía (Riesgo muy alto)
Burdur	7389845	Granelero	1	21	Turquía (Riesgo muy alto)
C Filyos	8811792	Granelero	1	13	Turquía (Riesgo muy alto)
Duden	8005226	Granelero	1	22	Turquía (Riesgo muy alto)
Erkan Mete	7527461	Granelero	1	27	Turquía (Riesgo muy alto)
Gokcan	8124802	Granelero	1	19	Turquía (Riesgo muy alto)
Gulser Ana	8418289	Granelero	1	18	Turquía (Riesgo muy alto)
Hac Resit Kalkavan	7640316	Granelero	1	25	Turquía (Riesgo muy alto)
Hakki Deval	7433347	Granelero	1	24	Turquía (Riesgo muy alto)
Kaptan Nevzat K.	8325896	Granelero	1	19	Turquía (Riesgo muy alto)

Kiran Pacific	7713149	Granelero	1	17	Turquía (Riesgo muy alto)
Manyas I	7533094	Granelero	1	27	Turquía (Riesgo muy alto)
Muzeyyen Ana	8109034	Granelero	1	18	Turquía (Riesgo muy alto)
Osman Mete	7380485	Granelero	1	28	Turquía (Riesgo muy alto)
Tahir Kiran	7433713	Granelero	1	16	Turquía (Riesgo muy alto)
Serra Deval	7433426	Granelero	1	23	Turquía (Riesgo muy alto)
Soli	7600079	Granelero	1	26	Turquía (Riesgo muy alto)
Zeynep Ana	7531242	Granelero	1	33	Turquía (Riesgo muy alto)
Esin S	7024354	Cisterna químicos	1	19	Turquía (Riesgo muy alto)
Habas	8208426	Gasero	1	19	Turquía (Riesgo muy alto)
Emre Bener	7401514	Petrolero	1	27	Turquía (Riesgo muy alto)
Kaptan Veysel	7721847	Petrolero	1	25	Turquía (Riesgo muy alto)
Veli Alemdar	7326166	Petrolero	1	29	Turquía (Riesgo muy alto)
Ankara	7615672	Ro-ro pasajeros	1	22	Turquía (Riesgo muy alto)
Derin Deniz	6905446	Ro-ro pasajeros	1	35	Turquía (Riesgo muy alto)
Kaptan Burhanet I.	8818300	Ro-ro pasajeros	1	13	Turquía (Riesgo muy alto)
Arrazi	7925704	Cisterna químicos	1	21	Marruecos (Riesgo alto)
Al Wahda	9044073	Petrolero	1	11	Marruecos (Riesgo alto)
Johanna Kathrina	7268293	Cisterna químicos	2	29	St. Vincent – Grenad. (Riesgo alto)
Elena B	7721330	Granelero	1	25	St. Vincent – Grenad. (Riesgo alto)
Cora	7395234	Granelero	1	26	St. Vincent – Grenad. (Riesgo alto)
Fivos	7625720	Granelero	1	25	St. Vincent – Grenad. (Riesgo alto)
J Safe	8118803	Granelero	1	21	St. Vincent – Grenad. (Riesgo alto)
Koro	7029421	Granelero	1	33	St. Vincent – Grenad. (Riesgo alto)
Lepetane	8126367	Granelero	1	19	St. Vincent – Grenad. (Riesgo alto)
Nestor C	7739985	Granelero	1	24	St. Vincent – Grenad. (Riesgo alto)
Pakrac	7601633	Granelero	1	25	St. Vincent – Grenad. (Riesgo alto)
Sea Bright	7641073	Granelero	1	26	St. Vincent – Grenad. (Riesgo alto)
Titan	8117146	Granelero	1	20	St. Vincent – Grenad. (Riesgo alto)
Giovanna	7434145	Cisterna químicos	1	25	St. Vincent – Grenad. (Riesgo alto)
Rhone	7361685	Cisterna químicos	1	29	St. Vincent – Grenad. (Riesgo alto)
Tavira	7716115	Petrolero	1	25	St. Vincent – Grenad. (Riesgo alto)
Fedra	7350088	Ro-ro pasajeros	1	30	St. Vincent – Grenad. (Riesgo alto)
Paloma I	7625794	Ro-ro pasajeros	1	23	St. Vincent – Grenad. (Riesgo alto)
Superferry	7210305	Ro-ro pasajeros	1	31	St. Vincent – Grenad. (Riesgo alto)
Bulgaria	7740831	Granelero	2	25	Bulgaria (Riesgo medio)
Capetan Giorgis I	7613105	Granelero	3	26	Chipre (Riesgo medio)
Apollonia Star	7531187	Granelero	2	27	Chipre (Riesgo medio)
Bulk Diamond	8822818	Granelero	2	17	Chipre (Riesgo medio)
Konstantinos	7632448	Granelero	2	26	Chipre (Riesgo medio)
Mighty Confidence	9052721	Granelero	2	8	Chipre (Riesgo medio)
Princess Ilaria	7720714	Granelero	2	25	Chipre (Riesgo medio)
Tamyra	8008761	Petrolero	2	20	Chipre (Riesgo medio)
Gina M	7353092	Granelero	2	28	Malta (Riesgo medio)
Seeder Stream	8113140	Granelero	2	19	Malta (Riesgo medio)
Tiarella	7526170	Granelero	2	26	Malta (Riesgo medio)
Kalymnos	7901590	Petrolero	2	20	Malta (Riesgo medio)
Grain Trader	7636781	Granelero	4	24	Panamá (Riesgo medio)
Ismini	7624398	Granelero	3	24	Panamá (Riesgo medio)
Selin	7427142	Cisterna químicos	3	28	Panamá (Riesgo medio)
Pergamos	7396496	Cisterna químicos	3	28	Panamá (Riesgo medio)
Constanza	7624415	Granelero	2	23	Panamá (Riesgo medio)
Irene Ve	7514244	Granelero	2	25	Panamá (Riesgo medio)
Ocean Surf	8006270	Granelero	2	22	Panamá (Riesgo medio)
Pandora P	8100870	Granelero	2	20	Panamá (Riesgo medio)

Rodin	7334046	Granelero	2	29	Panamá (Riesgo medio)
Tradco I	7501338	Granelero	2	27	Panamá (Riesgo medio)
Sark Trader	8011550	Cisterna químicos	2	22	Panamá (Riesgo medio)
Sadalsuud	7123992	Petrolero	2	22	Panamá (Riesgo medio)
Dolfijn II	5404586	Pasajeros	2	40	Panamá (Riesgo medio)
Golfinho Azul	6922341	Ro-ro pasajeros	2	34	Panamá (Riesgo medio)
Olimpia Pride	8009131	Petrolero	2	21	Panamá (Riesgo medio)

9.5.2 Maniobras dentro del recinto portuario

- *Aspectos*
  - Riesgo de empleo del buque como armas o elementos de sabotaje.
  - Riesgo de empleo de elementos portuarios como arma o elemento de sabotaje.
  - Avituallamientos y movimientos de mercancías y pasajeros.
  - Permeabilidad entre las áreas del recinto portuario.
  - Concesiones.

- *Medidas*
  - Se considerará como interior del puerto incluso los pantalanes externos, como pueden ser las zonas de descarga de buques de crudo, refinados, etc.
  - Las comunicaciones y accesos entre las infraestructuras del interior de la zona portuaria (especialmente en la de mercancías, muy vulnerable y difícil de controlar), deben basarse en sistemas de compartimentación. No se deben interconectar sin control de accesos distintas partes del puerto (incluso dentro de cada tipología de mercancía). Cada zona debe ser hermética respecto a las demás.
  - Debe habilitarse en el puerto una zona para buques de riesgo lo más alejada posible de la población y retirada de la bocana del puerto. Esta zona tendría el máximo nivel de vigilancia y de impermeabilidad respecto al resto de zonas portuarias. El acceso a ella se realizará con el mínimo de maniobras, para que incluso en las peores condiciones se pueda maniobrar el buque con seguridad.
  - Se considerarán de máximo riesgo las operaciones ro-ro y las de carga y descarga de vehículos en buques de pasajeros.
  - Separación y hermetización del tráfico internacional del interior, incluso para mercancías similares, usando pantalanes y dársenas distintas, o aplicación de filtros por tiempos de uso, pero sin permitir que interaccionen buques nacionales y extranjeros.
  - Se deben auditar periódicamente los procedimientos de seguridad y la adecuación de los contratistas de suministros a buques, y contemplar la posibilidad de generar listados de abastecedores autorizados.
  - Creación de zonas de transferencia para el control de la mercancía de buques de riesgo. Cuando las mercancías no sean graneles, esas zonas no estarán a cielo abierto.
  - Asegurar la sustitución de elementos averiados de la maquinaria de manipulación. Establecer existencias de repuesto que deben almacenarse en condiciones de seguirdad, para no verse afectadas en caso de ataque o accidente. Sistemas versátiles y móviles para permitir el desplazamiento a distintos puntos de la instalación.

– Creación de estaciones autónomas de energía eléctrica, independientes del suministro de la localidad, semejantes a las centrales de lado aire de los aeropuertos. Prever las autonomías y almacenar el combustible en condiciones de seguridad para mantenerlas.

– Identificar posibilidades de riesgo en las movilizaciones reivindicativas del personal portuario.

– *Operaciones de carga.* La operación de carga a un buque de riesgo debe ser dirigida en toda su duración por un inspector de la autoridad portuaria. Él será el que aporte los precintos a los contenedores, quien supervise las relaciones de mercancía y quien emita la propuesta de salida para el buque. Estas operaciones de carga deben estudiarse según la naturaleza de la mercancía (contenedores, graneles sólidos, graneles líquidos, ro-ro, pasajeros, etc.). En buques de riesgo serán siempre aplicados los niveles 2 o 3 de seguridad del PPIP.

– *Operaciones de descarga.* En buques de riesgo, aunque se haya realizado una inspección previa a la entrada en puerto, toda operación de descarga será supervisada por el inspector de la autoridad portuaria. La descarga se programará de modo que la cadencia permita realizar una inspección pormenorizada y la operación no continuará hasta que se haya verificado que la parte inspeccionada cumple con los criterios de seguridad establecidos, es decir, se certificará parcialmente la mercancía. Se establece como nivel de protección mínimo en estos casos el 2 del artículo 16.35 del PBIP. En este tipo de buque, durante la descarga, todos los tripulantes deberían permanecer en el mismo, sin permitirse su descenso a tierra hasta que toda la carga haya sido verificada.

– *Avituallamiento del buque.* Se entenderá por avituallamiento del buque todas las operaciones de suministro de víveres y otros, energía eléctrica, combustibles (gasolinas, querosenos, fuel, gasoil, gas, etc.), agua, hielo, repuestos, útiles, etc. En este punto se albergará también la retirada de basuras y aguas sucias.

– El procedimiento asegurará que no se pueden producir flujos inversos (de buque a instalación) en lo que a energías, combustibles y agua se refiere, sobre todo a esta última. Para asegurar que no se pueden producir vulnerabilidades de la red pública de abastecimiento de agua, se intentará suministrar aguas recicladas para los usos no higiénicos ni alimentarios.

– Para estos últimos se deben crear depósitos vigilados (uno por punto de amarre) independientes entre sí, con válvulas antirretroceso.

– Durante el proceso de avituallamiento se tomará nota de los tripulantes que se encuentran a bordo, contrastando este listado con el de los movimientos de entrada y salida de personal.

– Para el suministro de electricidad, se usarán en lo posible los nuevos sistemas automáticos, que cuentan con un nivel de protección adecuado.

– En cuanto a los combustibles, se aplicarán de modo que se reduzca al mínimo el riesgo de aprovechamiento del avituallamiento para actuaciones peligrosas. Si es posible se procederá mediante camiones, puesto que las instalaciones fijas son más vulnerables y la gravedad de las consecuencias en eventuales ataques es mayor, dado que pueden paralizar varias líneas de suministro.

– En mercancías embaladas, se comprobará la integridad del precinto. Todo suministro debe ser controlado. Incluso las materias que porten los tripulantes en eventuales salidas deben ser objeto de requisa. Cualquier entrada o salida de personal del buque debe ser tratada con el mismo celo durante toda la estancia del mismo, sea cual sea la duración de la misma.

– No se admitirán mercancías que no hayan sido solicitadas por el buque. Conviene estudiar la posibilidad de que los suministros al buque sean por petición de la tripulación, mediante canal reglamentario, a la autoridad portuaria, que se encargará de la gestión del suministro. De este modo se puede responsabilizar del control de entrega de los pedidos. Los vehículos de las entregas, aun siendo de suministradores autorizados, serán objeto de requisa a la entrada y salida de las instalaciones.

– *Aduanas*. Las competencias de éstas no están en el ámbito del Ministerio de Fomento, sino del de Hacienda, de modo que deben estudiarse los posibles convenios existentes para aprovechar al SVA para el PPIP. Cuentan con un buen nivel tecnológico en algunas materias. Debe optimizarse su ubicación y los tránsitos. En cada puerto el SVA tiene unas instalaciones propias para el almacenamiento del material decomisado, que debe permanecer el menor tiempo en éste, dado que supone un sensible incremento del riesgo para la instalación portuaria.

9.5.3 Operatividad intermodal de las mercancías o pasajeros

9.5.3.1 Mercancías

- *Aspectos*
  - Envejecimiento de gran parte de la infraestructura actual. Diseños antiguos.
  - Movimientos de mercancías y pasajeros.
  - Permeabilidad entre las áreas del recinto portuario.

- *Medidas*
  - Con la aplicación de los actuales sistemas intermodales de transporte, integrados en las infraestructuras portuarias, se crea una problemática de permeabilidad.
  - Todo proceso de traslado de un modo de transporte a otro exige una comprobación del mismo para evitar riesgos durante la manipulación. Si se han cumplido debidamente los procedimientos de la descarga y carga de las mercancías, se obtiene un nivel de seguridad sensiblemente eficaz.
  - Hay que evitar realizar cargas simultáneas en otros medios de transporte si no se puede garantizar que cada carga será vigilada independientemente. Tras efectuar esa carga se verificarán las relaciones de mercancía.
  - A pesar de ello, para recibir o trasladar la mercancía de/a cualquier otro modo de transporte, se realizarán de nuevo comprobaciones de los listados de mercancía.
  - El empleo de unidades de transporte intermodal (UTI) incrementa la seguridad en su manipulación. Se evitará realizar cargas simultáneas en otros medios de transporte si no se puede garantizar que cada carga sea vigilada independientemente. Tras dicha carga se verificarán las relaciones de mercancía.
  - Toda maniobra sobre la mercancía tendrá lugar dentro de zonas restringidas.
  - Los medios de transporte de mercancía que se reconocen son: buque, camión (con diversos tipos de continentes), ferrocarril y depósitos o tuberías.

- Es importante saber que existen tuberías de transporte. Son elementos muy sensibles y vulnerables.
- Renovar infraestructuras, especialmente ferroviarias. Empleo de bases de losa de hormigón, no balastos. Uso preferente en el recinto de máquinas de motor de explosión por su autonomía frente a posibles sabotajes a la red de abastecimiento eléctrico.

9.5.3.2 Pasajeros

- Los medios de transporte no portuarios sólo podrán acceder hasta zonas públicas de la instalación portuaria.
- Si es imprescindible el acceso de los medios de transporte al interior de zonas restringidas, siempre se efectuará una requisa de las pertenencias del pasaje.
- Nunca debe producirse un cambio modal sin proceder a la identificación del pasajero.
- Cualquier escala no regular de un buque en el puerto recibirá la consideración de riesgo.
- Un buen procedimiento de control es el registro de salida del pasajero de la instalación portuaria, cotejando estos listados con los del buque en el que han sido o serán trasladados. Este sistema es similar al control de pasaportes, aunque operativamente debe ser mucho más rápido. Se propone este sistema puesto que en trayectos interiores no se solicita la identificación.
- Cualquier persona que suba a bordo de un buque, sea del tipo que sea, y proceda de donde proceda, debe ser identificada.
- Los nuevos sistemas de seguridad en el control de accesos en aviación civil deberían servir de modelo para el intercambio modal con destino o procedencia de transporte marítimo. Tendrán una observancia especial los casos de equipajes no acompañados.

9.5.3.3 Operaciones de buques militares por existencia de una zona militar en el área portuaria

- *Aspectos*
  - Riesgo de empleo del buque como arma o elemento de sabotaje.
  - Permeabilidad entre las áreas del recinto portuario.
  - Falta de control sobre los movimientos del personal militar.

- *Medidas*
  - Priorizar la seguridad de la flota de defensa.
  - Acordar con el Ministerio de Defensa procedimientos de seguridad, al menos como los civiles que se espera implantar.
  - No realizar movimientos de buques civiles simultáneamente con militares.
  - Firmar convenios con el Ministerio de Defensa para el refuerzo de la seguridad, especialmente mediante el empleo de sus sistemas electrónicos de detección a distancia (detección de posibles abordajes por radar o satélite, así como de alijos en la mar) y de sus patrullas.

9.5.3.4 Integración de las infraestructuras portuarias

Debe considerarse toda posible integración de las instalaciones portuarias en las localidades donde se encuentran implantadas, con las dificultades inherentes a efectos de control y uso de suelos necesarios para aumentar las condiciones de seguridad de la instalación.

- *Aspectos*
  - Afectabilidad de la población ante un ataque.
  - Dificultad para el control de áreas que no pertenecen al ámbito de influencia de la autoridad portuaria.
  - Conflictos de competencias entre Administraciones.
  - Zonas públicas (de ocio, culturales, etc.) en el interior del recinto portuario.

- *Medidas*
  - Ampliación de las zonas de influencia de la autoridad portuaria mediante adquisición de terrenos colindantes. Creación de *barreras naturales visuales* que minimicen el riesgo de ataques desde el exterior.
  - Identificar como de alto riesgo las posibles zonas de ocio dentro del recinto portuario, tales como centros comerciales, zonas de bares de copas, parques temáticos, etc. Implantación de un *canon por seguridad* para su adecuación al PBIP.
  - Estudio puerto por puerto de la actual configuración y una posible reubicación o adaptación de muelles para situar, teniendo en cuenta parámetros de cercanía a poblaciones, afectabilidad de sistemas, regímenes de viento, dimensiones, etc., un área destinada a estacionar buques sospechosos (aunque hayan pasado la inspección previa a la entrada en puerto). Deben ser zonas donde puedan hacer el menor daño posible. Como continuación, en esas zonas se establecerán áreas de transferencia para la valoración de mercancías y saber si existe algún riesgo en ellas.

9.5.3.5 Comunicaciones

Son todos los procesos de comunicaciones de seguridad y administrativas que aseguran el cumplimiento del PBIP. Como aspecto clave se tomará la posible permeabilidad de los sistemas de comunicación, tanto los convencionales como los informáticos.

- *Aspectos*
  - Permeabilidad tanto de los sistemas convencionales como de los informáticos.
  - Falta de unificación en algunos sistemas y protocolos de comunicaciones.
  - Barrera del idioma.

- *Medidas*
  - Confeccionar un *listado* de instrucciones básicas de seguridad en varios idiomas, tanto para entregar al buque como para tener en el centro de mando y seguridad del puerto (es muy posible que algunos tripulantes no dominen el inglés).

- Estudio de la afectabilidad y vulnerabilidad de las comunicaciones ante un previsible ataque o accidente. Se tenderá a utilizar comunicaciones por sistemas digitales (en radio preferentemente TETRA, por su confidencialidad). Todos los sistemas de la instalación deben ser intercambiables, homogéneos y unificados, incluso los que se usan para las contratas (que han ser *pinchables*). Hay que tener en cuenta posibles saturaciones en crisis y sistemas alternativos seguros (no PMR) para caso de sabotaje y la posibilidad de comunicarse «punto a punto» además de por repetidor, para no verse afectados en caso de caída del mismo. Adquirir sistemas similares a las estaciones móviles de los proveedores de telefonía móvil.

- Los sistemas informáticos son especialmente sensibles. Casi todas las comunicaciones buque-puerto en materia de datos se efectúan por correo electrónico. Además, la posibilidad de intrusión no hace imprescindible la presencia física en el área, por lo que aun localizando la intrusión, es muy difícil evitarla.

- Completar la integración de las distintas autoridades portuarias en el sistema DGPS (GPS Diferencial) de la red española DGPS-Marítimo. En la actualidad se cuenta con 19 estaciones transmisoras, ubicadas en radiofaros (17 antiguos y 2 nuevos). Identificarlos y disponerlos para la protección prioritaria.

Si la operación de interfaz se realiza con el buque de un Estado no firmante del Convenio PPIP, a éste se le tratará siempre como sospechoso y *no limpio,* y se le aplicará todo el procedimiento de seguridad. Esto hará que los retrasos surgidos en la gestión de las mercancías generen presiones para la adhesión de ese Estado al Convenio, con el consiguiente incremento de seguridad si se audita el cumplimiento de las obligaciones de los firmantes.

La interfaz con plataformas flotantes tendrá la misma consideración que si se realizase con un puerto de interés general, y obligará a las empresas explotadoras a cumplir los mismos procedimientos. De este modo evitaremos que se utilice como puerto sucio.

9.5.3.6 *Otras consideraciones*

Aunque haya aspectos que no entren por ley dentro de las competencias del plan de protección, en cumplimiento del principio de documentación deben citarse:

- Contar con elementos de aparatos de información de las fuerzas de seguridad del Estado en las plantillas del personal portuario, y considerar prioritaria la toma de esta información y su gestión.

- Debe implantarse un plan semejante al de accesos internacionales para las tareas interiores, pesqueros y, especialmente, para yates y embarcaciones recreativas. Son un punto clave en cuanto a la seguridad.

- Se debe disponer de un listado de los puertos de mayor riesgo. Sobre esta base, en función del tipo de riesgo, se aplicará cada procedimiento de actuación.

- Clasificación por:

  - tipo de riesgo,
  - volumen de tráfico,

– niveles actuales de seguridad,

– tipo de buque,

– procedencias y destinos de las mercancías y de los pasajeros,

– nodos de intercambio modal, integración dentro de las localidades,

– existencia de puestos exteriores de observación o posibles ataques, y

– cercanía de infraestructuras industriales (incluso dentro de los propios pantalanes; hay que tener en cuenta que estos pantalanes pueden ser propiedad de las empresas, por lo que se debe obligar a establecer los sistemas y procedimientos necesarios para la implantación de los planes de protección y para la integración de sus sistemas dentro del ámbito global del puerto).

- Los directores de seguridad deben tener documentación entre otras informaciones, de:

– la legislación nacional, autonómica, local e internacional relacionada con su cometido (ésta se tendrá referenciada y se actualizará en el marco del plan de seguridad),

– las características técnicas del puerto como, por ejemplo, dimensiones técnicas, calados, resguardos, anchos de bocana, regímenes de vientos, de mareas, altura de ola significante, ubicación de las dársenas, denominación de cada una y sus usos principales y potenciales para emergencias,[3]

– el tráfico de mayor volumen y volúmenes de tráfico así como sus previsiones de cambio (memorias anuales),[4]

– los niveles de servicio predeterminados por buque y punto de atraque o fondeo, rutas óptimas de acceso para cada tipo de buque en función de sus dimensiones y características,

– la cercanía a localidades y tipología de éstas, número de habitantes, horarios de transporte público,

– los listados de todo lo destacable del resto de puertos de interés general (incluso de las comunidades autónomas), por la posibilidad de reenvío o recepción de buques a/de estos puertos en caso de crisis),

– los listados de teléfonos de utilidad (fuerzas y cuerpos de seguridad del Estado, autoridades civiles y militares de la localidad, compañías de servicios (luz, agua, gas, alumbrado, transportes, limpiezas, etc.),

– los responsables de comunicaciones y transportes (incluido el ferrocarril, si existe), responsables de infraestructuras locales y autonómicas, de las empresas ubicadas en el interior del puerto y de las compañías de fletes, con los teléfonos de su superior inmediato,

– de todo el personal, especialmente de los implicados en el plan de seguridad, personal operario de instalaciones especializadas y el específico en la actividad de ese puerto en concreto, etc.),

– los sistemas de seguridad y su ubicación,

---

[3] Para obtener una visión global de las características de los puertos de España y Portugal, el lector puede consultar en internet el portal www.logisnet.com, y la edición anual de *Logisnet, Guía de Logística;* Marge Books; Barcelona; incluye directorios de empresas del sector logístico.

[4] *Ibidem.*

- los planes de protección de instalaciones industriales que se encuentren en el seno del puerto,

- los posibles equipos de primera y segunda intervención (bomberos, sanitarios, hospitales, protección civil, etc.).

- Algunos aspectos del plan de seguridad, que detallen cómo pueden comprometer su seguridad, deben integrarse en los procedimientos de protección civil de la población, donde se encuentren ubicados.

- Las obras siempre se interpretarán como aspectos claves en el plan de seguridad, dado que cualquier actuación de este tipo supone un compromiso para la seguridad. Estudiar cuál es el sistema actual de concesión de licencias de obras y de las condiciones de seguridad que dicho sistema aporta.

- En la oficina del director de seguridad existirá una relación de los medios mecánicos, incluso los utillajes de que se disponga en las zonas de mercancías y pasajeros. Esto es especialmente relevante en lo concerniente a grúas, cucharas de graneles y estaciones de bombeo. Deben distinguirse por tipo (pórtico, etc.), con sus alcances, capacidades, edades y vidas útiles, rendimientos, potencias (diferenciar las de doble potencia), tiempos de ciclo, ubicaciones y posibilidad de desplazamientos a otras zonas del puerto, con los tiempos de puesta a disposición, en este caso.

- Debe tenerse en cuenta que los aspectos clave en la desestiba (un mayor tiempo de estacionamiento del buque aumenta el riesgo de incidentes) se encuentran en los cálculos deficientes respecto a la mano de obra necesaria, la formación del personal, el exceso de horas de trabajo, la motivación, etc. La capacidad de los muelles no especializados (multifuncionales) está en función de los rendimientos de la línea de atraque, de grúas y depósitos.

- Debe poder asegurarse la sustitución de elementos averiados de los muelles de modo casi inmediato, por lo que han de existir repuestos almacenados en condiciones de seguridad, para no verse afectados en caso de ataque o accidente. A pesar de los elevados costes de la maquinaria, se debe contar con la posibilidad de disponer de sistemas más versátiles y sobredimensionados para permitir la movilidad a distintos puntos de la instalación.

- Debe tenerse muy en cuenta la alimentación energética de los distintos sistemas, sobre todo la procedente del exterior (más vulnerable), e implantarse sistemas de emergencia autónomos (conociendo las autonomías y guardando en condiciones de seguridad los combustibles para mantenerlas), con el fin de alimentar a un porcentaje determinado de maquinaria para que la gravedad de un posible incidente sea la menor posible.

- Deben tenerse muy presentes los equipos de remolque, draga, izado, cercanía de buques grúa y las posibilidades de obtener servicios de este tipo de otros puertos o instalaciones, con tiempos de puesta a disposición de llegada, características, sistemas de alimentación necesarios, combustibles, etc. y tener siempre dispuesto en la instalación portuaria un punto de atraque y entretenimiento para estos sistemas.

- Debe tenerse presente que aunque en algún puerto se reduzca el tráfico y las dimensiones de los buques que se atienden, deben mantenerse las características técnicas de su diseño, especialmente en lo referente a calados, puesto que cabe la posibilidad de que ese puerto tenga que acoger a buques de otros puertos en casos de crisis.

- Debe hacerse un estudio detallado de la influencia del volumen de movimiento de pasajeros y de TRB en el incremento de los riesgos y la dificultad de su control, con gráficos de variación de los costes de seguridad en relación con éstos; y prever la posible evolución.

- Deben incluirse, por tanto, previsiones de variación de tráfico de mercancías, así como una previsión de posibles nuevos productos y mercancías (para dejar preparadas zonas a tal efecto, sin infraestructura, pero con espacio para ubicarlas, aunque en la actualidad se les dé otro uso).

- Se necesita, para hacerse una composición de lugar, el número e índice de denuncias por delitos relacionados con la interacción, con el fin de estudiar niveles de riesgo y de optimizar los sistemas de protección.

- Las comunicaciones y accesos entre las distintas infraestructuras del interior de la zona portuaria (especialmente en la zona de mercancías, muy vulnerable y difícil de controlar), deben basarse en sistemas de «compartimentación» y no interconectar sin control de accesos distintas partes del puerto (incluso dentro de cada tipología de mercancía). Cada zona debe ser hermética respecto a las demás.

- Se debe contar con el directorio de embajadas en el país y de los consulados existentes en la propia localidad, con el fin de poder comunicar de inmediato cualquier incidencia relacionada con ciudadanos de sus respectivas nacionalidades.

- Debe estudiarse en cada caso la relación de faros y balizas.

9.5.3.7 Medios mecánicos de tierra

- Debe contarse con información sobre la disposición de grúas (fijas o sobre raíles, y clasificadas según TM 3, 6, 12), portacontenedores, carretillas, cintas transportadoras, cucharas, tolvas, palas cargadoras, tracción de maniobras, vagones, camiones, básculas, grúas flotantes, remolcadores y varaderos.

- En el estudio del PIBP hay que tener en cuenta si el puerto en cuestión es más importador o exportador, a fin de incidir más en un sentido u otro sobre los procedimientos y en el dimensionado de los sistemas de seguridad.

- Es importante diferenciar sobre qué firme se encuentran situados los raíles del ferrocarril; es más seguro que estén sobre hormigón que sobre balasto, pues de ese modo no se pueden esconder elementos extraños. Así, también, se debe tener conocimiento de si la línea está electrificada o no, tanto por seguridad como para permitir distintos tipos de vehículos tractores.

9.5.4 Aspectos organizativos

La resolución de una situación de protección es similar a cualquier otra de emergencia, con la variante de que las amenazas que se deben controlar todavía no se han producido y que todo lo que se genera se realiza de forma preventiva; así como se representaba en el esquema 1.2 del capítulo 1, el PPIP finaliza cuando los hechos objeto de la protección se materializan, entrando de lleno en los planes de emergencia relativos a las consecuencias de la acción ilícita.

Bien es verdad que, siendo prácticamente iguales los procedimientos organizativos, serán distintas las personas que por su responsabilidad deberán verse implicadas, como también serán novedosas las acciones que cabrá realizar para el control de la situación.

Del mismo modo, la infraestructura disponible o a la que puede acceder la autoridad portuaria, como salas de control y emergencia, centros operativos para la toma de decisiones, salas para los gabinetes de crisis, etc., coincidirá con la necesaria para las situaciones de protección. Lo que no debe variar es el concepto de la necesidad de disponer de uno de dichos centros neurálgicos, desde donde podamos centralizar la respuesta requerida por la amenaza en el ámbito de la protección.

A pesar de estar convencidos de la existencia de los principios enunciados, en los apartados siguientes se ofrece el contenido más elemental de dicha organización, sólo por si fuera necesario, principalmente en aquellos puertos que no dispongan de una organización de respuesta para los distintos planes de emergencia.

9.5.5 *Estructura de la organización*

La estructura y la organización ante la activación del PPIP se articulan como cualquier plan de emergencia a través de un centro de coordinación operativa de emergencias (CCOE), donde en una sola estructura se engloban las personas que participan en los diversos grupos:

- Dirección del plan.
- Gabinete de comunicación.
- Jefatura de la amenaza.
- Gabinete de crisis.
- Consejo asesor.

Aunque el portavoz del gabinete de comunicación posea cierta experiencia en la participación en conferencias de prensa, siempre hay un elemento de aprensión relacionado con el trato con los medios de comunicación y muy especialmente en estos casos en los que la ciudadanía no tiene una predisposición para entender las circunstancias que pueden rodear a una amenaza en la actividad marítima o portuaria.

Para enfrentarse a estas situaciones, el portavoz del gabinete debe tener en cuenta las siguientes premisas:

- Relacionarse con el interlocutor proponiendo preguntas.
- Esforzarse por mantener un buen tono durante la conversación.
- Hablar directamente a la audiencia.
- Conocer lo que se debe decir.
- Evitar la palabrería (conversación sin contenido).
- Ser fiel a los hechos (no especular).
- Tener el derecho a decir «no conozco», «no sé».
- No engañar nunca, ni encubrir.
- No hacer promesas que no se puedan cumplir.

Las órdenes emanadas de la jefatura de la amenaza, son ejecutadas por los grupos de actuación o respuesta, entre ellos:

- Grupo de control.
- Grupo de análisis del riesgo.
- Grupo sanitario.
- Grupo de salvamento marítimo.
- Grupo de orden.
- Grupo de evacuación.
- Grupo auxiliar logístico.

En función de la causa y efectos de cada amenaza, los componentes de cada grupo de respuesta podrán ser marítimos o terrestres.

En el directorio telefónico del PPIP se incluirán las registros de los miembros de la dirección del plan, del gabinete de comunicación, de la jefatura de la amenaza, del gabinete de crisis y de los grupos de actuación, con información sobre:

- Persona y sustitutos.
- Localización y horarios.
- Cargo habitual y función en el PPIP.

9.5.6 Centros operativos definidos en el PPIP portuario

Para que el sistema de organización y funcionamiento de la protección en situación de alerta (niveles 2 y 3), es decir, para que las diferentes acciones previstas en el PPIP se puedan llevar a cabo, es preciso que se definan una serie de centros y se les asigne sus funciones.

9.5.7 Centro de coordinación operativa del puerto para la protección

Como el nivel 1 de protección es el de «normalidad», tal como se define en el PBIP –a pesar de que se hayan aplicado las nuevas prescripciones de control para dicho nivel, centralizadas como rutina desde la sala de control que se haya dedicado a esta función–, el centro de coordinación operativa para la protección se constituye desde el mismo momento que se pasa al nivel 2. Desde este centro se coordinan y dirigen las acciones que requiera la amenaza, y en él se sitúan la dirección del plan, el gabinete de comunicación, la jefatura de la amenaza, el gabinete de crisis y el consejo asesor, así como un representante de los restantes centros definidos en el PPIP, que estarán en contacto permanente con éstos.

9.5.8 Centro de control de amenazas del puerto

Es el centro que activa el plan de avisos en caso de amenaza en la zona de servicio portuario, movilizando desde el primer momento a los grupos de control e, inmediatamente, al resto de los centros y personas citadas en la estructura organizativa del PPIP. Este centro depende directamente de la autoridad portuaria.

9.5.9 Estación de prácticos

Desde la misma se coordina cualquier operación que implique algún movimiento de buques dentro de las acciones de respuesta preventiva. Activa su plan de avisos en caso de entrar en el nivel 2 de protección, movilizando, si fuera necesario desde el primer momento, a sus grupos de actuación (remolcadores, amarradores). Este centro depende de la autoridad portuaria.

9.5.10 Centro de control de tráfico marítimo y lucha contra la contaminación

Es el centro que activa su plan de avisos en caso de que la amenaza alcance a la actividad marítima, movilizando desde el primer momento a sus grupos de actuación y al resto de centros y personas de la estructura organizativa del PPIP. Este centro depende de la capitanía marítima.

9.5.11 Puesto de mando avanzado (PMA)

Al conocerse la localización de la amenaza, es el lugar seguro más próximo a ella, desde donde se coordinan las diferentes actuaciones *in situ* para desarrollar las acciones de protección (disuasión, controles, etc.) y puesta en seguridad de instalaciones y personas (evacuación, aislamiento, cierre, etc.).

La ubicación del PMA dependerá de las características propias de la amenaza. Será determinada por la jefatura, que notificará su posición al centro de coordinación operativa, donde se sitúa la jefatura de la amenaza, transmitiendo esta última dicha información a los coordinadores de los diferentes grupos de actuación para que se desplacen al PMA.

La ubicación y localización de los centros operativos definidos en el PPIP deberá estar reflejada en la redacción del plan.

9.6 Dirección y coordinación del PPIP

La dirección y coordinación del PPIP de un puerto estará ejercida simultáneamente y de forma solidaria por:

- El director del puerto.
- El capitán marítimo.
- La autoridad de las fuerzas de seguridad del Estado.

Ejercerán sus funciones desde el centro de coordinación operativa del puerto para la protección. Estas funciones son las siguientes:

- Activar el PPIP.
- Analizar y valorar las consecuencias previsibles de la amenaza, evaluando toda la información disponible.
- Determinar y coordinar la información que se dirija a la población mientras se mantiene el nivel de protección alcanzado, a través de los medios propios del PPIP y los de comunicación social. En este sentido se debe incluir tanto la información destinada a la adopción de medidas de protección como la información general sobre la amenaza.
- Informar de la situación a las autoridades competentes, tanto de ámbito local como del autonómico y del estatal.
- Declarar en el interior el restablecimiento de la normalidad una vez ésta les haya sido comunicada por la autoridad correspondiente o se haya resuelto por las propias acciones aplicadas.
- Asegurar el mantenimiento de la operatividad del PPIP.

9.6.1 Gabinete de comunicación

Tiene como misiones:

- Centralizar, coordinar y preparar la información general sobre la situación de la amenaza, de acuerdo con la dirección del plan, y facilitarla a los medios de comunicación social.
- Mantener informados a los respectivos gabinetes de información del gobierno civil, gobierno autonómico y ayuntamiento, a la vez que recibe como retorno la información facilitada por el cuerpo de inteligencia.
- Informar sobre la situación alcanzada a los organismos que la soliciten.
- Obtener, centralizar y facilitar toda la información relativa a los posibles afectados (rehenes, etc.), y la localización de las personas.

Los componentes de este gabinete serán nombrados por la dirección del plan. El responsable del gabinete de comunicación será el director de comunicaciones o jefe de prensa del organismo portuario.

9.6.2 Jefatura de la amenaza

La jefatura de la amenaza será ejercida simultánea y solidariamente por:

- El OPIP del puerto.
- El jefe de seguridad de la capitanía marítima.
- La autoridad de las fuerzas de seguridad del Estado.

Ejercerán su misión prioritariamente desde el centro de control operativo del puerto para la protección, si bien en función de las características de la amenaza puede decidirse otra ubicación, manteniéndose una comunicación continua con el CCOPP y con el PMA.

Sus funciones fundamentales son:

- Recibir la notificación de la fase de alerta o nivel 2/3 por parte de cualesquiera de los centros definidos en el PPIP, inmediatamente después de haber sido avisados los grupos de actuación.
- Declarar la activación del plan en todo momento.
- Facilitar al PMA todos los medios y recursos disponibles en el puerto y los que puedan ser necesarios fuera del mismo.
- Coordinar el desarrollo de las acciones de protección.
- Decidir en todo momento, junto con el gabinete de crisis y el consejo asesor, las actuaciones prioritarias para hacer frente a la amenaza y la aplicación de las medidas de protección a las personas, el medio ambiente y los bienes afectados o susceptibles de serlo.
- Tener informada a la dirección del plan sobre las actuaciones en curso y el alcance real de la situación.
- Determinar la situación real en cada momento.

9.6.3 Gabinete de crisis

El gabinete de crisis estará compuesto por:

- Director de planificación y coordinación de servicios y gestión de servicios del puerto.
- Jefe de operaciones portuarias del puerto.
- Director del centro de control de tráfico marítimo (CCTM).
- Representante de las fuerzas de seguridad del Estado.
- Representante del gobierno civil.
- Representante del gobierno autonómico.
- Representante del ayuntamiento.
- Jefe de la sección de seguridad del puerto.
- Jefe de la inspección de buques de la capitanía marítima.
- Representante de la empresa, concesión o buque afectados.

Las funciones del gabinete de crisis son:

- Asesoramiento a la dirección del plan de protección y a la jefatura de la amenaza.
- Análisis y valoración de la situación y su evolución.

9.6.4 Consejo asesor

Este consejo lo conforman los técnicos de los correspondientes departamentos de las fuerzas de seguridad del Estado, del gobierno civil, del gobierno autonómico y del ayuntamiento, relacionados con los ámbitos de protección, de la protección civil y del medio ambiente.

Se constituirá a petición de la dirección del plan y estará incluido en el directorio telefónico del plan, así como los departamentos de las administraciones que pueden ser de interés en una situación concreta de amenaza.

Cabe prever que la jefatura de la amenaza necesite la presencia de otros asesores externos, en función de las características de la misma. Estarán incluidos en el directorio telefónico como asesores externos de interés para las distintas posibilidades de riesgo y amenaza.

9.6.5 Jefatura de la amenaza

La jefatura de la amenaza será ejercida en un primer momento simultánea y solidariamente por:

- El jefe de guardia del cuerpo de guardamuelles o el jefe de vigilancia del puerto.
- El práctico jefe de guardia.

En la evolución y continuidad de la amenaza éstos serán sustituidos en el lugar de la intervención por los correspondientes responsables relacionados con las consecuencias de la amenaza.

La jefatura de la amenaza es también la jefatura de la emergencia, si ésta se llegara a producir, mientras no haya hecho acto de presencia ninguno de los componentes de la jefatura previstos en la estructura organizativa.

La misión de la jefatura de la amenaza es la coordinación de las diferentes actuaciones desde el PMA, que hayamos definido, en coordinación y contacto permanente con la jefatura de la emergencia, si se llegara a dicha necesidad.

9.6.6 Grupos de actuación

Son grupos de profesionales organizados con los medios materiales pertinentes. Tienen como misión fundamental la actuación coordinada frente a una situación de amenaza.

Actúan siempre bajo la dirección de sus mandos jerárquicos, los cuales a su vez reciben las instrucciones de la jefatura de la amenaza y de la jefatura de la emergencia (si llegara a materializarse el riesgo).

En la estructura del PPIP en situación de amenaza (niveles 2 y 3), todos los grupos de actuación aparecen diferenciados en función de su especialización, bien se desarrolle la amenaza en el ámbito terrestre o en el marítimo.

9.7 Plan de evacuación

El plan de evacuación previsto en el PPIP deberá tener en cuenta las siguientes consideraciones:

- Posibilidad de que sea necesario efectuar evacuaciones en el ámbito terrestre o en el marítimo.
- La evacuación de un sector (por ejemplo, terminal portuaria, edificio, etc.) puede ser iniciada por decisión del jefe de la amenaza que se encuentre en el lugar.

- La evacuación general se efectuará cuando se considere imprescindible en función de la evolución de la emergencia, y será decisión de la dirección del PPIP.

- Como criterio general, si existe riesgo inmediato para las personas por las consecuencias previsibles de superar el nivel 3, se evacuará la zona afectada por el itinerario más seguro.

- Quedarán determinadas unas zonas de evacuación o puntos de reunión, que deberían tener las siguientes características:

  – ser claramente visibles,

  – estar en puntos de bajo riesgo del puerto,

  – ser de fácil y rápido acceso para los vehículos,

  – tener suficiente espacio para que los grupos de actuación puedan desarrollar las misiones asignadas.

- Estarán señalizadas las vías o caminos de evacuación en las zonas de evacuación del recinto portuario, así como las que permiten la evacuación y la salida al exterior.

- Quedarán designadas las personas o grupos de actuación que vayan a intervenir en una evacuación y asignadas sus misiones:

  – En el lugar del incidente, la jefatura de la amenaza detentará el mando y coordinará a los diferentes grupos de actuación (emergencia, rescate, sanitario, orden, etc.).

  – En las zonas de evacuación estará prevista la presencia, como mínimo, de grupo/s de orden público y grupo/s sanitario/s.

  – Se designarán uno o varios integrantes del grupo de orden, que se encargarán de recibir e identificar a las personas que vayan llegando a la zona de evacuación, realizando en la medida de lo posible una lista de todas ellas.

- Llegada la situación de emergencia, se hará constar en esta lista su estado físico (sano, herido, cadáver, etc.) y su destino (domicilio, hotel, hospital, etc.) a medida que vayan abandonando la zona de evacuación. Los componentes del grupo sanitario prestarán primeros auxilios a los afectados, determinando en cada caso su traslado o no a los centros hospitalarios.

- La información recogida será trasladada al centro de coordinación operativa del puerto para la protección (CCOPP).

- En el CCOPP y, más concretamente, entre los componentes del gabinete de comunicación, se designarán a las personas encargadas de ordenar y clasificar las listas recibidas de las zonas de evacuación, y cotejando éstas con otras listas de personas que se crea podrían estar en la zona afectada por la evacuación, se prepararán los informes que posteriormente se comunicarán a las autoridades, prensa y familiares.

9.8 Plan de evacuación marítima

El plan de evacuación desarrollado en el PPIP, siguiendo las directrices generales para la preparación de los mismos, contemplará también un plan de evacuación marítima.

Aunque con muchos puntos en común con un plan de evacuación terrestre, el plan de evacuación marítimo presentará aspectos específicos dado el ámbito en que se desarrolla.

La parte operativa de la evacuación marítima, puede quedar sintetizada en cuatro fases:

1. Recogida de las personas en el lugar de la amenaza o siniestro (buque).
2. Traslado de las personas desde el lugar del siniestro hasta la zona de evacuación.
3. Recepción, identificación y atención de las personas en la zona de evacuación.
4. Traslado de heridos a hospitales y centros de asistencia.

El operativo necesario (medios materiales y personales) para una respuesta adecuada está en función del número de personas afectadas, ya que no es lo mismo un incidente en un buque de pasaje que en uno de carga.

La primera fase se lleva a cabo por un *grupo de rescate*, que estará formado por embarcaciones de los distintos grupos de actuación (marítimos):

- Buque de salvamento (DGMM).
- Cruz Roja del mar.
- Guardia Civil del mar.
- Remolcadores de puerto.
- Patrulleras de la armada.
- Embarcaciones del puerto.
- Otras embarcaciones (particulares, empresas, etc.).

Se tendrá en cuenta que tanto el buque de salvamento como algunos de los remolcadores del puerto pueden estar efectuando otras operaciones, en función del tipo y desarrollo de la amenaza, por lo que serían dados de baja en este grupo de rescate.

En el grupo de rescate estará prevista también la actuación del grupo de salvamento aéreo definido en el PPIP: Helicópteros SAR, salvamento y bomberos.

Durante la segunda fase de la evacuación marítima será necesario que las embarcaciones del grupo de rescate estén en comunicación con la zona de evacuación, para informar del estado de los supervivientes que trasladan, al objeto de preparar el operativo en tierra y establecer prioridades de desembarco. Las tercera y cuarta fases de la evacuación marítima se desarrollarán básicamente como si de una evacuación terrestre se tratase.

El plan de evacuación marítima debe establecer, como mínimo, una zona de evacuación que reúna, además de las características comunes a cualquier zona de evacuación, las siguientes condiciones:

- Fácil y rápido acceso por tierra.
- Zona de atraque permanentemente libre.
- Medidas para facilitar el desembarque de los heridos desde las embarcaciones.
- Suficiente espacio en tierra para estacionar los vehículos y para aterrizar los helicópteros.
- Zona para atender a los afectados no heridos, con previsión de poder proporcionarles mantas y bebida caliente.

9.9 Plan de movimiento de buques

El plan de emergencia portuario, según dispone el Reglamento en su artículo 129, contendrá las previsiones para garantizar el control de los movimientos de buques en el área portuaria, para la prevención y el control de las situaciones anormales que se originen en la misma. Para la realización de este plan particular se deberán tener en cuenta una serie de consideraciones:

1. El mando de todas las operaciones relacionadas con el control de movimiento de buques en determinadas circunstancias de emergencia le corresponde al capitán marítimo, tanto si el buque se encuentra implicado directamente en la amenaza o en riesgo por la misma.

   Por tanto, es imprescindible considerar otras atribuciones que corresponden al capitán marítimo:

   - La admisión y el movimiento de los buques que transportan mercancías peligrosas.
   - Fijar zonas alejadas del tráfico normal del puerto y fondeaderos para la utilización por buques que transportan mercancías peligrosas.
   - Instruir a los prácticos sobre las derrotas que deben seguir los buques que transportan mercancías peligrosas, determinar prioridades, racionalizar el tráfico y adoptar otras medidas para evitar abordajes.

2. El área portuaria está comprendida en el ámbito de aplicación del Reglamento Internacional para Prevenir los abordajes en la Mar, de 1972 (enmendado), por lo que en su cumplimiento se deben considerar todos aquellos peligros a la navegación, riesgos de abordaje y todas las circunstancias especiales, incluidas las limitaciones de los buques interesados, que pudieran hacer necesario apartarse del Reglamento para evitar un peligro inmediato.[5]

3. Que los buques que transportan mercancías peligrosas, tanto fondeados como atracados, disponen a bordo:

   - En todo momento personal de guardia de mar o puerto, en cubierta y máquinas, además del que pueda ser necesario para realizar maniobras específicas de su PPB.
   - Las normas para establecer los enlaces y mantener una comunicación fluida con el centro de control determinado.
   - Otras medidas particulares en función del tipo de buque y carga que transporte, atendiendo a lo que sobre ello indique la reglamentación y guías de procedimiento que corresponde aplicar.

Cuando se plantea la posibilidad de activar el plan de movimiento de los buques en el puerto, el desarrollo de la amenaza tendrá unas dimensiones significativas y el PPIP ya estará

---

[5] El lector puede ampliar información sobre cuanto se refiere a la prevención de abordajes en:
- *Prevención de los abordajes en la mar. Análisis e interpretación del Reglamento Internacional;* R. Marí; Barcelona, Edicions UPC; 1994.
- *Los abordajes en la mar;* Carlos F. Salinas; 208 págs.; Barcelona; Marge Books; 2004 (incluye Reglamento actualizado).

activado. Aunque en un primer momento de la amenaza el capitán marítimo no se hubiese desplazado al CCOPP, debe hacer acto de presencia, ya que, como se ha comentado, él detenta la autoridad para ordenar el movimiento de los buques.

Las acciones que cabe emprender para desarrollar el plan son:

1. Informar a los posibles buques afectados de la activación del PPIP y de que preparen su alistamiento para maniobrar en cuanto se les indique.
2. En función del nivel de la emergencia, reunir a todos los componentes de CCOPP.
3. Alertar a prácticos, amarradores, remolcadores y terminales.
4. Si procede, avisar a los buques que se encuentren en navegación o maniobra de la prohibición de entrada a puerto, terminal o zona afectada.
5. Asignar a los grupos de control y orden (Guardia Civil del mar, armada, SVA) su situación para el cierre del puerto, terminal o control de la salida.
6. Alertar a los buques afectados que deberán salir de puerto o cambiar de atraque o fondeadero.
7. Asignar un nuevo atraque a cada buque que deba moverse, posición de fondeo u otras indicaciones sobre su destino.
8. Asignar y comunicar a los buques afectados el orden de salida, buque que les precede y sigue, y otras instrucciones de emergencia que puedan dárseles.
9. Comunicar el aviso de finalización de la situación de amenaza.

La comunicación de las diferentes acciones para realizar, a partir de las decisiones tomadas en el CCOPP, se efectuará a través de los centros operativos definidos en el plan, que al estar implicados buques son el CCTM y la estación de prácticos.

Finalizada la emergencia se deberán tomar las medidas oportunas para restaurar la normalidad, comunicando a los buques afectados los planes que existan para ellos.

9.10 Plan de información en protección

La preparación del plan de información en protección estará a cargo de los responsables e integrantes del equipo o gabinete de comunicación definido en el PPP, bajo la supervisión de la dirección del PPIP y asesorados por los especialistas que se considere oportuno (periodistas, sociólogos, etc.).

El objetivo de este plan es coordinar y distribuir una información clara, precisa y adecuada, tanto a la población en general como a los medios de comunicación.

En este contexto hay que tener en cuenta que los medios de comunicación y el PPIP tienen un mismo destinatario objetivo, que es la población, por lo que los medios de comunicación pueden desempeñar un papel muy importante en el acercamiento de la información a los ciudadanos. Con este fin, el plan de información en protección se creará teniendo presente la relación con los medios de comunicación.

Cuestiones clave para desarrollar un plan de información:

– Designar un portavoz (o varios) entre los componentes del gabinete de prensa.
– Definir las funciones y responsabilidades de todos los miembros del gabinete de prensa.
– Preparar un plan metodológico básico de trabajo.

- Disponer de un espacio (que no sea el principal) para preparar los informes y atender a llamadas y otras comunicaciones.
- Disponer de otros espacios para conferencias con los medios de comunicación.
- Llevar un control y archivo de todos los acontecimientos en el puerto, así como de la información externa que pueda llegar.
- Coordinar la distribución de la información y adecuarla a las necesidades de los medios de comunicación (horarios de TV, cierre de las ediciones de prensa, etc.).
- Permitir el acceso a la sala de trabajo, de una manera controlada y cuando esto sea posible, a medios de comunicación, representantes de organizaciones sociales y otros grupos de especial interés.
- Realizar una hoja informativa para distribuirla entre la población más próxima.
- Preparar informes internos para determinados integrantes del PPIP, que deberán ser coherentes con la información que se distribuye a los medios de comunicación.
- Realizar ejercicios y formación en tareas de información.

Capítulo 10
Evaluación de la protección

10.1 La evaluación

El proceso de evaluación de la protección de una instalación portuaria (EPIP) es la suma de las consideraciones, los aspectos condicionantes y las variables estimadas en cada situación específica.

El Código no define el término o la expresión «evaluación» y tampoco es muy aclaratoria la que proporciona el MESSHP.[1] La lectura y análisis de ambos documentos permite alcanzar las siguientes conclusiones:

1. La evaluación inicia su aplicación conjuntamente con la preparación del PPIP.
2. Persiste en todo momento durante la realización y desarrollo del PPIP.
3. Se detiene (que no termina) por las necesidades de su permanente actualización, cuando el PPIP es aprobado por el OPR correspondiente.

Es evidente que existe una interdependencia permanente en la detección-cuantificación-análisis de realidades, en completa relación con cada riesgo admitido por la objetivización, el grado de amenaza, la vulnerabilidad y las medidas de protección, principalmente las disponibles al inicio y las propuestas al concluir el PPIP.

Con estas premisas, las acciones de evaluación podrían simplificarse en:

- Evaluación del estado previo de la protección, sin aplicación de los principios exigidos por el Código.
- Evaluación del estado final de la protección, con la incorporación de las medidas esenciales para garantizar la impermeabilidad de las instalaciones portuarias a los tipos de agresión identificados.

Esta presentación muestra las mejoras en protección implantadas que pueden ser a su vez cuantificadas en porcentajes objetivos de cambio, con criterios comparativos y con claridad, independientemente del resultado final que se alcance en la evaluación externa y global realizada por la autoridad designada.

Son condiciones mínimas:

- Características del puerto, configuración, régimen de concesiones, perímetros, superficies, entornos, tráficos por carga y tipos, etc.

---

[1] Doc. MESSHP/2003/14, de la OMI y la OIT, Ginebra, 2003.

– Características de los buques por su tipo, cargas, bandera, procedencia y destino.

– Características de los riesgos identificados, evaluados y cuantificados.

– Características de los equipos instalados, eficacia y alcance.

– Características de los procedimientos operacionales diseñados para la protección.

En la búsqueda del procedimiento óptimo para un proceso evaluador aceptable, es conocido y ampliamente utilizado en seguridad para evaluaciones de rápida realización, la aplicación del método de William T. Fine[2] para la determinación del grado de peligrosidad de una actividad y la justificación del gasto a niveles admisibles.

En el repertorio de recomendaciones prácticas sobre protección en los puertos (PPP), la matriz de análisis de amenazas y riesgos (MAAR) registrados en la tabla 10.1, sigue un procedimiento muy similar al de W.T. Fine, y su cumplimentación permite adquirir fácilmente un criterio selectivo de prioridades a partir de una cuantificación numérica sencilla y manejable:

Hipótesis núm.	*Localización amenaza*	*Valor amenaza*	*Valor vulnerabilidad*	*Valor impacto*	*Valor total riesgo*	*Orden priorización*

Tabla 10.1.

La mejora sustancial del MAAR sobre el método Fine es su adaptación a la actividad marítimo-portuaria, con coeficientes directamente aplicables sin necesidad de mayor interpretación. No obstante, la versatilidad de los dos métodos permite ampliaciones a situaciones específicas.

En los capítulos precedentes del actual plan programático del PPIP, se han cuantificado ciertos aspectos determinantes del entorno para evaluar que pueden ser perfectamente utilizados en el procedimiento MAAR (y por su origen también en el Fine). Debe entenderse que el PPP encierra todos los PPIP, pero no es el objetivo de este trabajo, salvo los casos de interfaz cero (véase el esquema 10.1).

Las conclusiones por criterio de la naturaleza de la interfaz buque-puerto, por tipología de los buques, la diversidad de riesgos, las limitaciones impuestas por las instalaciones portuarias, etc., deberían ser incorporadas al método, bien por una ampliación del procedimiento o por una reducción simplificada del término «amenaza».

No obstante, el análisis del documento MESSHP, y en especial el caso práctico que allí se desarrolla, presenta ciertas orientaciones que tienden a la confusión más que a la clarificación del proceso específico y complejo de los PPIP.

Concretamente, se considera un caso que difícilmente se encuentra en la propia interfaz buque-puerto, por cuanto significa una amenaza terrorista a instalaciones portuarias que, al margen de las consecuencias mediáticas, influye escasamente en el buque, aunque sí en el puerto e indirectamente al buque en cuanto a la eficacia operativa marítimo-portuaria.

---

[2] Fine, W.T. (1976); *A management approach in accident prevention.* Surface Naval Weapons Center, Silver Spring, MD. Murió el 15-1-2002 en el Hospital Methodist Healthcare-Dyersburg.

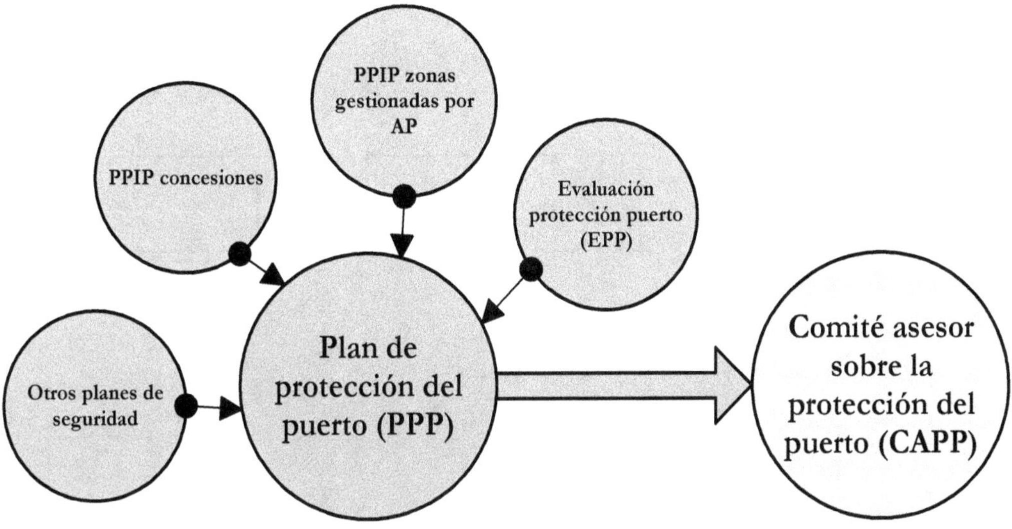

Esquema 10.1.

Una vez más se da extrema importancia a la determinación objetivada de la *interfaz buque-puerto*, ya que podría caerse en el error de incluir procesos implícitamente excluidos por el propio texto del Código PBIP y el propuesto Reglamento de la CE, conforme a lo citado en el capítulo 1 de este libro.

Repitamos, pues, que el método de evaluación debería considerar las variables que resultan aplicables sólo y exclusivamente para una instalación portuaria o un conjunto de ellas.

La comparación de los criterios de riesgo, tanto con el seguimiento por el método propuesto como por el MAAR, aporta resultados de valoración semejantes, aun partiendo de puntuaciones evidentemente distintas, que también permiten alcanzar un criterio selectivo para establecer prioridades (tabla 10.2).

Aplicación método MAAR		*Método propuesto*	
Puntuación	*Criterio riesgo*	*Puntuación*	*Criterio*
1	Bajo	1	Bajo
. . . .	. . . .	. . . .	. . . .
60	Alto	1500	Alto

Tabla 10.2.

10.2 Criterios de protección y de evaluación

Para la determinación de los criterios de protección, el procedimiento más aceptado y lógico consiste en:

- Identificación sistemática y analítica de los riesgos potenciales.
- Identificación sistemática y analítica de las instalaciones portuarias según la interfaz buque-puerto correspondiente.

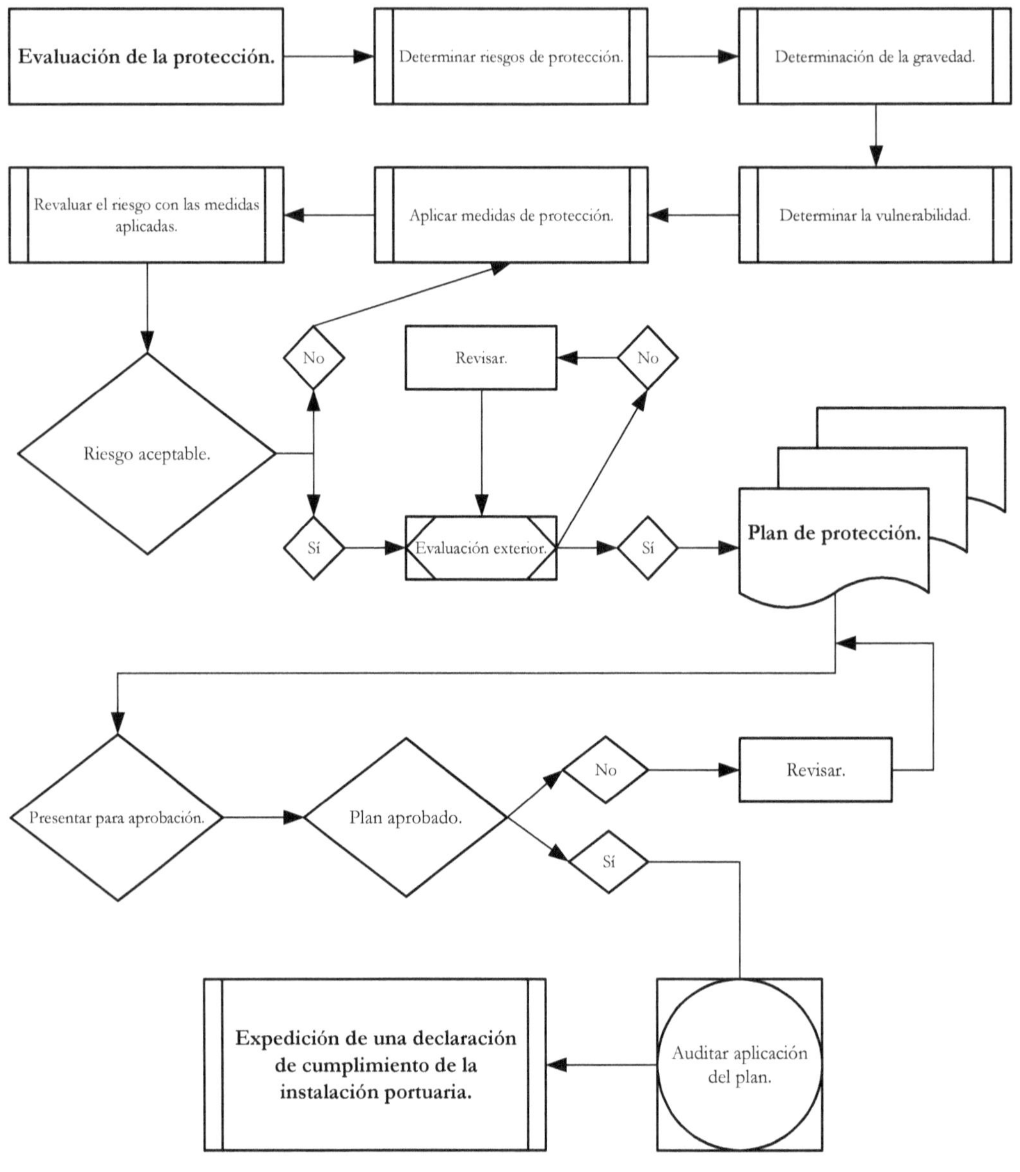

Esquema 10.2.

- Sistemas, equipos y procedimientos disponibles para la protección de riesgos.
- Toma de decisiones en la selección de la protección aplicable.
- Revaluar los pasos anteriores mediante simulacros y ejercicios.

Por su parte, el proceso de evaluación de la protección es inverso al seguido para la determinación de las medidas de protección. Pretende identificar las carencias que puedan prevalecer en las estructuras físicas, los sistemas de protección personal, los procesos operativos y otros que constituyan puntos débiles de la seguridad, a fin de tomar otras opciones.

Para determinar los criterios de protección se parte de la base de una pirámide que asciende progresivamente en altura hasta su vértice, estratificando y asentando las conclusiones del análisis sistemático. Si se realiza con rigor científico, aplicando los conocimientos adquiridos por la experiencia profesional de los expertos y buscando equilibrios razonables en las filosofías prevencionistas y de protección, el PPP puede considerarse bien implantado.

Sin embargo, cuando el proceso evaluador lo realiza personal externo, aun siendo altamente especializado, al proceder en sentido descendente desde el vértice a la base lo que se está verificando es si están bien considerados y aplicados los supuestos establecidos, de modo que no siempre son detectables los aspectos no tratados en el PPP.

Buscando la imparcialidad en la crítica a ambos procedimientos, debe admitirse que el proceso de evaluación (sentido descendente) permite identificar aspectos no suficientemente protegidos, pero la realidad también demuestra que el seguimiento de algo establecido limita las perspectivas detectoras y, al final, lo que se evalúa es lo que ya se ha dicho, mientras que lo que queda por decir se puede pasar por alto.

El proceso evaluador debe aportar resultados positivos cuando en la realidad persisten puntos débiles no tratados y ocultos, con sus atribuciones de vulnerabilidad correspondientes.

Con todo ello, considerando que ambos métodos han podido estar bien aplicados, el trazado de las acciones del proceso evaluador se estructura en el esquema 10.2, en el que cada uno de los bloques es una consecuencia lógica del anterior.

En resumen, se llega a la conclusión de que ambos métodos son insuficientes por sí solos para garantizar la eficacia de la protección, aunque sin un buen análisis de los riesgos (método ascendente) existen muchas posibilidades de una incorrecta evaluación para los intereses y objetivos de la protección.

10.3 Métodos de evaluación

Sea cual sea el método de evaluación, tanto el MAAR como el Fine, u otros,[3] debe ser de fácil aplicación, que no permita la creación de incertidumbres o dudas, facilite el avance en la culminación del proceso y conduzca a la identificación de los puntos débiles del PPP. Considerado bajo estos criterios, cada responsable elegirá el que mejor se ajuste a su forma de trabajo y a las necesidades y complejidad de su instalación.

Siguiendo el método simplificado MAAR y los principios enunciados en el apartado anterior, deben identificarse los riesgos que constituyen los objetivos potenciales (OP) atrayentes al delito.

Consecuencias (impacto, gravedad)	*Valor*	*Vulnerabilidad (medidas)*	*Valor*	*Amenaza (grado)*	*Valor*
Muy graves	5	Inexistentes	4	Alto	3
Elevadas	4	Mínimas	3	Mediano	2
Medias	3	Aceptables	2	Bajo	1
Bajas	2	Muy eficaces	1		
Indeterminadas	1				

Tabla 10.3.

---

[3] Anexo 1, punto 6 del agregado n.º 1 a la Ordenanza n.º 06/03 (DPSJ) de la armada argentina.

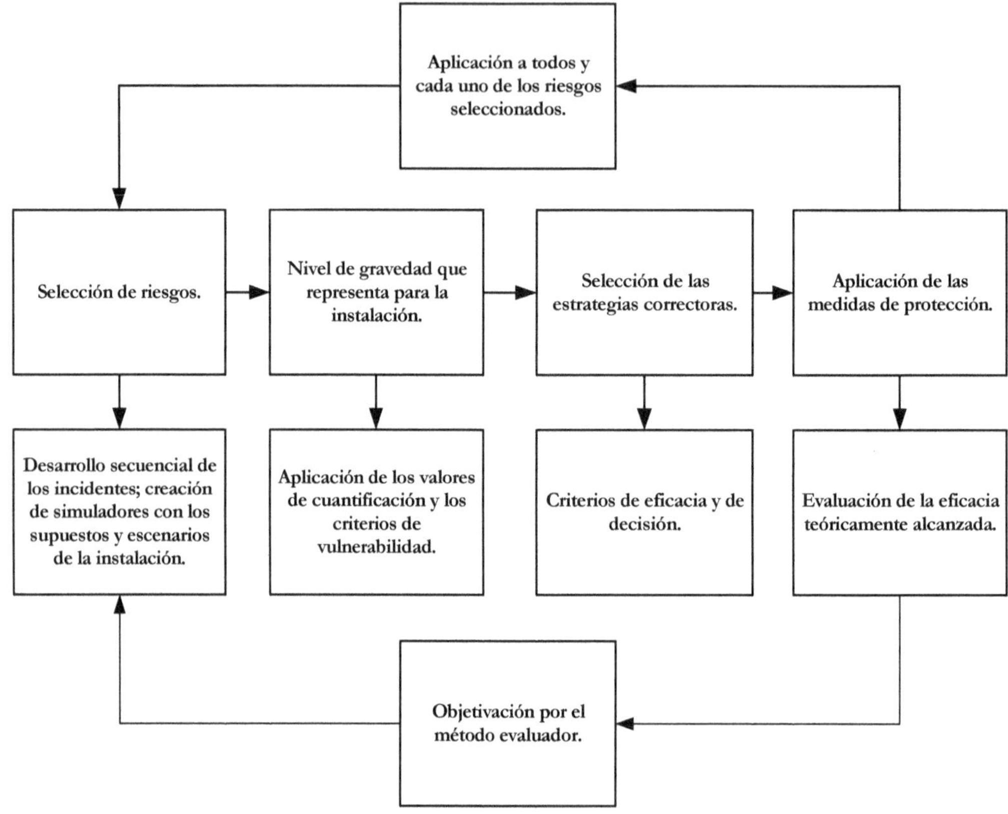

Esquema 10.3.

En la tabla 10.3 se encuentran detallados los valores correspondientes a los criterios de gravedad, vulnerabilidad y amenaza.

Una vez más debemos referirnos a que aunque el método MAAR está diseñado para el PPP se puede usar en aplicaciones parciales, ya que sus conclusiones son adecuadas para los PPIP, y que partiendo de un mismo procedimiento evaluador favorece la armonización de la metodología y los planteamientos de la protección.

El método adoptado por la armada argentina está orientado a las características de la instalación que se evalúa y a las estrategias de mitigación de la amenaza (véase la tabla 10.4). Su contenido se adjunta en el anexo I.

El análisis global del procedimiento de la armada argentina permite esquematizar los pasos que cabe seguir para el proceso evaluador de la protección, tal como se describe en el esquema 10.3, al que se han añadido las particularidades.

Consecuencias (impacto, gravedad)	*Valor*	*Vulnerabilidad (medidas)*	*Valor*	*Amenaza (grado)*	*Valor*
Muy graves	3	Inexistentes	3	Alto	3
Elevadas	2	Media	2	Mediano	2
Bajas	1	Aceptables	1	Bajo	1

Tabla 10.4.

10.4 Descripción de técnicas analíticas

Existe una serie de técnicas analíticas para apoyar el proceso de investigación de sucesos (previsiones y sucesos) y valorar la importancia de las evidencias. Algunas de ellas son el análisis de cambio, el análisis de barreras y la esquematización de sucesos y factores causales. Estas técnicas son fáciles de aprender, eficientes y normalmente cubren las necesidades de las agencias y organismos de investigación.

En la mayor parte de sucesos se pueden utilizar diversas técnicas, pero sólo convienen las más adecuadas al tipo de investigación y a su complejidad. Por ejemplo, las disfunciones en un caso complejo no se pueden determinar únicamente mediante el uso de una técnica como el análisis de barreras. En este caso se deben utilizar las más rigurosas, como los árboles analíticos o las que a su vez se apoyan en un conjunto de técnicas, como el MORT o la investigación de causas fundamentales *(root cause)*.

Si es necesario pueden utilizarse otras técnicas para situaciones específicas, tales como la realización de modelos científicos, análisis de estructuras y materiales o análisis de factores humanos. En cualquier caso, la aplicación de técnicas analíticas complejas para un suceso grave la suele determinar el investigador consultando con expertos en tales herramientas.

10.5 Análisis de barreras

Esta técnica se utiliza principalmente en conjunción con el *management oversight and risk tree* (MORT). La premisa básica del análisis de barreras es que existe un flujo de energía asociado a todos los sucesos. Esta energía puede ser cinética, potencial, electromagnética o termal, entre otras muchas. Lo que previene el suceso es el aislamiento y control (barreras) de esta energía (riesgo) de la gente, propiedad o el medio ambiente (blanco). En general, las barreras fallan dentro de las siguientes categorías:

- Equipamiento.
- Diseño.
- Procedimientos administrativos.
- Dirección y supervisión.
- Dispositivos de alerta.
- Conocimientos y habilidades.
- Estructuras físicas.

Así pues, la identificación de las fuentes de energía y las barreras o controles deficientes que fallaron aportan formas de identificar los factores causales del suceso.

Si una de las barreras instaladas falló, el investigador deberá examinar los sistemas de seguridad secundarios dispuestos para amortiguar el fallo. El investigador también determinará qué sucesos se produjeron y llevaron a la secuencia de fallos, prestando particular atención a los cambios producidos en el sistema. Para conseguir esto, se puede ir descomponiendo toda la secuencia de los hechos en un flujo lógico, de principio a fin del suceso. Se debe cuestionar la idoneidad de las barreras y los controles seleccionados, por qué fallaron o por qué no fueron escogidos para su utilización.

La principal ventaja del análisis de barreras es que identifica los elementos del sistema de seguridad que fallaron, presentando así los resultados de manera escueta.

Otro beneficio del análisis de barreras es que los resultados pueden representarse gráficamente con facilidad, mostrando de forma clara y concisa el flujo de energía y las barreras que fallaron o no fueron utilizadas.

Así pues, el análisis de barreras posee la cualidad de facilitar la comprensión de la secuencia de acontecimientos de un suceso.

10.6 Análisis de cambio

El análisis de cambio es una aproximación sistemática a la solución de problemas que ayuda a identificar las causas previsibles. Este tipo de análisis es un proceso simple, de fácil y rápida aplicación y aprendizaje. Esta técnica fue desarrollada por Rand Corporation (Feny, 1988) para la fuerza aérea de Estados Unidos.

El cambio es un ingrediente necesario en los progresos. Sin embargo, los cambios de los sistemas y el impacto que producen contribuyen también a los errores, pérdidas de control y sucesos. El propósito del análisis de cambio es identificar y examinar todos los cambios sistemáticamente, determinando su impacto y significancia. El uso de esta técnica en la investigación de sucesos es particularmente adecuada para hallar respuestas rápidas e identificar factores causales que no salen a la luz de otra manera.

Se ha demostrado que cuando surgen problemas en un sistema que ha funcionado satisfactoriamente, los cambios asociados al personal, la planta, el material, o a los procedimientos de dirección y control, son los factores causales de estos problemas. El cambio puede deberse a un sobre esfuerzo impuesto a un sistema que previamente estaba en un estado de equilibrio dinámico. También puede ser visto como cualquier cosa que estorbe las funciones planeadas o el funcionamiento normal de un sistema.

Los investigadores deben evaluar cuidadosamente todos los cambios identificados en la investigación y preguntarse si éstos causaron el resultado o bien muestran una deficiencia clara en un sistema determinado. Se deben centrar en las deficiencias del sistema que permitieron que ocurriera el suceso, no aceptar simplemente los cambios identificándolos como la única causa del suceso. A menudo, el análisis de cambios mostrará áreas que deberán ser exploradas por medio de otras técnicas analíticas.

El principal inconveniente de esta técnica es que obliga a tener un extenso conocimiento del sistema que se examina.

10.7 Esquematización de sucesos y factores causales

Está relacionada con las percepciones de la cadena de sucesos, la secuencia multilinear de sucesos y el árbol lógico, además de las metodologías de reconstrucción y modelamiento.

Sus orígenes se pueden encontrar en un proyecto del National Safety Council de mediados de 1950 denominado «Dinámica de los sucesos caseros», que intentaba ilustrar los aspectos multifactoriales de los sucesos (Johnson, 1973a).

La identificación de factores causales en un sistema requiere la comprensión de la secuencia y la interacción de sucesos a través del tiempo. La secuencia procede de uno iniciador que desencadena el suceso final. Mediante un meticuloso trazado de las transferencias de energía indeseadas y la relación entre éstas y las personas, la planta, los procedimientos y los controles involucrados en un suceso, se puede definir la secuencia del suceso.

Existen dos principios básicos que pueden ayudar a definir y comprender estas secuencias de sucesos, factores causales y transferencia de energías:

- Conceptualizar el suceso como el resultado de una serie de hechos sucesivos que producen una amenaza no intencionada, como daños personales o materiales.
- Considerar la secuencia del suceso durante la realización de alguna actividad.

La esquematización de sucesos y factores causales es un método muy empleado por agencias y organismos investigadores. Esta técnica supone la representación gráfica de la secuencia de acontecimientos que llevaron al suceso y de las condiciones que actuaron como factores causales.

También es un método que facilita la integración de otras técnicas en la investigación, como el análisis de causas fundamentales, de cambio y de barreras para conseguir los mejores resultados. El análisis de sucesos y factores causales presenta, en una secuencia lógica, los hechos necesarios y suficientes y las condiciones para que ocurriera el suceso. Es una herramienta para el análisis sistemático del suceso que ayuda a recopilar, organizar y presentar la información del mismo, validando información de otras técnicas analíticas y ayudando a la redacción e ilustración del informe.

Algunas limitaciones de este método incluyen la cantidad de tiempo requerido para conducir el análisis y la necesidad de que el investigador esté familiarizado con el proceso donde ocurrió el suceso. Otra limitación lo constituye la ausencia de una escala temporal para relacionar sucesos simultáneos (Munson, 1999).

10.8 Árboles lógicos analíticos

Los árboles analíticos implican la representación más directa de la percepción de un árbol lógico. Normalmente toda construcción de un árbol lógico empieza con la representación del suceso como elemento primario, introduciéndose ramas a medida que se van desarrollando los detalles específicos. Finalmente, las ramas del fondo del árbol pueden utilizarse para identificar los factores causales encontrados. Existen muchos métodos equivalentes de utilización de árboles analíticos, ya sea en versión manual o computarizada como el «árbol de fallos», que utiliza la lógica boleana para identificar factores causales, o bien el *management oversight and risk tree* (MORT).

10.9 *Management oversight and risk tree* (MORT)

Esta herramienta supone la utilización de distintas técnicas de apoyo en la representación del suceso como árbol lógico. Estas técnicas, de las que participa el MORT, son el árbol de fallos, el análisis de barreras y la esquematización de factores causales.

El MORT surgió ante la necesidad de adaptarse al desarrollo de las tecnologías y sistemas, que implicaban también un aumento del riesgo y la peligrosidad de los sucesos, particularmente en la industria nuclear. Johnson (1973b), trabajando para el National Safety Council y contratado por la US Atomic Energy Commission, desarrolló un método en el que se consideraba que los sucesos ocurrían como interacción de esos mismos sucesos dentro de la totalidad de un sistema.

Básicamente se establecieron dos puntos de vista, el proceso de liberación de energía y la gestión de ese riesgo en su ruta hacia el desencadenamiento. Estas premisas llevaron a Johnson al desarrollo del concepto «no suficientemente adecuado» *(less than adequate)* en las decisiones de directivas.

Johnson definió el MORT como «un procedimiento analítico que aporta una aproximación disciplinada para encontrar las causas y factores contributivos de los sucesos». Consistía en una amplia y detallada lista de comprobación en un manual de utilización que facilitaba la búsqueda de problemas de seguridad. Incorporaba 1.500 posibles causas y 98 problemas genéricos que incluían también la perspectiva de la gestión o dirección en la casuística de sucesos. El MORT también incorporó el concepto de transferencia de energía no deseada, que puede utilizarse como técnica independiente.

En la actualidad, el Departamento de Energía de Estados Unidos emplea esta técnica. No obstante, se utiliza más como un método para evaluar la seguridad de un sistema que como una técnica de investigación de sucesos, debido a que su aplicación implica el consumo de mucho tiempo y esfuerzo (Munson, 1999).

Se aplica para descubrir dos fuentes principales de sucesos:

– Supervisiones y omisiones específicas dentro de la operativa del trabajo.
– La gestión de los factores del sistema que controlan el trabajo.

Una tercera fuente que menciona Johnson es el «riesgo asumido», que supone que no se puede considerar una fuente como accidental si se ha evaluado apropiadamente y decidido aceptar el riesgo.

El modelo MORT utiliza varias técnicas de construcción y presentación para permitir que toda la información sea visible en una sola representación. Al utilizar el árbol se deben tener presentes cuatro elementos fundamentales:

1. *Códigos de preguntas.* Cada bloque del árbol tiene una etiqueta que se utiliza para relacionar las cuestiones del manual con el árbol y coordinar de esta manera su utilización.
2. *Nomenclatura.* El MORT utiliza una serie de símbolos para relacionar las distintas partes del árbol con otras.
3. *Puertas lógicas.* Muestran cómo los problemas a más bajo nivel conducen a pérdidas a través del esquema.
4. *Contenido de las cajas.* Representan recordatorios encriptados de las clases de preguntas que se pueden tratar al considerar la seguridad. Todo ello está detallado en un manual del usuario.

La gran limitación de esta técnica es que puede ser insuficiente para encontrar causas específicas, ya que está diseñada para identificar áreas causales generales (Munson, 1999).

10.10 Análisis de causas fundamentales *(root cause)*

Esta técnica se utiliza particularmente en percepciones de árbol lógico. El análisis de causas fundamentales (Ammerman, 1998) es una técnica para determinar una causa única, que incluye procedimientos, realizados paso a paso, de técnicas conocidas. De esta manera se dirige sistemáticamente al investigador hacia la utilización del máximo potencial de tales herramientas. Estas técnicas incluyen:

1. Análisis de tareas.
2. Análisis de cambio.
3. Análisis de control de barreras.
4. Esquematización de factores causales.
5. Técnicas de entrevista.
6. Análisis de la causa fundamental.

Ammerman añadió que aunque la finalidad era encontrar la causa fundamental, este proceso también identificaba causas contributivas, como factores organizacionales y de dirección. Definió como causa fundamental aquel factor que, cuando se elimina, previene la repetición del problema. Una causa (o factor) contribuyente podría no haber causado el suceso directamente, pero se habría identificado como elemento que debería ser corregido. La técnica del análisis de la causa fundamental se ha construido en una secuencia de herramientas analíticas para organizar sistemática y lógicamente el procedimiento a través de la investigación. Su objetivo no es solamente identificar qué pasó, sino también por qué.

10.11 Aproximaciones adicionales

Existen una serie de conceptos que únicamente apuntan más allá de lo que representa la investigación de un suceso inmediato. El MORT y el análisis de causas fundamentales también podrían incluirse dentro de esta sección, debido a que abarcan conceptos que quedarían a primera vista fuera del análisis inmediato del suceso. Estos conceptos son las aproximaciones a los fallos de gestión y la valoración de la fiabilidad humana.

10.12 Aproximación a los fallos de gestión

Muchos investigadores han afirmado que la causa fundamental de la mayoría de sucesos se encuentra en fallos de gestión y organizacionales. Fine (1976) afirmó que «todos los sucesos y riesgos son indicadores de fallos de dirección», mientras que Vaughan (1996) constató que «las decisiones a alto nivel son irrevocablemente responsables de la seguridad». Reason (1991) usó el término médico «patógenos residentes» para describir condiciones latentes en una organización que, aunque dormidas durante mucho tiempo, cuando se activan atraviesan todas las defensas y barreras de un sistema y causan el suceso.

Una de las muchas técnicas de investigación que más profundiza en los fallos de gestión o dirección es el TOR, siglas de *technic operations review* (Weaver, 1973).

Esta técnica fue desarrollada por un grupo compañías aseguradoras para identificar descuidos y omisiones en la dirección. Este proceso conducía a los investigadores a través de una hoja de trabajo que incluía ocho categorías generales. El investigador debía identificar una causa directa e iniciar el proceso, en el que siguiendo la hoja de trabajo se identificaban factores que habían contribuido en la causa directa propuesta por la hoja de trabajo. Esto identificaba posibles factores contributivos, eliminando otros que no habían intervenido. De esta manera, el proceso secuencial se utilizaba para localizar áreas de problemas potenciales dentro de una organización.

Otra aproximación a este respecto era el método de Fine (1996), desarrollado a partir de su experiencia en el Naval Surface Weapons Center de la armada estadounidense, en el que desarrolló una aproximación basada en la premisa de que ante cada factor causal identificado en una investigación, la cuestión debía ser necesariamente contestada. Esta técnica proponía quince posibles faltos en el área de dirección, que se debían asociar a cada uno de los factores causales encontrados en cualquier suceso. Por tanto, para utilizar esta aproximación, el investigador debía poseer una experiencia y capacidad de juicio considerables para poder identificar todos los factores directos e indirectos atribuibles a la dirección a alto nivel.

10.13 Valoración de la fiabilidad humana

En la década de los sesenta y setenta del siglo XX los especialistas en factores humanos avanzaron el concepto de error humano en la teoría de la casuística de sucesos. Científicos que trabajaban en la industria de la producción de armas nucleares centraron sus investigaciones en la descripción del comportamiento humano en términos de errores. Se reconoció la gran influencia del error humano en la potencialización de los sucesos y se trabajó para identificar áreas que pudieran comprometer los sistemas de seguridad tradicionales, que consistían en múltiples capas de barreras situadas para proteger a los trabajadores de los riesgos.

Desde entonces se han desarrollado muchas técnicas de valoración de riesgos denominadas proactivas, centradas en las relaciones entre el hombre y la máquina, así como en la identificación y cuantificación del riesgo que supone la actuación humana.

La técnica de referencia que permitió el desarrollo de todas las demás fue la *probabilistic risk assessment* (PRA). Otras técnicas de evaluación para valorar riesgos potenciales de sistemas y de posible contribución humana a tales riesgos son la *human reliability assessment* (HRA), la *human error identification* (HEI), la *technique for human error prediction* (THERP) [Swain & Guttman, 1983], la *hazard an operability* (Hazop) [Kletz, 1974], el *generic error modeling system* (GEMS) [Reason, 1987], y la *sistematic human error reduction and prediction approach* (Sherpa) [Embry, 1986], que constituyen otros de los muchos métodos de investigación para reducir riesgos y número de sucesos en industrias tecnológicas complejas.

Un método de análisis de sucesos desarrollado por el Departamento de Energía (DOT) de Estados Unidos para identificar las interacciones humanas dentro de sistemas complejos, es el *human system interactions* (HSYS) [Hill, 1990], que supone un proceso linear basado en modelos jerárquicos como el MORT.

Este proceso sigue un camino secuencial para examinar los factores de la actuación humana en los incidentes y las actuaciones. Así, los errores pueden clasificarse en cinco categorías:

1. Detección de la entrada.
2. Entendimiento de la entrada.
3. Selección de la acción.
4. Planificación de la acción.
5. Ejecución de la acción.

Estas cinco categorías o pasos forman las ramas de un árbol jerárquico que conduce al análisis prospectivo, o de predicción, y retrospectivo, o de valoración. Este tipo de técnicas analíticas como el HSYS, que intentan categorizar los tipos de error humano, ofrecen la oportunidad de identificar, seguir y reducir los sucesos basados en el error humano.

10.14 Diagramas de causa-consecuencia

La representación de diagramas de causa-consecuencia y de los árboles de fallos facilita la interacción entre el fallo de sistemas y el elemento humano. Esto permite una demostración más pedagógica de tales sistemas de análisis.

El análisis de causa-consecuencia y el consiguiente desarrollo de los diagramas fue desarrollado en la pasada década de los setenta. En este sistema las causas de un suceso crítico se determinan usando una estrategia de búsqueda de arriba abajo. Las consecuencias que pueda generar un suceso crítico se trabajan usando una técnica de búsqueda progresiva.

En los análisis de causa-consecuencia se necesitan diagramas separados para cada suceso crítico. Lamentablemente, en un suceso puede haber docenas de factores contribuyentes que requerirían docenas de diagramas. Esto dificulta, por tanto, su aplicación para representar y razonar sobre las interacciones complejas entre el elemento humano y los fallos de sistemas en grandes sucesos.

10.15 Árboles de fallos

Los árboles de fallos utilizados en los análisis de sucesos aportan una notación gráfica relativamente simple basada en diagramas de circuitos y en su lenguaje de puertas lógicas. En la figura 10.1 se representa la sintaxis recomendada por *The Fault Tree Handbook,* de la Nuclear Regularity Comisión de Estados Unidos.

Las hojas del árbol pueden utilizarse para representar las causas iniciales del suceso, mientras que los símbolos expuestos arriba simbolizan las distintas combinaciones de estas causas iniciales. Por ejemplo, la combinación de errores del operador y fallos de sistema podría representarse utilizando una puerta AND. De la misma manera, una falta de evidencia sobre el comportamiento del usuario o la actuación del sistema se podría representar utilizando puertas OR/XOR. Los sucesos básicos pueden utilizarse para representar los fallos subyacentes que llevaron al suceso; los sucesos intermedios representan los errores del operador que magnifican los fallos del sistema, y un suceso no desarrollado puede representar un error que no se ha seguido desarrollando, bien porque su consecuencia no ha tenido un efecto notable o bien porque no se dispone de más información. Esto aporta una manera de destacar la información importante dejando de lado sucesos que no necesitan de un desarrollo más detallado.

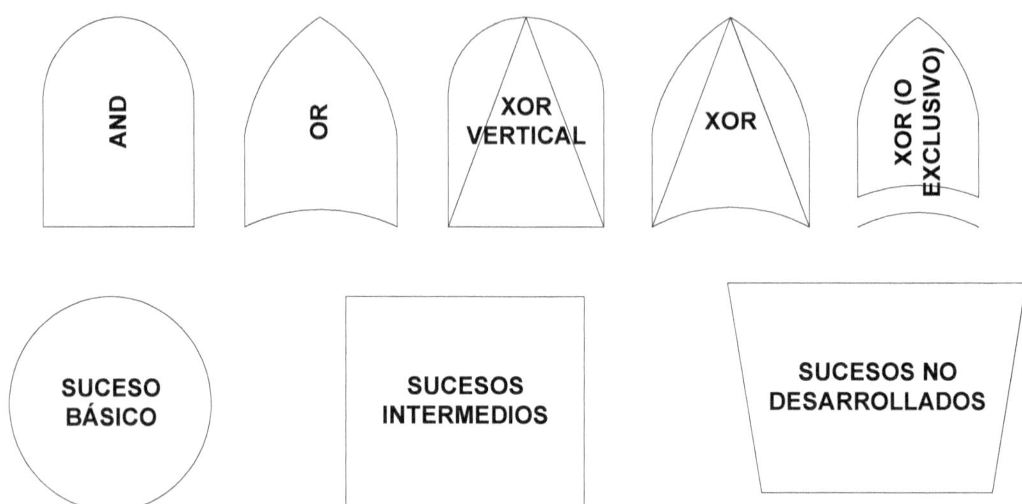

Figura 10.1. Tipos de puertas lógicas y sucesos.

Existen una serie de diferencias importantes que distinguen el uso de árboles de fallos en los sucesos en su aplicación convencional. Los árboles de fallos se construyen a partir de sucesos y puertas. Sin embargo, muchos sucesos los causa la omisión de un mismo u otro suceso, circunstancia mucho más frecuente que los errores de actuación.

- *Puertas AND*

Existen diferencias en la utilización de los árboles de fallos según se destinen a su uso convencional o al análisis de sucesos, debido a la semántica de las puertas utilizadas. La salida de una puerta AND es verdad única y exclusivamente si todas sus entradas son verdaderas. Los sucesos no se pueden analizar de esta manera. En el análisis de sucesos no hay manera de saber si un suceso se hubiera podido evitar de este modo. Además, la mayoría de los informes de sucesos no distinguen entre condiciones necesarias y suficientes, es decir, si una condición fue totalmente imprescindible para que ocurriera el suceso y sin la cual éste no hubiera sucedido. Así pues, un suceso aún podría ocurrir con que uno o dos de los sucesos iniciadores estén presentes. Entonces, en este contexto la puerta AND representa el hecho de que en un suceso un número de sucesos iniciadores contribuyen a la salida de la puerta AND, y de esto no se puede derivar que esta salida esté necesariamente ligada a cada uno de los sucesos iniciadores.

- *Puertas OR y XOR*

La salida de una puerta OR es verdadera solamente si al menos una de sus entradas es verdadera. Las puertas OR pueden utilizarse en el análisis de un informe de suceso para representar una falta de evidencia de que ha podido ser movida accidental o deliberadamente, o bien ha desaparecido de la escena del suceso.

La salida de una puerta XOR (OR exclusiva) únicamente es verdad si una entrada de la puerta es verdadera, y el resto de las entradas no pueden ser verdaderas. Pueden ser útiles para representar sucesos intermedios que se sabe que han sido causados por uno de dos sucesos, pero no por ambos. Por tanto, surge otra vez una diferencia semántica importante entre el uso para el análisis de informes de sucesos y su aplicación convencional en el análisis de riesgos en tanto que, si ambos sucesos de la entrada son verdaderos, el suceso intermedio no ocurre. En la aplicación convencional de los árboles de fallos, la puerta XOR garantiza la exclusión mutua de las entradas. Por tanto, si se sabe que ambos sucesos iniciales son verdaderos, cualquier otro análisis basado en la puerta XOR debería ser revisado.

Para una utilización más efectiva de los árboles de fallos, conviene anotar también el número de parágrafo de donde se ha extraído la información en cada suceso representado en las hojas del árbol, teniendo en cuenta que el árbol de fallos representa una abstracción de los sucesos registrados en el informe oficial y como tal abstracción, se debe dar más relevancia a algunos aspectos del suceso que a otros.

Los árboles de fallos se suelen detener en el suceso indeseado. Sin embargo, en los informes de sucesos los hechos que ocurren después también son importantes.

Las líneas del árbol de fallos entre los nodos representan las relaciones causales, temporales y lógicas entre los sucesos que conducen al suceso y resultan de él. Por tanto, para aprovechar la gran efectividad de este sistema es importante también incluir el factor tiempo entre los elementos del diagrama. Este factor puede tener mucho impacto en la interacción entre el elemento humano y el material de trabajo, ya que los retrasos en las respuestas pueden llevar a error. Pero también una rápida monitorización de la información puede permitir que el operador pueda filtrar información importante durante tareas clave y evitar de este modo consecuencias nefastas.

Por todo ello la Nuclear Regulatory Commission propuso la puerta *Priority-And* para resaltar la importancia del factor tiempo en tales interacciones.

Esta puerta se representa con una puerta AND en la que una elipse conectada a su derecha muestra la secuencia de las entradas.

El factor negativo de este elemento es que no soporta el tiempo real. Por tanto, no muestra tiempos precisos que pueden tener un gran impacto en la habilidad del operador para responder a un incidente crítico.

Sin embargo, puede introducirse en la notación de los árboles de fallos el tiempo real, aunque no siempre es posible o deseable asociar una hora exacta con todos los hechos que conducen al suceso.

Una limitación de esta aproximación es que no tiene en cuenta las inconsistencias que pueden surgir en el proceso de cualquier informe de suceso, ya que los testigos frecuentemente dan diferentes tiempos sobre errores del operador o fallos del sistema. Para ello puede introducirse una anotación explicando las potenciales contradicciones en el análisis del tiempo.

Esto puede ser útil para investigar con más detalle las evidencias de tiempo presentadas en un informe convencional.

También debería resaltarse la importancia de que un suceso ocurra o no, ya que diferentes fallos llevarán a consecuencias distintas para la operación continua de un sistema interactivo. Por ejemplo, el error al presionar un botón o unas teclas puede tener una consecuencia mínima o despreciable, mientras que una confusión sobre el modo de funcionamiento de un sistema puede tener consecuencias desastrosas. Para ello se puede extender la notación del árbol de fallos para introducir la importancia de los distintos sucesos que componen ese árbol.

La figura 10.2 representa algunas definiciones ampliamente aceptadas, como las del Departamento de Defensa de Estados Unidos, que define un fallo negligente como un fallo que no tiene resultados en cuanto a lesiones, enfermedad o daños a un sistema marginal:

Figura 10.2. Representación de la importancia de un suceso.

Un fallo marginal puede causar leves lesiones, una leve enfermedad o pequeños daños a un sistema. Un fallo crítico causará serios daños personales, una enfermedad grave o graves daños a un sistema. Un fallo catastrófico derivará en muertes y pérdida del sistema.

Para aplicar esta técnica, los analistas deben decidir si las valoraciones sobre la importancia de un suceso se basan en un análisis de riesgos previo al suceso, o bien se construirán según la experiencia de éste. Éste tal vez sea el punto más delicado en el proceso de análisis de un informe de suceso, debido a que las empresas y las organizaciones reguladoras responsables de la seguridad no están de acuerdo en el grado de importancia otorgado a los hechos ocurridos durante un suceso. Por ello es importante que en estos árboles analíticos quede reflejada de manera explícita tal categorización, para que pueda entenderse la importancia de un hecho en el contexto del suceso, y ésa es precisamente una de las cualidades de este sistema de análisis.

10.16 Diagramas de conclusión - análisis - evidencia (CAE)

Los diagramas CAE intentan facilitar a los analistas de un informe de suceso la localización de las evidencias que apoyan los distintos argumentos.

Además, los analistas también se ven forzados a reconstruir complejas cadenas de relación para comprender los argumentos implícitos que se encuentran en los informes. Los diagramas CAE, como representaciones gráficas de estas relaciones, facilitan visualizar y justificar afirmaciones que conducen a las distintas conclusiones del informe. Estas conclusiones a menudo son criticadas por parte de los responsables de implantar medidas correctivas, que dan mayor importancia a las opiniones y rumores que circulan entre diseñadores y directivos que a las afirmaciones de los informes oficiales. Esto es debido a que la explicación oficial del suceso se centra únicamente en un punto de vista, mientras que las opiniones y rumores ofrecen explicaciones alternativas que pueden o no estar basadas en las evidencias disponibles.

Los diagramas CAE están desarrollados específicamente para aportar una visión gráfica de los argumentos presentados en los informes de suceso, debido a que la mayoría de los informes presentan los hechos del suceso en los primeros capítulos, dejando las conclusiones para el final. Este es un buen sistema para presentar los informes, ya que permite que los analistas hagan su interpretación de los hechos antes de leer el análisis de los investigadores. Sin embargo, esto también fuerza a recordar evidencias importantes presentadas muchas páginas antes de los capítulos dedicados a las conclusiones, además de dificultar la relación entre tales evidencias y las conclusiones concretas que apoyan.

El procedimiento para confeccionar diagramas CAE es el siguiente:

- Hacer una lista de las conclusiones identificadas en el informe. Normalmente es un procedimiento bastante fácil debido a que las conclusiones aparecen en el último capítulo de los informes. Cada conclusión vendrá con el número de página donde aparece.
- Hacer una lista de cada línea de análisis que apoya o refuta las conclusiones identificadas en el punto 1. Debido a que pocos informes de suceso reflejan explícitamente las líneas de análisis que apoyan sus averiguaciones, este punto puede resultar más complicado. Los analistas deben identificar y aislar los argumentos implícitos que apoyan conclusiones específicas, anotando también el número de página donde se encuentran.
- Hacer una lista de evidencias que apoyan o refutan cada línea de análisis. Ésta es la continuación inmediata del punto 2, ya que éste ayuda a identificar tales evidencias. También se debe anotar los números de página donde aparecen éstas.
- Construir un gráfico basado en los tres primeros puntos. Se debe realizar un diagrama CAE para cada conclusión identificada en el punto 1. Estas conclusiones serán las raíces o la base de cada gráfico. Los argumentos a favor o en contra de una conclusión se conectan a esta base, utilizando líneas continuas para argumentos a favor y discontinuas para argumentos en contra.
- Por último, se conectarán todas las evidencias a sus respectivos argumentos mediante líneas continuas o discontinuas, de igual modo que los argumentos están conectados a la conclusión.

Aunque los diagramas CAE tienen como función principal dar una visión más clara sobre las causas de un suceso, Johnson argumenta que también se pueden emplear diagramas similares para preparar y evaluar futuras recomendaciones. Para ello se pueden utilizar técnicas de diseño racional, que aportan una visión gráfica de los argumentos que apoyan decisiones en la implantación de sistemas. Un ejemplo es la notación QOC, de *Question/ Option/ Critera*, cuya sintaxis es casi idéntica a la de los diagramas CAE. De hecho éstos son una adaptación de los diagramas QOC para analizar informes de sucesos.

El primer paso para realizar diagramas QOC es identificar la cuestión o problema que se quiere solventar. Una vez identificada se relaciona con las opciones que pueden solventarla. Finalmente se deben presentar los criterios que apoyan o debilitan las distintas opciones presentadas. Como en los CAE, la líneas discontinuas representan criterios negativos en la implantación de una opción, mientras que las continuas representan los criterios a favor.

En general no se exponen recomendaciones, circunstancia que normalmente no se da en los informes de sucesos. No obstante, se pueden implantar los diagramas QOC para evaluar distintas posibilidades y evitar que se vuelva a repetir el motivo del suceso.

Tanto los diagramas CAE como los QOC facilitan la comprensión de los sucesos, ya que dan a conocer visual y explícitamente las relaciones entre evidencias y análisis, así como posibles líneas para seguir con objeto de implantar medidas correctivas. Su inclusión en los informes de sucesos para un público amplio es generalmente nula, pero puede ser de mucha utilidad para las entidades responsables de implantar medidas de seguridad y preventivas, dado que éstas deben comprender al detalle cada punto de un informe de suceso para emprender acciones efectivas.

10.17 Anexo I

Anexo 1 al agregado 1 a la Ordenanza 06/03 (DPSJ)

Guía para la evaluación de protección en instalaciones portuarias
(Punto 6 del agregado 1)

La evaluación de protección desarrollada en este apéndice se podrá utilizar para valorar las necesidades requeridas para medidas específicas o alternativas.

La toma de decisiones basada en el análisis de riesgo es un proceso sistemático y analítico para considerar la probabilidad de que una violación de seguridad pondrá en peligro un objetivo, individuo o función, identificar las acciones que reducirán la vulnerabilidad y así mitigar la gravedad de dicha violación. Es una de las mejores herramientas para ejecutar una evaluación de protección y determinar las medidas de seguridad apropiadas para aplicar en una instalación.

Una evaluación de protección es un proceso que identifica falencias en estructuras físicas, sistemas de protección personal, procesos u otras áreas que conducen a una violación de seguridad, y puede sugerir opciones para eliminar o mitigar esas falencias.

Por ejemplo, una evaluación de seguridad podría revelar falencias en los sistemas de seguridad de una organización, puntos de acceso desprotegidos, como el perímetro de una instalación no iluminada o puertas no aseguradas o no controladas durante horas.

Para mitigar la vulnerabilidad, en una instalación se deberán implantar procedimientos para asegurar los accesos o disponer que sean verificados por alguien. Otra medida para mejorar la protección puede ser colocar mecanismos de cierre y mallas de alambre en puertas y ventanas que comunican con áreas restringidas para prevenir el acceso de personal no autorizado. Esas evaluaciones pueden detectar vulnerabilidades en las operaciones de una instalación, seguridad personal y técnica.

Paso 1: amenazas potenciales

Para comenzar el examen, supongamos un incidente en una instalación portuaria, el cual consiste en una amenaza potencial bajo circunstancias específicas. Es importante que este hecho esté dentro de las posibilidades reales y que, como mínimo, contenga habilidades conocidas o intentos producidos en alguna oportunidad. Estos incidentes también serán compatibles con otros usados para el desarrollo del plan de seguridad del puerto que lleva a cabo la Prefectura.

Por ejemplo, una amenaza de bomba a una instalación petroquímica es un incidente posible. La tabla 10.5 ofrece una lista de incidentes posibles que podemos combinar con objetivos clave que cabrá desarrollar al ser evaluados en el examen de protección de la instalación.

El número de incidentes evaluables se analizará junto a la instalación portuaria. Una evaluación inicial debe considerar al menos los incidentes previstos en la tabla 10.5. Evitaremos evaluar un número innecesario de incidentes de baja gravedad. Las variaciones menores respecto del mismo incidente tampoco necesitan ser evaluados por separado, a menos que haya grandes diferencias en cuando a su gravedad.

Clases de incidentes potenciales		*Ejemplo de aplicación*
Un intruso penetra y toma el control de la instalación portuaria:	Daña o destruye la instalación con explosivos	El intruso coloca explosivos
	Daña o destruye la instalación a través de actos u operaciones delictivas	El intruso toma el control de la instalación e intencionalmente abre válvulas para liberar lubricantes y gases tóxicos que pueden ser ignífugos
	Contamina sin destruir la instalación	El intruso abre válvulas y venteos para liberar al medioambiente lubricantes y materiales tóxicos
	Toma de rehenes o muerte de personas	Su objetivo es matar personas
Ataque externo a la instalación por medio de:	Disparos a distancia	Disparando a la instalación con armas largas, misil, etc. Para dañar o destruir tanques de almacenamiento, mercancías peligrosas, personas, etc.
Posibilidad de usar la instalación como medio de transferencia de:	Materiales y sustancias, contrabando y movimiento de capitales sin declarar dentro o fuera del país	La instalación es usada como conducto, pantalla o base para causar incidentes que afecten la seguridad pública
	Salida y entrada ilegal de personas en el país	

Tabla 10.5. Lista de posibles incidentes.

Paso 2: examen de gravedad

Para esta paso se establecerá el nivel apropiado de gravedad determinado en la tabla 10.6, el cual estará basado en la descripción de la instalación:

Nivel de gravedad	*Descripción*
3	Instalaciones que transfieren, almacenan, o manejan mercancías peligrosas
2	Instalaciones que: – Reciben buques que están certificados para transporte de pasajeros – Reciben buques de viajes internacionales
1	Otras instalaciones

Tabla 10.6. Niveles de gravedad.

Paso 3: examen de vulnerabilidad

Cada incidente se deberá evaluar en términos de la vulnerabilidad ante un posible ataque de la instalación.

Los cuatro elementos de vulnerabilidad que cabrá considerar son:

— *Disponibilidad.* La presencia y predicción en relación con la habilidad de planear un ataque.
— *Accesibilidad.* Facilidad de producir el incidente en relación con las barreras físicas y geográficas que determinan la amenaza sin seguridad orgánica.
— *Seguridad orgánica.* La capacidad del personal de seguridad para detener un incidente. Esto incluye los planes de seguridad, capacidad de comunicación, guardia, detección de intrusos y tiempo de reacción de las fuerzas externas para prevenir el incidente.
— *Estructura de la instalación.* La capacidad de la instalación de soportar un incidente específico basado en la complejidad del diseño y los materiales de construcción.

Se analizará cada elemento de la vulnerabilidad para cada incidente tratado. La evaluación inicial se revisará siguiendo las estrategias existentes y aplicando medidas de protección, diseñadas para disminuir esas vulnerabilidades.

Después de la evaluación inicial puede llevarse a cabo una evaluación de comparación con nuevas estrategias y con las nuevas medidas que se deban adoptar. Para ello se observará la vulnerabilidad con las estrategias y medidas de protección existentes, y éstas facilitarán una mejor comprensión del riesgo total asociado con el incidente y explicarán el modo en que mitigarán el riesgo con las nuevas estrategias y medidas de seguridad.

Considerando que la instalación tiene todo el control sobre la accesibilidad y los elementos de la seguridad orgánica, esta herramienta los toma en cuenta (sin tener presente la disponibilidad y la estructura de la instalación) al evaluar cada incidente.

El puntaje de vulnerabilidad y criterio con ejemplos se ofrece en la tabla 10.7.

Cada incidente deberá ser evaluado para obtener un puntaje de accesibilidad y seguridad orgánica. La suma de estos elementos nos ofrece el puntaje de vulnerabilidad (paso 3 en la tabla 10.9). Este puntaje se usará para valorar la vulnerabilidad cuando estudiemos cada incidente en el próximo paso.

Puntaje	Accesibilidad	Seguridad orgánica
3	No hay disuasión (ingreso irrestricto a las instalaciones y libre movimiento interno)	No hay capacidad de disuasión (sin planes, guardia, comunicaciones de emergencia, ayuda externa ni detección)
2	Disuasión media (barrera simple) acceso irrestricto en 50 m a la redonda a los tanques de almacenamiento	Disuasión media (seguridad mínima, algunas comunicaciones, pequeña guardia de seguridad, ayuda externa limitada, sistemas de detección limitados)
1	Buena disuasión (posibilidad de detener un incidente, acceso controlado dentro de los 250 m, múltiples barreras físicas)	Buena capacidad de disuasión de un incidente, acceso restringido en 250 m (plan de seguridad detallado, comunicación de emergencia efectiva, personal de seguridad bien entrenado, múltiples sistemas de detección, cámaras, rayos X, capacidad de ayuda externa)

Tabla 10.7. Puntaje de vulnerabilidad.

Paso 4: mitigación

En este paso se determinará qué incidente merece estrategias de mitigación (medidas de protección) implantadas. Esto se determina según el resultado obtenido en la tabla 10.8, basada en el nivel de gravedad y el puntaje del examen de vulnerabilidad.

La tabla 10.8 es una herramienta que nos ayude en el desarrollo del plan de protección de la instalación portuaria. Los resultados no se proyectan con el único fin de generar o suspender la necesidad de medidas específicas, pero son una herramienta útil para identificar vulnerabilidades potenciales y evaluar métodos prospectivos para aplicarlas.

- *Mitigar.* Significa que las estrategias de mitigación, tales como las medidas de protección y los procedimientos, serán desarrolladas para reducir el riesgo de que un incidente se produzca. Un apéndice al plan de seguridad de la instalación debería contener los incidentes evaluados, los resultados de la misma y las medidas elegidas para mitigar.
- *Considerar.* Significa que las estrategias para mitigar serán analizadas caso por caso. El plan de protección de las instalaciones portuarias contendrá los incidentes evaluados, los resultados y las razones por las cuales las medidas para mitigar los daños fueron o no elegidas.
- *Documentar.* El proceso de evaluación de protección implica que el incidente tal vez no justifique analizar la necesidad de aplicar una medida de mitigación y, por lo tanto, sólo debe documentarse de modo que sea considerado en las próximas revisiones del plan. Sin embargo, deberá evaluarse cuando se trate de medidas con bajo costo de implantación.

Niveles de gravedad (tabla 10.6)	*Puntaje total de vulnerabilidad (tabla 10.7)*		
	2	3 – 4	5 – 6
3	Considerar	Mitigar	Mitigar
2	Documentar	Considerar	Mitigar
1	Documentar	Documentar	Considerar

Tabla 10.8. Vulnerabilidad y tabla de gravedad.

Paso 5: métodos de implantación

Para determinar qué incidentes requieren métodos de mitigación nos puede beneficiar el uso de la tabla 10.9. La instalación debe conservar los archivos de los incidentes considerados en el nivel de gravedad (véase la tabla 10.6), el puntaje para cada elemento de vulnerabilidad (véase la tabla 10.7) y el puntaje total de vulnerabilidad y la categoría de mitigación (véase la tabla 10.8). El objetivo final es reducir el riesgo total asociado con el incidente identificado.

HOJA DE TRABAJO PARA DETERMINAR LA MITIGACIÓN

Paso 1	*Paso 2*	*Paso 3*			*Paso 4*
Descripción incidente	Nivel de gravedad (tabla 10.6)	Puntaje de vulnerabilidad (tabla 10.7)			Mitigar Considerar Documentar (tabla 10.8)
		Accesibilidad	+ Orgánica	Puntaje total de seguridad	
Una vez que una instalación es clasificada, el nivel de gravedad permanece igual					

Tabla 10.9.

Como elemento para asistir al oficial de protección de la instalación portuaria para evaluar las estrategias específicas de mitigación (medidas de protección), será beneficioso usar la tabla 10.10.

Los siguientes pasos corresponden a cada columna de dicha tabla:

1. Para aquellos incidentes que tienen puntajes como «considerar» o «mitigar», la instalación portuaria y la Prefectura podrán utilizar una sesión de «tormenta de ideas» para elegir estrategias de mitigación (medidas de protección) que se registrarán en la primera columna de la tabla 10.10.
2. Usando el o los incidentes de la tabla 10.9, se debería realizar una lista de los incidentes que resultarían afectados por la selección de las medidas de mitigación.
3. El nivel de gravedad permanece igual que el que se determina en la tabla 10.6 para cada incidente.

HOJA DE TRABAJO DE IMPLANTACIÓN DE LA MITIGACIÓN

1	2	3	4			5
Estrategia de mitigación (medidas de protección)	Incidentes que son afectados por las estrategias de mitigación (desde paso 1 en tabla 10.9)	Nivel de gravedad (tabla 10.6)	Nuevo puntaje de vulnerabilidad (tabla 10.7)			Nuevo resultado de la mitigación (tabla 10.8)
			Accesibilidad	+ Orgánica	= Puntaje total de seguridad	
1.	1.					
	2.					
	….					
2.	….					

Tabla 10.10.

4. Revaluar la accesibilidad y el puntaje de la seguridad orgánica (véase la tabla 10.7) para comprobar si una nueva estrategia de mitigación reduce el puntaje total de vulnerabilidad para cada incidente.
5. Con el nuevo nivel de gravedad y el nuevo puntaje total de vulnerabilidad, usar la tabla 10.8 para determinar las nuevas categorías de mitigación.

Las tablas 10.11 y 10.12 ofrecen un ejemplo abreviado de cómo las tablas 10.9 y 10.10 se llenarían por una instalación de tanques de lubricantes que recibe barcos de navegación marítima internacional.

Este ejemplo asume que la instalación posee una clara disuasión con respecto a la seguridad orgánica; sin embargo se observa que no tiene un cerco perimetral para restringir el acceso al perímetro.

Una estrategia será efectiva si su aplicación baja de categoría a la mitigación (por ejemplo, de «mitigar» a «considerar», en tabla 10.8).

Una estrategia será efectiva si la misma reduce el puntaje total de vulnerabilidad cuando se aplica por sí sola o con una o más medidas. Por ejemplo, para una instalación con un nivel de gravedad de 5-6 a 3-4, la categoría de mitigación cambia de «mitigar» a «considerar» y la estrategia de mitigación fue efectiva. En el supuesto de una instalación portuaria con nivel de gravedad 3 la categoría de mitigación se mantendría igual, «mitigar», considerando una reducción similar en vulnerabilidad de 5-6 a 3-4.

HOJA DE TRABAJO PARA DETERMINAR LA MITIGACIÓN

Paso 1	*Paso 2*	*Paso 3*			*Paso 4*
Incidente/Descripción	Nivel de gravedad (tabla 10.6)	Puntaje de vulnerabilidad (tabla 10.7)			Mitigar, considerar o documentar (tabla 10.8)
1. El intruso gana acceso sin autorización		3	2	5	Mitigar
2. Ataque externo con arma de fuego	2	3	2	5	Mitigar
3. Utiliza la instalación como medio para transferir ilegalmente al país personas, desde un barco a un vehículo o viceversa		3	2	5	Mitigar
...		...	...	...	...

Tabla 10.11.

Se observa que cuando la estrategia de mitigar se considera de forma aislada, no se reduce la vulnerabilidad. Entonces se deberán considerar múltiples estrategias combinadas. Pensar en las estrategias como un modo para mitigar, minimiza la vulnerabilidad a un nivel aceptable.

Como ejemplo para mitigar la vulnerabilidad, una compañía o instalación portuaria podría contratar personal de seguridad para prevenir el acceso no autorizado mientras sufra amenazas graves. Esta medida puede mejorar la seguridad física y reducir el puntaje total de vulnerabilidad de 3-4 a 2. Sin embargo esta opción es específica para este incidente y tiene un costo determinado.

HOJA DE TRABAJO DE IMPLANTACIÓN DE LA MITIGACIÓN

1	*2*	*3*	*4*			*5*
Estrategia de mitigación (medidas de protección)	Incidentes afectados por la estrategia de mitigación (desde paso 1 en tabla 10.9)	Nivel de gravedad (tabla 10.6)	Nuevo puntaje de vulnerabilidad. (tabla 10.7)			Nuevos resultados de la mitigación (tabla 10.8)
			Accesibilidad +	Orgánica =	Puntaje total de seguridad	
1. Cerca perimetral que restringe el acceso a la instalación	1. Intromisión a la instalación	2	2	2	4	Considerar
	2. Utiliza la instalación como medio de transferencia para introducir personas ilegalmente al país y viceversa		2	2	4	Considerar
	...					

Tabla 10.12.

Una estrategia debe considerarse «factible» si puede aplicarse con un impacto operarional o costo aceptable cuando se pretende reducir la vulnerabilidad. Una estrategia no será factible si su implantación es extremadamente problemática o su costo es prohibitivo.

El efecto de mitigación de una estrategia variará según el nivel de protección. Algunas estrategias no son efectivas en el nivel 1, pero sí en el 2 o el 3. Por ejemplo, el uso de buzos para inspeccionar estructuras subacuáticas y buques, tal vez no sea necesario en el nivel 1 pero puede ser adecuado ante una amenaza específica o un incremento en el nivel de protección. Las estrategias para mitigar deben asegurar que el nivel de riesgo total de una instalación se mantenga relativamente constante ante un aumento de la amenaza.

Capítulo 11
Redacción del PPIP

11.1 Generalidades

El diseño y presentación del PPIP debería ajustarse a un modelo normalizado, por lo menos de ámbito nacional (sería deseable que fuese internacional), de tal manera que los actores relacionados con el plan, es decir el OPB por parte del buque y el OCPM como interlocutor entre el buque y el OPIP del puerto, compartieran una aceptación previa que reduzca las sorpresas, favoreciendo las dos premisas principales de cualquier plan relacionado con la seguridad: claridad y simplicidad; más significativas aún en los planes de protección, considerando la novedad en su implantación.

En este sentido se han divulgado diversas presentaciones, cualquiera de ellas admisible y adecuada para su uso. Pero, con el ánimo de sentar una base de trabajo, hemos seleccionado el diseño presentado por el TRANSEC del Departamento de Transportes del Reino Unido, cuyo índice de contenidos cubre con solidez los aspectos que cabe incluir en los PPIP.

No obstante, del análisis del formato facilitado por TRANSEC, anexado al final de este capítulo, observamos que presenta ciertas carencias que entendemos que deben ser cuestionadas.

Es evidente que el formato TRANSEC es enormemente sencillo y simplificado, y que muchos de los datos no requeridos ya forman parte de otros documentos de carácter general que sirven de base a distintos planes de seguridad. Si bien este planteamiento reducido es siempre de agradecer, no se debe olvidar el carácter específico y particular que exige la protección, por cuanto ciertos aspectos que no tienen una gran importancia en la seguridad *(safety)*, sí la adquieren ante las nuevas necesidades de *security*.

Así, cuando este formato en su sección 1 registra los detalles de la instalación portuaria no hace referencia a un buen número de datos, que por sí mismos aportarían un conocimiento sobre la identificación de la instalación que se está tratando, así como de su entorno inmediato, la posible relación entre la causa y la consecuencia, la complejidad o no del tratamiento de la protección, etc.

Consideramos que deberían estar disponibles, por ejemplo, los datos que señalamos en los apartados siguientes.

11.2 Relacionados con el puerto

- Situación geográfica del puerto.
- Descripción general del entorno marítimo.

- Características físicas, número de bocanas, canales de acceso, líneas de atraque, entorno exterior:

  – Actividades por carga tipo (porcentaje), (relación por riesgo buque).
  – Derrotas próximas, destinos y procedencias habituales (porcentaje).
  – Relaciones comerciales (países).
  – Dificultad en las maniobras de acceso en la entrada y salida.
  – Descripción general del entorno inmediato, casi envolvente, del puerto en su relación con la instalación portuaria.

- Número de concesiones, régimen, relación contractual (identificación nominal). Aporta un conocimiento de ocupación y tráfico.
- Número de líneas de atraque no concesionadas (porcentaje sobre el total del puerto). Completa el detalle de la ocupación y destino principales del puerto.
- Fondeadero, límites, división por tipos (mercancías peligrosas o no):

  – Densidad ocupación (promedio).
  – Situaciones de congestión.
  – Tiempos medios en dicha condición.
  – Distancia a las bocanas (posibilidad obstrucción intencionada).

Los buques que están en la condición de fondeados son mucho más vulnerables para ser asaltados, ocupados y utilizados en actos ilícitos, y muy especialmente los buques que transporten mercancías peligrosas, dado el incremento del riesgo en dichos actos.

- Otras instalaciones portuarias:

  – Marinas.
  – Pesqueras.
  – Astilleros.
  – Áreas comerciales.
  – Hoteles y ocio.
  – Áreas de almacenamiento de mercancías peligrosas, relación y distancia a puntos especiales, salas de control, torres, edificios oficiales, etc.
  – Áreas de acceso libre al público.

Las consecuencias son múltiples y de diversa peligrosidad al considerar cada aspecto, por separado y en su conjunto, en relación con cualquier implicación con las actividades mencionadas.

11.3 Accesos portuarios

- Terrestres.
- Ferrocarril.
- Marítimos.

En todos deben conocerse datos como:

–Horarios, personal de control, limitaciones por abertura de puentes u otros, etc.

–Comunicaciones interiores, anchos, número de vías en cada sentido, tipo de señalización (semáforos), controles (vallas, puertas, etc.).

11.4 Ubicación de las concesiones

- Situación, extensión, vecinos, tipo de interfaz.

    Cada una de ellas dispondrá de su correspondiente PPIP. Si bien en conjunto favorece la implantación del PPP, individualmente marca las diferencias entre uno y otro puerto o instalación portuaria.

- Calidad de accesos y tipo (ferrocarril, etc.) y control de evacuación.

    Es el detalle pormenorizado de lo obligado por el PBIP. Sin ello todos los planteamientos quedarían sin cohesión y dispersos para el objetivo de la protección global.

- Procedimiento de movilidad en tráfico y circulación interna.

    También marca diferencias sustanciales en el diseño estructural entre una u otra instalación portuaria, a la vez que entre puertos.

11.5 Riesgos por actividad

- Identificación de zonas por categoría de cargas, peligrosidad, procedimientos establecidos (si no los hay, deben desarrollarse).

    Permite el conocimiento global del puerto y la sectorización por tipo de riesgo y sus consecuencias.

- Relación con los PEI.

    Estos planes ya estarán aprobados, en vigor y funcionando a niveles aceptables; ahora es necesario que no entren en disconformidad con el PPIP de cada instalación, ni con el conjunto de la seguridad del puerto.

La premisa de considerar los detalles vinculados a la protección, aunque sea en un documento independiente, permite alcanzar otros dos objetivos de un plan de seguridad: estar ajustados a la realidad y ser concretos en su finalidad, con el fin de que puedan ser instrumento útil.

11.6 Contenidos de cada PPIP

A pesar de que el PBIP marca los contenidos de cada PPIP y la relación entre los distintos aspectos que hay que tratar, también es preciso establecer el orden de los mismos a fin de mantener una línea de continuidad que permita detectar en todo momento, principalmente en la evaluación permanente y constante del PPIP, que no contiene carencias en alguno de los datos requeridos.

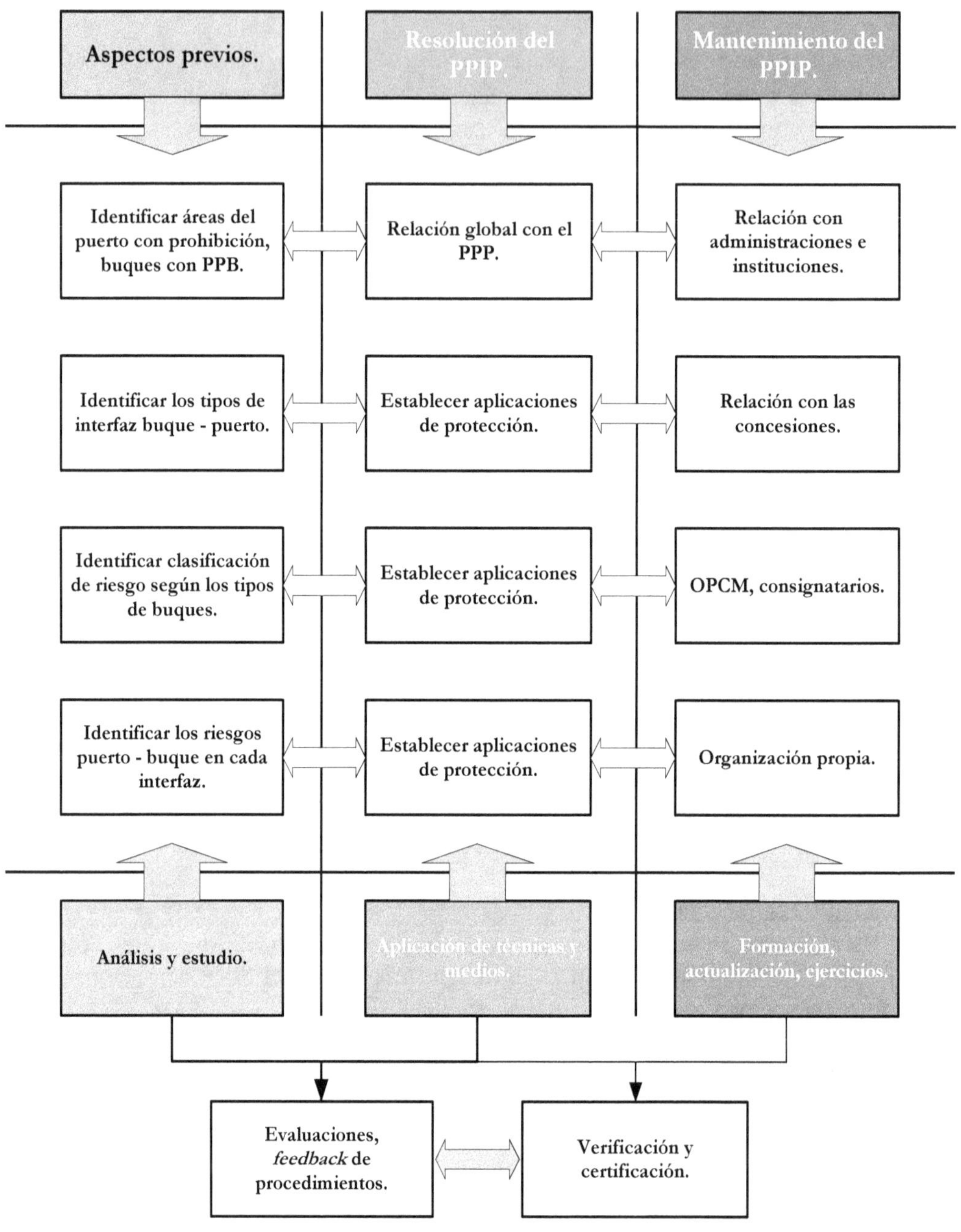

Esquema 11.1.

Teniendo en cuenta el contenido de los capítulos precedentes, el esquema 11.1 resume la relación de consideraciones que marcan el área de trabajo desde el inicio de la formalización del PPIP hasta su culminación:

- En dicho esquema la columna de la izquierda coincide con la propia identificación del escenario que abarca todo el dominio público portuario, con especial atención a las áreas que tengan una relación directa con los buques que deban cumplir el Código y el Reglamento CE.

- Para ello se tendrán en cuenta los esquemas y principios expuestos y analizados en los capítulos 1, 2 y 3 de este libro.
- Es una etapa de estudio y análisis que no debe llevar un tiempo de dedicación superior a 30 días, en el más complejo de los casos.
- Durante la misma deben realizarse las evaluaciones pertinentes para no arrastrar errores o exclusiones indebidas.

• La segunda columna, correspondiente a la siguiente etapa, es la aplicación de las soluciones preventivas sobre cada aspecto, riesgo o disfunción que hayan sido detectadas en la primera etapa.

- Se considerarán las aportaciones efectuadas en los capítulos 4, 5, 6 y 7 de este libro.
- La elección del medio, procedimiento o equipo estará en la línea de la amenaza y la vulnerabilidad cuantificada, así como en los recursos disponibles y el riesgo aceptado, todo ello evaluado con métodos (W.T. Fine, por ejemplo) que justifiquen el esfuerzo que haya que realizar.
- La evaluación de la protección alcanzada deberá actualizarse con cualquier incorporación al sistema, valorando su eficacia en la prevención de las consecuencias.
- En todo momento se tendrán en cuenta las implicaciones ventajosas con otros planes de seguridad ya establecidos y la necesidad de sus adecuaciones con el PPIP.
- No entrarán en contradicción el PPP con los PPIP, ni éstos con aquél; en todo caso serán complementarios y herméticos entre sí.

• La tercera columna del esquema es la representativa del factor humano del PPIP, quienes en síntesis lo diseñarán, implantarán, cumplirán y mejorarán según las circunstancias lo requieran.

- Para su aplicación se obtendrán directrices de los capítulos 6 y 8 de este trabajo.
- Los acuerdos entre todas las partes implicadas en cada parcela de aplicación serán fundamentales para la continuidad del proceso de protección de las instalaciones portuarias, en la que cualquier fisura representaría el punto débil del sistema en perjuicio del resto.
- La formación previa y la ejecución de ejercicios y simulaciones, constituirán el elemento fuerte del procedimiento de protección; en ellas el personal deberá implicarse y finalmente entender y aceptar la bondad de las medidas adoptadas en el PPIP.

• El conjunto de acciones adoptadas debe conducir a la verificación de los PPIP a que diera lugar el puerto, hasta lograr la certificación, objetivo final del procedimiento.

La formalización del PPIP podría coincidir o ser parecida a la propuesta por el TRANSEC, que se adjunta a modo de ejemplo:

TRANSEC

PORT FACILITY SECURITY PLAN

[...]

*PROTECTION **CATEGORY** [insert three letter category abbreviation eg **PAX]***

RESTRICTED
[when complete]

- Contents page

- **Section 1: Port facility details**

  Name of port facility [...]

  Name of operating company [...]

  Full postal address [...]

  General telephone and e-mail contact details [...]

  Name of PFSO [...]

  PFSO Training Course successfully completed
  Date: [...]
  Location: [...]

Training Provider: [...]

PFSO contact details
Postal address: [...]
Telephone: [...]
Fax: [...]
E-mail: [...]

Name of company Director/Chief Executive [...]

Name of port estate (if applicable) [...]
Date of PFSP submission   [...]

Date of PFSP approval by TRANSEC [...]

Updates
[...]
[...]
[...]

- **Section 2: Management of security**

  Port Security Committee (PFSI Ch3)

    Name and company details (where applicable) of Committee Chair [...]

    Names of organisations permanently represented at the Committee [...]

    General procedures for convening the Committee [...]

    Procedures for convening the Committee at times of heightened security [...]

    Procedures for recording Committee meetings, circulating minutes and informing members of actions required [...]

  Security Level Changes (PFSI Ch3)

    Procedures for receiving and disseminating Security Level information to relevant staff [...]

  Personnel with Security Duties (PFSI Ch3)

    List of security duties of permanent port facility personnel (other than PFSO) [...]

    Details of security contractors (if applicable) and their contracted duties [...]

  PFSP Review, Amendment and Audit (PFSI Ch3)

    PFSP review procedures [...]

PFSP amendment procedures [...]

PFSP audit procedures [...]

Response to and Reporting of Security Threats, Incidents and Breaches of Security (PFSI Ch3)

Recording procedures [...]

Security incident investigation procedures [...]

Reporting procedures to TRANSEC and other relevant authorities [...]

Evacuation Procedures (PFSI Ch3)

Details of evacuation procedures and routes [...]

Details of muster points and safe refuge areas [...]

Information Security (PFSI Ch3)

Security procedures for hard copy information considered security sensitive [...]

Storage for hard copy information considered security sensitive [...]

Security procedures for electronic information considered security sensitive [...]

Dangerous Goods and Hazardous Substances (PFSI Ch3)

Recording procedures for Dangerous Goods and Hazardous Substances [...]

Storage procedures for Dangerous Goods and Hazardous Substances [...]

Security Equipment Maintenance (PFSI Ch3)

Details of security equipment [...]

Details of maintenance programme for security equipment [...]

Details of action to be taken in the event of equipment failure [...]

Security Training (PFSI Ch3)

Details of training programme for personnel with security duties [...]

Details of security awareness training programme [...]

Details of procedures for maintaining training records [...]

Security Drills and Exercises (PFSI Ch3)

Details of security drills [...]

Details of security exercises to be conducted in conjunction with control authorities [...]

Public Rights of Way (PFSI Ch3)

Details of any proposal to suspend Public Rights of Way if it increases the vulnerability of your port facility (and if agreed by TRANSEC during the PFSA); or if required to do so by a TRANSEC Direction at Security Level 2. [...]

Ships' Crew and Shore Leave (PFSI Ch3)

Procedures to deal with arriving and departing ships' crew both in terms of disembarking/embarking processes (pass systems etc) and any plans for the secure conduct of such crew through your port facility. [...]

- Section 3: Communication

Ship and Port Facility Communication Links (PFSI Ch4)

Details of communication links with ships [...]

Details of backup communication links [...]

Details of communication links between port facility personnel with security duties [...]

Details of backup communication links [...]

Ship Security Alert (PFSI Ch4)

Authorities to be informed of a Ship Security Alert [...]

Action to be taken following a Ship Security Alert [...]

Procedures for determining and handling false alarms [...]

Declaration of Security (PFSI Ch4)

Procedures for confirming with each ship the need for a DoS prior to ship's entry into port [...]

Procedures for dealing with non SOLAS ships [...]

Action to be taken when a ship is at a higher Security Level than the port facility [...]

Response Agencies and Control Authorities (PFSI Ch4)

TRANSEC

Contact name:	[...]
Address:	[...]
Telephone number:	[...]
24 hr telephone number:	[...]
Fax:	[...]
E-mail:	[...]

Police

Contact name:	[...]
Address:	[...]
Telephone number:	[...]
24 hr telephone number:	[...]
Fax:	[...]
E-mail:	[...]

HM Customs

Contact name:	[...]
Address:	[...]
Telephone number:	[...]
24 hr telephone number:	[...]
Fax:	[...]
E-mail:	[...]

HM Immigration

Contact name:	[...]
Address:	[...]
Telephone number:	[...]
24 hr telephone number:	[...]
Fax:	[...]
E-mail:	[...]

MoD (if applicable)

Contact name:	[...]
Address:	[...]
Telephone number:	[...]
24 hr telephone number:	[...]
Fax:	[...]
E-mail:	[...]

Other

Name of authority:	[...]
Contact name:	[...]
Address:	[...]
Telephone number:	[...]
24 hr telephone number:	[...]
Fax:	[...]
E-mail:	[...]
Name of authority:	[...]

```
Contact name:            [...]
Address:                 [...]
Telephone number:        [...]
24 hr telephone number:  [...]
Fax:                     [...]
E-mail:                  [...]

Name of authority:       [...]
Contact name:            [...]
Address:                 [...]
Telephone number:        [...]
24 hr telephone number:  [...]
Fax:                     [...]
E-mail:                  [...]
```

- **Section 4: Measures at security level 1**

If section(s) of this Chapter do not apply, for example issues arising from the handling of passenger operations, enter N/A in the appropriate space provided and give a brief explanation as to why the security requirements do not apply to your port facility.

Designated Restricted Areas (PFSI Ch5)

List of designated Restricted Areas

```
Area 1  [...]
Area 2  [...]
Area 3  [...]
Area 4  [...]
Area 5  [...]
Area 6  [...]
Area 7  [...]
Area 8  [...]
Area 9  [...]
Area 10 [...]
```

List of access points to Restricted Areas

```
Area 1  [...]
Area 2  [...]
Area 3  [...]
Area 4  [...]
Area 5  [...]
Area 6  [...]
Area 7  [...]
Area 8  [...]
Area 9  [...]
Area 10 [...]
```

Designated Temporary Restricted Areas (PFSI Ch5)

List of Temporary Restricted Areas and reason for designation [...]

List of access points to Temporary Restricted Areas [...]

Procedures for securing Temporary Restricted Areas [...]

Details of persons responsible for security sweeps [...]

Designated Controlled Buildings (PFSI Ch5)

List of designated Controlled Buildings

Building 1   [...]
Building 2   [...]
Building 3   [...]
Building 4   [...]
Building 5   [...]

Schematics (PFSI Ch5)

Annex A includes a schematic showing clearly the location of all Restricted Areas, Controlled Buildings and Temporary Restricted Areas, and access points to these areas and buildings.

Securing Restricted Areas (PFSI Ch5)

Details of fencing used to enclose Restricted Areas (where applicable) [...]

Measures taken to secure the Restricted Areas where walls, buildings, gates, etc. form part of the fenceline (where applicable) [...]

Pass System (PFSI Ch5)

Locations of pass issuing points and types of pass issued [...]

Details of pass system operation [...]

Details of pass system record keeping [...]

Action to be taken when a pass is lost [...]

Disciplinary procedures for loss or misuse of a pass [...]

Procedures for retrieving passes when no longer used and for revoking passes [...]

Access Control to Restricted Areas (PFSI Ch5)

Measures in place to restrict access at access control points [...]

Procedures for dealing with unauthorised access [...]

Perimeter Intruder Detection Systems (PIDS) (PFSI Ch5)

Details of PID systems in place (where applicable) [...]

Details of procedures for recording and responding to alarms [...]

Checks and Searching on entry to Restricted Areas (PFSI Ch5)

List of search locations for each Restricted Area access point [...]

Checking and search procedures for persons [...]

Checking and search procedures for baggage and personal effects [...]

Checking and search procedures for unaccompanied baggage [...]

Checking and search procedures for vehicles [...]

Checking and search procedures for cargo and freight [...]

Checking and search procedures for ship's stores [...]

Security equipment used to aid checking and searching [...]

Procedures for recording search information [...]

Monitoring Restricted Areas and Controlled Buildings (PFSI Ch5)

 – Lighting

Details of security lighting in place at Restricted Areas [...]

Details of security lighting in place at Controlled Buildings [...]

 – CCTV

List of Restricted Area perimeters monitored using CCTV [...]

Details and locations of CCTV systems and procedures [...]

Details of recording equipment and procedures [...]

Procedures and checks to ensure compliance with the Data Protection Act 1998 [...]

 – Security Patrols (PFSI Ch5)

Details of how security patrols will be conducted [...]

Number of staff involved [...]

Procedures for responding to security incidents [...]

Procedures for reporting security incidents [...]

   – Vehicle Parking (PFSI Ch5)

Details of vehicle parking areas within the port facility [...]

Details of other parking areas near Restricted Areas and Controlled Buildings [...]

Seaward Protection (PFSI Ch5)

Details of how your port facility, either in isolation or with the co-operation of others, for example the Harbour Authority or other port facilities, will meet the requirement to monitor seaward approaches. [...]

Details of how your port facility, either in isolation or with the co-operation of others, for example the Harbour Authority or other port facilities, will meet the potential requirement to undertake waterborne patrols at Security Level 2. [...]

- **Section 5: Measures at security level 2**

If section(s) of this Chapter do not apply, for example issues arising from the handling of passenger operations, enter N/A in the appropriate space provided and give a brief explanation as to why the security requirements do not apply to your port facility.

Pass System (PFSI Ch5)

Details of additional checks on pass validity for permanent and visitor passes [...]

Procedures for auditing system to check for lost passes [...]

Securing Restricted Areas and Controlled Buildings (PFSI Ch5)

Details of access points to be closed [...]

Details of means by which access points will be closed [...]

Access Control to Restricted Areas (PFSI Ch5)

Details of additional procedures for persons and vehicles requiring access to Restricted Areas [...]

Perimeter Intruder Detection Systems (PIDS) (PFSI Ch5)

Details of additional procedures for recording and responding to alarms [...]

Checks and Searching on entry to Restricted Areas (PFSI Ch5)

Details of additional search locations (where necessary) [...]

Details of additional checking and search procedures for cargo and freight vehicles [...]

Details of additional checking and search procedures for ship's stores [...]

Details of additional security equipment used to aid checking and searching [...]

Monitoring of Restricted Areas (PFSI Ch5)

- CCTV

Details of monitoring procedures [...]

Security Patrols (PFSI Ch5)

Details of procedures for meeting requirement for continuous patrols [...]

Passenger Segregation

Details of procedures and measures in place to ensure segregation [...]

Additional Security Personnel Requirements

Details of additional security personnel requirements [...]

Procedures for obtaining additional security personnel [...]

Vehicle Parking (PFSI Ch5)

Details of procedures for restricting parking [...]

- **Section 6: Measures at security level 3**

If section(s) of this Chapter do not apply, for example issues arising from the handling of passenger operations, enter N/A in the appropriate space provided and give a brief explanation as to why the security requirements do not apply to your port facility.

At Security Level 3, specific security requirements may be placed on a port facility by Government. These requirements will depend on the specific intelligence obtained by, and available to, Government. The requirements may include some or all of the actions outlined below.

Access Control/Pass System (PFSI Ch5)

Details of additional checks on pass validity for permanent and visitor passes [...]

Details of procedures for withdrawing temporary passes [...]

Details of procedures for escorting essential visitors/contractors [...]

Securing Restricted Areas (PFSI Ch5)

Details of additional access points to be closed [...]

Details of means by which access points will be closed [...]

Checks and Searching on entry to Restricted Areas (PFSI Ch5)

Details of additional search locations (where necessary) [...]

Details of procedures for meeting enhanced search requirements

Passengers [...]

Visitors, pass holders, staff and ships' crew (including vehicles) [...]

Freight [...]

Ships' Stores [...]

Security Patrols (PFSI Ch5)

Details of procedures for meeting requirement for continuous patrols [...]

Details and procedures for waterborne security patrols [...]

Number of staff involved [...]

Procedures for responding to waterborne security incidents [...]

Additional Security Personnel Requirements

Details of additional security personnel requirements [...]

Procedures for obtaining additional security personnel [...]

Emergency Closure

Procedures for ceasing port operations upon request by TRANSEC [...]

Procedures and measures for denying all access to the port facility upon request by TRANSEC [...]

- **Section 7: Any miscellaneous information**

This section should be used if you wish to provide any additional information you feel is relevant to the security of your port facility/port.

Capítulo 12
Conclusiones

12.1 Aspectos generales

Estas conclusiones son la síntesis del análisis desarrollado en este estudio y de los resultados obtenidos en cada aspecto que hemos tratado. Su objetivo es facilitar la implantación de las normas contenidas en el Código PBIP y lograr la certificación del puerto:

- La implantación del PPIP condiciona al resto de los planes en vigor; por tanto éstos deberán adaptarse, si es necesario, a los nuevos requerimientos que el Código exige (véase el capítulo 1).

- El método y los procedimientos organizativos aceptados para la resolución de las emergencias (PEI) que cada puerto disponga se pueden incorporar perfectamente al PPIP, incluyendo en cada caso los cambios que conllevan los nuevos actores del Código PBIP, como son el OPR, el OPB, el OCPM, el OPP y sus correspondientes responsabilidades y cometidos.

- Conservar la organización u organizaciones ya aceptadas, conocidas, practicadas y corregidas cuando sea necesario, dentro de los PEI, evita tener que empezar desde un principio y cambiar por completo las buenas prácticas.

- Aunque el PPIP cuida de la interfaz buque-puerto, el buque sigue constituyendo la figura principal como principio y fin de los objetivos del Código PBIP. Por ello se ha realizado un exhaustivo estudio de la tipología de buques hasta alcanzar un criterio de riesgo para cada uno de ellos (véase el capítulo 2).

- No obstante la conclusión anterior, el PPIP debe estar perfectamente integrado en el plan de protección del puerto (PPP), con el fin de evitar contradicciones operativas que pudieran anular los beneficios de la protección.

- Si bien se habla siempre del PPIP como un elemento único y singular, en realidad existen tantos PPIP como concesionarios con línea de atraque disponga el puerto, a los que deben sumarse los que gestione dicho puerto.

- La implantación de los PPIP puede generar nuevos planteamientos en los actuales textos de los PEI, ya que sería poco juicioso desaprovechar los niveles preventivos que aporta el Código PBIP en beneficio de una mejor respuesta si se superara el nivel 3 de alerta.

- La eficacia de la implantación y entrada en vigor de los PPIP estará estrechamente relacionada con el grado de formación en protección que hayan recibido y practicado las personas involucradas en los mismos. Por su novedad y especialización, los PPIP no son conocidos con la profundidad necesaria por el entorno industrial y operativo de los puertos, que difícilmente puede superar con éxito las duras condiciones en que se desarrollan las acciones delictivas, terroristas y antisociales.

- Aunque no ha sido el motivo principal de este libro, no debe pasar por alto que las exigencias del Código PBIP podrían generar nuevos planteamientos que en el futuro deberán ser considerados. Esto alcanza incluso al diseño portuario, sobre todo al considerar las láminas de agua, cuando puedan significar una obstrucción con riesgo de interacción entre los buques, o a forzar la violación de dichas láminas en perjuicio de los objetivos de la protección.

- Con el análisis de los riesgos y condicionantes asociados al puerto se han podido confeccionar listas de comprobación (véase el capítulo 3) que, utilizadas con método y rigor, deben servir de guía para verificar los pasos que se produzcan durante la implantación del PPIP.

- Se ha profundizado al máximo (véanse los capítulos 4 y 5) en los temas relacionados con actos terroristas con explosivos y en el control de los contenedores respectivamente, que constituyen centros de máxima atención y preocupación en cuanto a protección.

- Respecto a los medios y equipos que cabe instalar para incrementar y posibilitar las acciones de protección (véase el capítulo 7), se han presentado los procedimientos más habituales con un criterio selectivo, considerando que no todo sirve para todo, sino que cada elemento que se deba incorporar al sistema de protección debe seleccionarse previa consideración del que sea más adecuado, respetando la eficiencia que reclamen las necesidades reales.

- Complementando lo anterior, cada instalación portuaria deberá realizar un esfuerzo evaluador y de síntesis en la selección de los nuevos equipos que deba incorporar por su nivel intrínseco de riesgo, valorando las ventajas e inconvenientes de los numerosos equipos que ofrece el mercado de la protección.

- Al considerar que el proceso de evaluación constituye el punto crucial de la implantación y la validación final, se han presentado diversos procedimientos (véase el capítulo 10) y analizado sus ventajas e inconvenientes mediante parámetros analíticos que aporten rigor y eficacia al objetivo final: el PPIP.

- El formato físico que adopte el PPIP será del tipo que cada institución considere oportuno, coincidiendo en la medida de lo posible con la forma de presentación de los otros planes existentes. De cualquier forma, por el procedimiento simplificador que ofrece, el TRANSEC constituye una buena referencia para su uso normalizado en aquellos puertos que no dispongan de otro formato.

- En los apartados siguientes se desarrollan los aspectos que requieren una mayor exténsión explicativa.

12.2 OPR (Organizaciones de protección reconocidas)

- Las OPR son entidades certificadoras que actúan en nombre de la Administración, bajo vigilancia del Organismo Público Puertos del Estado o de otra entidad de auditoría externa.

- Puede designarse como OPR a un puerto, a una autoridad portuaria o al explotador de una instalación portuaria, a condición de que posean los conocimientos pertinentes en materia de protección.

- Forman parte de las funciones intrínsecas de una OPR la aprobación de planes (o enmiendas) de protección de los buques, la verificación y certificación de que el buque cumple lo prescrito en el capítulo XI-2 y en la parte A del Código PBIP, la realización de las evaluaciones sobre la protección de las instalaciones portuarias y el asesoramiento a las compañías o instalaciones portuarias en materia de protección, incluidas las evaluaciones de la protección de los buques y los planes de protección de las instalaciones portuarias.

- Si una OPR ha realizado la evaluación de un buque, no estará autorizada a aprobar el plan de protección del mismo. (Se entiende que las OPR tendrán que someterse a auditorías externas o por parte de Puertos del Estado.)
  Por analogía, si una OPR ha realizado la evaluación de una instalación portuaria, tampoco estará autorizada a aprobar el plan de protección de la misma.

- Por correspondencia con el Real Decreto 90/2003 sobre reglas y estándares comunes para las organizaciones de inspección y control de buques y para las actividades propias de la Administración marítima, podrá establecerse el mismo proceso de reconocimiento de una OPR por parte del Ministerio de Fomento.
  De esta forma se garantizará la homogeneidad y uniformidad de las distintas OPR, no sólo en el ámbito nacional sino también en el comunitario. (Se entiende que la Subsecretaría del Ministerio de Fomento, a propuesta de la Dirección General de la Marina Mercante, podrá solicitar dicho reconocimiento por la Comisión de las Comunidades Europeas, de conformidad con lo previsto en el apartado 1 del artículo 4 de las Directiva 94/57/CE del Consejo.)

12.3 Consignatarios

- La OMI ha establecido que el capitán de un buque puede ser designado como oficial de protección del mismo (OPB).

- El oficial de compañía de protección marítima (OCPM) es responsable de llevar a cabo una evaluación de la protección del buque para cada barco de la flota de la compañía que tenga que cumplir las disposiciones del capítulo XI-2 y de la parte A del Código PBIP que esté bajo su responsabilidad.

- Para la designación de un OCPM debe considerarse la interfaz en que se encuentra el buque:

  – Cuando el buque dispone de su propia terminal en el puerto, la compañía se encuentra presente en todo momento y por ello su disponibilidad es inmediata, cubriendo las necesidades puntuales de protección en un buen número de probabilidades de la interfaz.
  – Cuando el buque está en una terminal de servicios de otra titularidad, si la compañía dispone de delegación en el puerto también puede designar expresamente a una persona de su organigrama para asumir las funciones del OCPM.
  – Cuando el buque llega a un puerto sin delegación de la naviera, se plantean dos soluciones:

    - La figura del consignatario de línea regular adquiere dicha condición.
    - La instalación portuaria designa a una persona por delegación de la compañía del buque a través del consignatario de buques *tramp* y hará mención de dicha designación en el DUE.

- Considerando el papel esencial del OCPM es de suma importancia la coordinación y colaboración constante con las personas pertinentes del buque y de las instalaciones portuarias, con el fin de acordar los objetivos y la metodología de la evaluación.

12.4 Coordinación entre planes

- Evitar las disfunciones que la implantación del PPIP pueda crear con otros planes de seguridad establecidos y en uso en cada uno de los puertos.

- Atender a la vinculación y coherencia formal de la protección en el sistema portuario español, garantizando la coordinación y homogeneidad entre los distintos planes de seguridad y otras normativas de aplicación preceptiva. (Ello se refiere sobre todo a la coordinación entre los planes PPP, PBIP, PEI y el futuro Reglamento CE con el fin de que los procedimientos no resulten contradictorios en el momento de activar las medidas de respuesta.)

- Todos los planes deberán ser complementarios y estar en consonancia entre sí, permitiendo la activación simultánea del conjunto global de planes por parte del director del puerto en una situación de emergencia.

- Esto supone asistencia y colaboración continua entre los expertos de la protección, tanto civiles como de las fuerzas y cuerpos de seguridad del Estado. (El propósito general del sistema de seguridad global es la contribución a la disponibilidad permanente y eficiente del puerto y de sus servicios para la actividad económica nacional y la defensa del país, cuando así sea necesario.)

12.5 Cumplimiento del artículo 132 de la LREPS

- El artículo 132 de la LREPS exige el cumplimiento y la coherencia de tres supuestos fácticos:

  - El cumplimiento de la normativa que afecte a la admisión, la manipulación y el almacenamiento de mercancías peligrosas.
  - El cumplimiento de las obligaciones de coordinación de actividades de prevención de riesgos laborales.
  - La normativa que afecta a los sistemas de seguridad, incluidos los que se refieren a la protección ante actos antisociales y terroristas.

- Se entiende la ausencia de antinomias, lo que permite que puedan ejecutarse las previsiones establecidas en las distintas fuentes normativas, sin que se entorpezcan entre sí.

12.6 Coordinación nacional

- Para garantizar una coordinación funcional entre los puertos, los distintos PBIP y los buques pertenecientes a la flota española, se incentivarán e instaurarán los contactos e intercambios documentales con la Asociación de Navieros Españoles (ANAVE) y la Dirección General de la Marina Mercante.

- Así, se considerará una expresión de dicha coordinación el uso del Documento único de escala (DUE).

12.7 Coordinación internacional

- Puertos del Estado informará a la Agencia Europea de Seguridad Marítima (EMSA) y a la OMI de los avances en la implantación del Código PBIP. (De esta forma se garantiza el respeto a las obligaciones internacionales adquiridas en calidad de gobierno contratante estipuladas en el mismo Convenio. Además, la OMI ha instaurado una base de datos en su sitio web (http://www2.imo.org/ISPSCode/ISPSInformation.aspx) para permitir la puesta al día de los avances relacionados con dicho Código.

12.8 Régimen de las concesiones administrativas

- La concesión administrativa es el título por excelencia para la utilización privativa del dominio público, que podría definirse por su carácter excluyente y constitutivo, discrecional y estable.

- Cada concesión administrativa concedida dentro del espacio portuario deberá contar con un plan de protección individual adaptado a la misma, que atienda a las particularidades de la superficie y de las instalaciones comprendidas en el ámbito de cada concesión.

- Estos planes de protección particulares de cada concesión deberán estar en consonancia con todo lo establecido por el plan de protección de buques e instalaciones portuarias del puerto. De este modo, del plan global del puerto dependerán todos los planes particulares aprobados para cada concesión, y éstos deberán responder a los criterios de uniformidad y consonancia del citado plan, que actuará como marco de regulación superior.

- Cuando la concesión administrativa en cuestión sea de escasa entidad (un bar, un restaurante, etc.) o en casos de muelle compartido, podrá establecerse, previa autorización del director de seguridad del puerto, un plan de protección único que englobe todas las concesiones que ostenten este carácter. Dicha solicitud deberá ser debidamente estudiada y auditada, y en cualquier caso se nombrará a un oficial de seguridad común para todas estas concesiones de escasa entidad, cuyo cometido será velar por el estricto cumplimiento del plan de protección único.

- La orden ministerial deberá tener carácter habilitante y determinan el futuro desarrollo de la ordenanza portuaria.

12.9 Servicio de atención a los destinatarios del PBIP

- En consonancia con iniciativas de otros puertos comunitarios (por ejemplo, el puerto de Rotterdam y su *Port Facility Security Toolkit),* se propone a los distintos destinatarios finales del Código PBIP (instalaciones portuarias, consignatarios, concesionarios y unidades de concesión) unos servicios de atención y consulta que pueden tener distintas formas:

  - Elaboración de un programa interactivo que establezca las necesidades de cada instalación portuaria para lograr el cumplimiento de los estándares del Código PBIP.
  - Activación de un servicio de atención telefónica.
  - Activación de una dirección de correo destinada a las consultas sobre cualquier cuestión que sea competencia de Puertos del Estado.

- Estas medidas son necesarias para garantizar la coordinación, homogeneidad y vinculación entre todas las instalaciones portuarias del territorio español, y lograr el cumplimiento de los contenidos establecidos en el Código PBIP a partir de 1 de julio de 2004.

Los distintos planes de protección deben reflejar una vinculación y coherencia formal, evitando las disfunciones y antinomias entre ellos. Estos principios de homogeneidad y complementariedad estarán puntualizados en la orden ministerial, en la ordenanza portuaria y en el proyecto de reglamento de servicios y explotación.

En términos generales, la colaboración entre todos los implicados, bien sean procedentes del ámbito estrictamente civil (tripulaciones y personal de las instalaciones portuarias), o bien de las fuerzas y cuerpos de seguridad del Estado, y muy especialmente de los servicios de inteligencia nacionales e internacionales, permitirá alcanzar una situación de equilibrio suficiente para garantizar unas condiciones de vida y progreso, aunque con ello tampoco se elimine totalmente la amenaza de acciones delictivas por parte de aquellos grupos cuyos objetivos son contrarios al avance positivo de la humanidad en las cotas deseables de convivencia.

Lean Company. Más allá de la manufactura
Luis Socconini

Lean Energy 4.0. Guía de Implementación
Luis Socconini, Juan Pablo Martín

Lean Manufacturing. Paso a paso
Luis Socconini

Lean Six Sigma. Sistema de gestión para liderar empresas
Luis Socconini, Carlo Reato

Cómo hacer de la cadena de suministro un centro de valor
Angel Caja Corral

Cadena de suministro 4.0
Alberto Tundidor, Eva Hernández, Cristina Peña, Javier Martínez, Javier Campos, Carlos Hernández

El crédito documentario y el mensaje SWIFT
Luis Sánchez Cañizares

La investigación en seguridad. Del Titanic a la ingeniería de la resiliencia
Jaime Rodrigo de Larrucea

Manual del comercio electrónico
Eva María Hernández Ramos, Luis Carlos Hernández Barrueco

Sales and operations planning. S&OP in 14 steps
Cristina Peña Andrés

Economías transformadoras de Barcelona
Ruben Suriñach Padilla

Planificación de ventas y operaciones. S&OP en 14 claves
Cristina Peña Andrés

Cómo participar en ferias comerciales
Cristina Peña Andrés

Manual de prevención de riesgos laborales
Blas Gómez

La economia social y solidaria en Barcelona
Ivan Miró, Anna Fernàndez

Negociación para el comercio internacional
Cristina Peña Andrés

Manual del manipulador de alimentos
Blas Gómez

Manual de seguridad en el trabajo
Marge Books

Cómo innovar en las pymes. Manual de mejora a través de la innovación
Alberto Tundidor Díaz

Manual de estrategia de operaciones
Ángel Caja Corral

La Industria 4.0 en la sociedad digital
Antoni Garrell Guiu, Llorenç Guilera Agüera

Cerebro, inteligencias y mapas mentales
Zoraida G. de Montes, Laura Montes G.

Manual de gestión aduanera. Normativas del comercio internacional y modelos de integración económica
Pedro Coll

Guía documental para exportar e importar. Los 12 documentos clave
Alberto García Trius

Mass customization. Las claves de la personalización masiva
Blas Gómez Gómez

Crédito documentario. Guía para el éxito en su gestión
Cristina Peña Andrés, Amelia de Andrés Leal

Guía práctica de las reglas Incoterms® 2010
David Soler

Certificación Lean Six Sigma Green Belt para la excelencia en los negocios
Lean Six Sigma Institute, SC

Certificación Lean Six Sigma Yellow Belt para la excelencia en los negocios
Lean Six Sigma Institute, SC

Negociación intercultural. Estrategias y técnicas de negociación internacional
Domingo Cabeza, Pelayo Corella, Carlos Jiménez

Las reglas Incoterms® 2010. Manual para usarlas con eficacia
Alfonso Cabrera Cánovas

Regímenes aduaneros económicos y procesos logísticos en el comercio internacional
Pedro Coll

Inglés náutico normalizado para las comunicaciones marítimas
José Manuel Díaz Pérez

Shipping & Commercial Case Law
Albert Badia

Gestión financiera del comercio internacional
Josep M.ª Casadejús

Los abordajes en la mar
Carlos F. Salinas

València, 558 – 08026 Barcelona – Tel. +34-931 429 486 – marge@margebooks.com – www.margebooks.com